子どもと開発をめぐる旅

―ユニセフ職員30年記―

子どもと開発をめぐる旅
— ユニセフ職員30年記 —

穂積智夫
上智大学国際協力人材育成センター客員所員
元国連児童基金（ユニセフ）職員

【目　次】

Every child comes with the message that God is not yet discouraged of man.

Rabindranath Tagore

「すべての子どもの誕生は、神がまだ人間を見離してはいないというメッセージである」

ラビンドラナート・タゴール

国際協力・国際機関人材育成シリーズ第八作の出版にあたって

二〇一五年に設立された上智大学国際協力人材育成センター（以下、「センター」）が一〇周年を迎える年にあたり、本シリーズも八作目が刊行されることを大変喜ばしく思う。本シリーズ出版の目的は、そのタイトルのとおり国際協力ならびに国際機関の第一線で活躍されてきた方々に、国際社会が抱えるさまざまな課題にチャレンジされてきた経験を本音で語っていただき、これからその世界・分野でキャリアを築きたいと考える若い人たちへの一助とすることである。本書の著者は、元ユニセフ職員の穂積智夫氏で、上智大学の出身である。卒業後にどのような経緯で国際公務員の道を歩むことになったかは、詳述されているとおりであるが、紆余曲折に満ちた自らの職業人生を「ピンボール」にたとえ、変化と適応の連続の中で考え、悩みぬいて決断と実行を積み重ねてこられた。度重なる苦境にあっても、常にプロフェッショナルたらんとする強い決意によってそれらを乗り越えた体験談に、読者は大いに勇気づけられるであろう。また本書は、著者が一貫して追求し、取り組んできた子どもを中心に据えた開発政策、貧困や災害からの救済、難民支援などの活動が、精緻な分析と確かな経験値に裏打ちされている事実が明らかにされたレポートでもあり、そこから今後解決すべき問題が共有されている。

本センターは、上智大学の教育精神「他者のために、他者とともに（For Others, With Others）の志を抱いて国際協力の分野で活躍しうる次世代の人材育成を目的として設立された。以来、学生にとどまらず、この意思をもった社会人や高校生などを含め広く社会に開かれた機関として、人材育成、キャリア形成を支援するとともに、国連機関などの国際機関と連携した教育・研究活動を行っている。一〇年の月日を経て、徐々にその成果は表れてきている。

すでに国際公務員を目指して勉強や現在のキャリアを磨いている方もおられるであろうし、まだ具体的なビジョンはもっていないながらも興味を抱いている方もおられるであろう。国際公務員になる道はさまざまであり、著者のようにあるきっかけによってその道が開けてくるといったケースも往々にしてありうる。著者の体験談が、皆さんのキャリアに対するヒントや動機づけとなることを期待する。

最後に、本書の執筆を快諾され、短期間に精力的に取り組んでくださった著者に敬意と謝意を表したい。

二〇二五年二月

上智大学学長　曄　道　佳　明

はじめに

本書の構成

この本では、自分がプロフェッショナルとして開発問題に携わった三二年間を、赴任地別に、時系列的に追いながら記述している。そのうち三〇年は国連児童基金（ユニセフ）、また二年間は公益社団法人セーブ・ザ・チルドレン・ジャパンに勤務させていただいた。両者に共通するのは、子どもという「人間」が主たる対象であるということである。人間が対象である場合、関連するイシューは多岐にわたることになる。詳しくは後述するが、ユニセフの主たるプログラム領域をあげただけでも、保健、栄養、水と衛生、教育、子どもの保護、社会的保護などがあり、それにプログラム横断的課題を含めると、軽く十指に余る数になる。自分は、最初の任地であるブータンを除いて、特定のプログラム領域ではなく、マネジメントとしてそうした領域や課題を全体的に統括するという仕事に携わってきた。それらをすべて、限られた紙面で等しくカバーすることはできない。そのため本書では、それぞれの任地で自分が特に注意を払った、あるいは個人的に特に深く関わったイシューに、焦点を当てている。結果として複数の章で取り上げることになったイシューがあるが、それは自分が任地の別を超えて重要と考えたもの、ある意味自分のキャリアの「テーマ」に関わるものなので、お許し願いたい。

自分がユニセフに就職した一九九〇年と現在とを比べて、日常生活上の最も大きな違いの一つは、テレコミュニケーション、特にインターネットの導入と普及である。その功罪はいろいろあるが、今回本書を執筆してみて改めて感じたのが、過去のデータや論文、新聞記事などの検索のしやすさである。それにより、過去を振り返るにあたり、自分が感じたこと、考えたこと、行動を取ったことの結果や意味を、関係のデータや事実でより容易に検証できるようになった。また、自分がそれぞれの任地にいた間の状況だけでなく、その後の展開も知ることができるようになった。そのため、イシューによってはそれを調べ、個人の任期という人為的な枠を超えた、より長い射程で分析・記述した。

こうした手記の陥りやすい落とし穴の一つは、それが「自分があれをした、これをした」の多い、いわゆる「自己中」(ego trip) になりやすいことであろう。自分が相当の関わりを持ったイシューや仕事に関して、それをそれとして書くことにもちろん問題はない。ただ、この世で社会的に意味のある行動のほとんどがそうであるように、人一人だけで成し遂げられることは、非常に限られている。これは、「人一人」の努力を軽んじるものではまったくないが、大規模かつ真に持続可能な変化は、そうした努力が、それが積み重なることによってこそ生まれる。本書では、いくつかの箇所で自分と一緒に関係の職務に携わった人々の名前に言及している。大半はユニセフ職員だが、それ以外にもそれらに関わった同僚やカウンターパート、パートナー組織は多数存在する。そして、自分がしていることは、そうした彼女ら・彼らを代表して、その記録の一部を残しているに過ぎないと思う。本書を書くにあたってはそのことに意を用いたつもりであるが、それでも鼻につく箇所があったら、前記の認識があることをご理解いただき、ご寛恕《かんじょ》願いたい。

長かった学生生活

いつの頃からか、自分の人生を振り返ってみて、ピンボールのようだなと思うようになった。人が社会的存在である以上、周囲の環境によって影響されるのは当然だが、自分の場合、「ああ、あそこであの人に会っていなければ、こうした人生をたどらなかったろうな」と思う出会いが人一倍多いような気がする。ピンに当たってコースが変わるピンボールのごときである。出会いが人生に影響を与えたという話は他の人の場合でも聞くが、自分の場合はそもそもの動機が軽佻浮薄なので、書くのに少々気が引ける。

福島県白河市という、当時人口四万人少しの地方都市（二〇二四年八月一日現在の人口は五万六四七六人）に生まれた自分は、高校卒業まで外国から来た方にほとんど会ったことがなかった。大学進学を考え始めたのは一九七〇年代終わりであったが、当時は、日本中がいわゆる「国際化」の熱に浮かされ始めた頃であった。その意味を深く考えることもなく、漠然とした「外国」（といっても当時の自分にとってそれは欧米であったのだが）への憧れから、そうした雰囲気を持っていそうな大学（上智大学）、そして「潰しが効きそう」という理由から法学部を選んで、一九八一年に入学した。

そうした底の浅い理由で選んだ進路だったので、入学一年目には、選んだ専攻分野に興味が持てないことを早くも悟った。かといってそれをうっちゃってまったく別のことに没頭する勇気もなく、墜落しない程度に飛行するような日々を続けていた。自分にとって非常に幸運だったのは、大学在学中に、周りにもっと早熟で、社会や将来をより真剣に考えていた人間がいたことである。それは、日本の中の社会問題であったり、日本を含む先進国とアジア・アフリカの関係であったり、開発途上国の開発問題であったり、学問への情熱であったりした。そして、その時々に付き合っていた彼女ら・彼らの影響で、初めに開発途上国に興味を持ち、次に学問としての国際関係論を志し、その後開発学へと目が向き、最後にはそれに学者としてではなく実践者（プラクティショナー）として関わるというように、関心と進路を二転三転させた。そうした紆余曲折を反映して「モラトリアム」としての学生生活も長くなり、学部（法学部）と修士二回（東京大学大学院総合文化研究科修士課程国際関係論専攻およびサセックス大学開発問題研究所修士課程開発学専攻）の計八年を学生として過ごすことになった。サセックス大学の開発問題研究所では、開発途上国および他の先進国からの学生（といってもほとんどはすでに実務経験者）と机を並べ、彼らからさまざまなことを学んだ。また、農村開発の専門家であるロバート・チェンバース氏に指導教官になってもらい、開発に関する基本的なものの見方・考え方を学んだ[1]。そして、一九九〇年に、ジュニア・プロフェッショナル・オフィサーとして国連児童基金（ユニセフ）のブータン国事務所に入所することになる。

なぜユニセフだったか

ジュニア・プロフェッショナル・オフィサー（ＪＰＯ）とは、関係国政府の費用負担を条件に、国際機関が若手人材を受け入れる制度である。詳細は国によって異なるが、日本では三五歳以下の日本人に対し、国際機関で二年間の勤務経験を積む機会を提供している。その間の給与・手当などは、政府から国際機関に専用枠で支払われた拠出金によって賄われるが、勤務条件自体は基本的に常勤職員と変わらない。二年間の勤務の後に常勤職員になれるか否かは、ＪＰＯ期間中のパフォーマンス、そして応募した常勤ポストの選考プロセス（インタビューや場合によっては筆記試験も）の結果による。

近年ではＪＰＯの応募者数も増え、競争の度合いも高い（採用者数も増えたが）。しかし、自分がＪＰＯに応募したときは、状況はより「牧歌的」だったような気がする。当時はイギリスに留学していたため、書類審査後の面接試験は、そこからより近いニューヨークの日本の国連代表部で受けた。志望動機などの一般的なインタビューのほかには、簡単な英語の試験（英語の新聞記事の要約）があっただけだと思う。また、国際機関の邦人国際職員全体がまだ少なかった時代で、ユニセフの場合も、それぞれがどこで勤務しているかが把握できるくらいの数であった。

一九八九年に外務省から「合格」の知らせを受けた後、ジュネーブでユニセフ人事職員との面接があり、勤務したい地域の第一志望として南アジア、第二志望としてサハラ以南のアフリカの英語圏をあげた。そして数カ月後、任地は南アジアのブータンであるという知らせをユニセフから受け取った。

なぜユニセフだったのか。前記のように、長く迷走気味な学生生活を送った割には、イギリスで二度目の修士の一年目を終える頃には、国際機関に勤めるのだったらユニセフ一択というような考えになっていた。その当時の自分にとって重要だったのは、ミッション（使命）の重要性、具体性と明確さ、そして国連機関の中では相対的に「現場」に近そうであるということであった。

ミッションの重要性ということについては、学生時代から経済成長と社会開発の関係に興味を持っていたことが背景にある。社会開発（Social Development）という言葉は、往々にして包括的な用語として用いられ、その定義にもバリエーションがある。しかし一般的には、個々人の福祉の増進、社会の調和的機能、すべての人々に対する経済的機会の提供や貧困の削減などを指す。より具体的なイシューとしては、保健、栄養、水と衛生、教育、社会保障、住宅、雇用、所得の再配分などがあり、それらを横断する形で不平等の是正や人権なども入ってくる。社会開発の論理によれば、経済成長は社会開発の手段の一つであり、なおかつそれだけでは十分ではない。それは、社会開発を経済発展の一側面とかその単なる結果、あるいは障害として扱う経済至上主義の対極に位置する。社会開発は、それ自体が目的として非常に重要であり、意識的に追求されなければならないのである。こうした考え方は、第二次世界大戦後一貫してあったが、一九九五年にコペンハーゲンで開かれた世界社会開発サミット（World Summit for Social Development）で、世界の首脳レベルで話し合われるべき問題として取り上げられた。そしてより最近では、経済開発、環境保護とともに「持続可能な開発目標」

(Sustainable Development Goals［ＳＤＧｓ］）の三つの側面の一つとして位置付けられている。それはまた、国際的に著名な経済学者・哲学者アマルティア・センの、開発の目的は経済成長ではなく人間の能力（capability）の拡大であるべきだとする哲学にもつながる。[2]

自分は一九八〇年代の後半、イギリス・サセックス大学の開発問題研究所の修士課程で学ぶ中で、社会開発の重要性を再認識した。そして、経済成長は社会開発に貢献する可能性を持っているが、それは自動的には起こらず、また十分でもないことを、さまざまな事例から理解するようになった。さらに社会開発の中でも、特に子どもに関するイシューの重要性を確信した。当時はラテンアメリカやアフリカの開発途上国の債務危機が深刻な時期であったが、それに関連して国際通貨基金（ＩＭＦ）や世界銀行などの国際金融機関が関係国に課した、いわゆる構造調整（structural adjustment）の深刻な負の影響も明らかになりつつあった。これらの政策はしばしば極端な緊縮財政を伴い、それによる保健や教育への政府支出の大幅なカット、失業の増加などが、子どもの健康、栄養、教育などに深刻な影響を与えていた。それに対してユニセフは、リチャード・ジョリー（当時のユニセフ事務局次長）、ジョヴァンニ・アンドレア・コルニア（同チーフ・エコノミスト）、フランシス・スチュワート（オックスフォード大学開発経済学教授）などが編著者になり、『人間の顔を持つ調整』（Adjustment with a Human Face）という本を出版し、それに基づいて構造調整政策是正のための世界的なアドボカシーを展開した。[3] 彼らは、これらの経済政策が経済の安定化を目指す一方で、その人間的コスト、特に子どもや社会的弱者に対する社会的影響を非常に軽視していることを明らかにした。そして、経済政策の策定に社会的考慮を入れることが必須であるとし、開発戦略はマクロ経済の安定だけでなく、社会で最も脆弱《ぜいじゃく》な人々を保護することにも焦点を当てるべきだと主張した。リチャード・ジョリーが一九七〇年代から八〇年代にかけてサセックス大学の開発問題研究所の所長だったこともあり、この本は自分が参加していた開発問題研究所の修士コースでも集中的に取り上げられた。ＩＭＦや世界銀行など、世界経済のメジャー・プレーヤーに対し、マクロの社会・経済政策の分野で政策論争を展開したユニセフの姿は、自分がそれまで抱いていた「子どものための組織」についての概念を、良い意味で根底から変えた。それも、自分がユニセフを勤め先として選んだ理由の一つである。そしてその後の歴史は、前述したようなユニセフの議論が正しかったことを示している。ＩＭＦも世界銀行も、それまで往々にして見られた経済至上主義を変化させ、社会開発の第一義的重要性を語るようになった。また、『人間の顔を持つ調整』の中心思想は、経済成長の社会的公平性や持続可能な開発など、今日盛んに行われている議論とも通底している。

後年、自分がタイで勤務していたとき（二〇〇六年から二〇一二年）、『公正は子どもから始まる』（Equity Begins with Children）というペーパーを読んだ。それは、かつて国際労働機関（ＩＬＯ）、ユニセフ、国連開発計画（ＵＮＤＰ）などで勤務し、「ミレニアム開発目標」（Millennium Development Goals［ＭＤＧｓ］）の主要な設計者の一人でもあるヤン・ヴァンデモルテル（Jan Vandemoortele）が書いたものであったが、自分がユニセフに入る際に考えていたこと、そしてその後もユニセフでの務めの中で折に触れて考えていたことが、非常に美しく表現されていると感じた。

少し長くなるが、自分のキャリアの根源に関わることなので、関係の箇所を引用する。

「経済成長は、貧困の万能薬とは程遠い。よって、代替的な戦略が求められている。我々は、貧困の連鎖を断ち切る鍵を握っているのは、子どもたちであると主張する。開発戦略の中で最も効果的かつ効率的なのは、すべての子どもに人生における良いスタートを与えることである。

子どもたちは貧困削減の鍵を握っているにもかかわらず、現実には貧困によって最も大きな打撃を受けている。幼いときの貧困は、乳幼児と子どもの心と体に、生涯にわたるダメージを残す。子どもの発育、特に人生の最初の数年における発育は、二度目のチャンスが滅多にない重要な生物学的進展の連続である。例えば乳児期の栄養不良は、健康に回復不可能なダメージを与える。また、子どもの学習能力の発育を阻害し、それはその後の人生において修復できない。二度目のチャンスが存在する数少ない場合でも、それらは予防的な対策よりも効果が低く、コストが高くつく場合がほとんどである。また、貧困家庭はそうでない家庭よりも子どもの数が多い傾向にあるため、子どもたちは貧困層人口の中で不釣り合いに大きな割合を占めることになる。年齢層別に見ると、子どもたちは、人間のどの年齢層よりも貧困に苦しんでいるのである。

このように子どもたちは、貧困の中で生活し、大人よりも貧困によって大きな影響を受ける確率が高いが、それだけでなく、次世代に貧困を伝える主要なリンクともなる。貧困が貧困を生むのは、子どもの貧困（child poverty）がそれを永続化させるからだ。この悪循環は、次のように展開する。栄養不良の少女は、栄養不良の母親になる。栄養不良の母親は、低体重の赤ん坊を産む。貧しい親は、子どもたちを適切にケアするための情報に触れることが難しく、またそうするための金銭その他の資源を欠いている。読み書きのできない親は、子どもの学習の過程を十分に助けることができない。その結果、貧困の中で育った子どもたちは、親になると、次世代に貧困を伝達する存在（transmitters of poverty）にならざるを得ない。

しかし、この悪循環は、貧困削減を子どもから始めることで、好循環に変えることができる。子どもへ投資することは、家を建てる際、それを安定した強固なものにするために、きちんとした土台を築くことに似ている。家を建てた後で土台を改修する（retrofitting）のは常に高くつき、また効果的であることはまれである。子どもへの投資は、貧困の連鎖を断ち切るために、なくてはならない前提条件の一つである。それは慈善事業（charity）とか経済発展に『ソフトな』一面を加えるとかいう話ではなく、連帯感のある社会と強い経済を創り出すことそのものである。高い非識字率、広範な栄養不良、蔓延する疾病を基盤にして持続的な経済成長を遂げた国は、一つもない」[4]

これを読んだとき、自分がキャリアを通して言いたかったこと、やりたかったことが端的に表現されていると思った。子どもに関する体系的な思索や行動は「チャリティー」ではなく、経済も含む社会のすべての側面での持続的発展に欠かせない基盤である。自分の夢は、その実現に寄与するために働くことであったと思う。ユニセフに勤めることを志したときの自分は、前記のヴァンデモルテルの記述ほど自己の考えを明確に表現することはできなかった。しかし、いまだ発展途上ではあったが、それに類する考えが自分をしてユニセフという組織で働くことを決めさせたのだと思う。

ユニセフの開発の「現場」への近さを知ったのは、結婚相手が当時日本ユニセフ協会に職員として勤務しており、彼女からユニセフの仕事とオペレーションの仕方を聞いていたことによる。また一九八六年、彼女を通じて現役ユニセフ職員の浦元義照さんに日本でお会いし、現場での具体的な経験をお聞きできたことも非常に大きかった。[5] これも、自分の「ピンボール人生」の一例であるといえる。ただ、こうしたユニセフの役割およびオペレーションの仕方に関する自分の理解は的外れではなく、それがその後同じ機関で三〇年間働く動機であり続けた。

ユニセフの概要

ユニセフでの勤務経験の詳細については、本書の各章で赴任地ごとに書いていくが、最初に基本的な情報を記しておきたい。

ユニセフは、国連システムの中で"funds and programmes"（基金および計画）と呼ばれている組織の一つである。国連の基金および計画は総会の補助機関で、国連事務局や国連専門機関その他とともに国連システムを構成する。現在国連には、ユニセフを含め一一の基金および計画がある。それらは開発、環境、人口問題、人道援助など特定の分野に特化して活動しており、総会に直接報告を行う。一方、国連の専門機関（総数一五）は、特定の分野において国際協力を促進するために設立された機関であり、国連と特別な連携協定を持っている。例えば、世界保健機関（ＷＨＯ）や国際労働機関（ＩＬＯ）がこれに該当する。

ユニセフの本部はニューヨークにあり、後述するユニセフ国内委員会が置かれているところを含め、世界の約一九〇の国と地域で活動している。二〇二三年現在、一八七カ国の国籍を有する一万七一九七人の職員が勤務している（女性八四五七人［四九パーセント］、男性八七四〇人［五一パーセント］）。そして、そのうち一万三五三五人（七九パーセント）が事業を実施している国（programme countries）で働いている「フィールド型」の国際機関である。日本人職員については、二〇二三年五月現在、約一二〇名が勤務している。

ユニセフは、戦後間もない一九四六年の第一回国連総会において設立された。当初は、第二次世界大戦によりヨーロッパやアジアで被災した子どもたちに対する緊急支援を目的としていたため、United Nations International Children's Emergency Fund（国連国際児童緊急基金）のフルネームを持ち、その略語がＵＮＩＣＥＦであった。しかし、第二次世界大戦の戦災に対する緊急支援が行き渡り、関係国が復興するにつれ、次第に開発途上国や紛争国に活動範囲を広げていった。一九五〇年頃、一度ユニセフ廃止の動きがあったが、「開発途上国の子どもたちの長期的ニーズに応える活動を最優先」とすることで、それが三年間据え置かれた。そして最終的に、国連の一機関としてユニセフを存続させることが、一九五三年の国連総会で満場一致で可決された。その際、名称が United

Nations Children's Fund（国連児童基金）に変更されたが、それまで使われてきた略語のＵＮＩＣＥＦという名前はすでに世界の人々に非常に親しまれていたため、そのまま使用されることとなった。日本も、発足当初からかなりの間ユニセフの主要な被援助国の一つであり、一九四九年から一九六四年にかけて脱脂粉乳や医療機材、医薬品、衣料用の原綿、緊急支援のための毛布などの援助を受けた。自分もユニセフに勤務中、「私もユニセフの脱脂粉乳世代です」とおっしゃる日本人の年配の方と何度かお会いしたことがある。

ユニセフの組織としての使命（ミッション）は、一言でいえば国連子ども権利条約（United Nations Convention on the Rights of the Child／以下「子ども権利条約」[6]）に規定された子どもの権利の実現を世界中で推進することである。子ども権利条約によれば、子どもの権利は、生存(survival)、発育（development）、保護（protection）、参加（participation）の四つに大きく分けられる。そして、それを反映して、ユニセフの活動分野も多岐にわたっている。**表1**は、ユニセフが現在持っている分野別プログラムと、それら分野別プログラムを横断して取り組まれる課題のリストである。

このリストは本書執筆時の状況を説明したもので、筆者がユニセフに就職した一九九〇年に、これらすべてがすでに存在していたわけではない。セクター別プログラムについては、一九九〇年当時、社会的保護を除く五つのプログラムはすでにあった。しかし、セクター横断的課題については、緊急支援と対応などを除いてはまだ存在していなかったか、いまだ萌芽期にあった。その多くは、筆者が

表1　ユニセフの主要なプログラムとセクター横断的課題

セクター別プログラム	セクター横断的課題
一．保健（Health）	一．幼児期の発育（Early Childhood Development）
二．栄養（Nutrition）	二．青少年（Adolescence）
三．水と衛生（Water, Sanitation and Hygiene［WASH］）	三．ジェンダー平等（Gender Equality）
四．教育（Education）	四．子ども・青少年の参加（Child/Youth Participation）
五．子どもの保護（Child Protection）	五．気候変動と環境（Climate Change and Environment）
六．社会的保護（Social Protection）[7]	六．障害者の包摂（Disability Inclusion）
	七．社会政策（Social Policy）
	八．災害への準備（Disaster Preparedness）
	九．緊急支援と対応（Emergency Relief and Response）

ユニセフに勤務した三〇年余の期間に徐々に明確化され、ラインナップに加わったものである。

それぞれの分野におけるユニセフの活動も、多岐にわたっている。それには、各分野における子どもの現状分析、活動計画の策定や具体的な活動の実施支援、モニタリング、評価、調査研究、政策提言、世論喚起などが含まれる。そしてそれらの活動を、職員（あるいは必要に応じて契約されるコンサルタント）の専門性、資金援助、物資の供給などを通じて支援する。しかし、サービスの提供を含む実際の活動（例：病院や保健所の運営と関係医療・保健サービスの提供、学校の運営と教育活動など）の実施主体はあくまでも政府やＮＧＯなどの「カウンターパート」や「パートナー」であり、ユニセフの役割は、それらの主体が子どものためにより良い仕事ができるよう支援することである。ある国におけるユニセフの活動は、典型的には政府と合意された五カ年計画に基づいて行われる（長期の緊急事態にある国や地域の場合にはより短い計画サイクルもある）が、それが「協力プログラム」（country programme of cooperation）と呼ばれるのは、そうした理由による。

筆者がユニセフに就職した一九九〇年は、ユニセフにとってエポック・メイキングな年であった。まず、一九八九年一一月二〇日に国連総会で採択された国際子ども権利条約が、一九九〇年九月二日に発効した。そして一九九〇年九月二九日と三〇日には、ニューヨークの国連本部で「世界子どもサミット」（World Summit for Children）が開かれ、子どものための国際的な取り組み・行動を強化するために、「子どもの生存、保護、発育に関する世界宣言」（World Declaration on the Survival, Protection and Development of Children）と二〇〇〇年までに達成されるべき具体的な目標が含まれた行動計画（Plan of Action for Implementing the World Declaration on the Survival, Protection and Development of Children in the 1990s）が採択された。[8] それらは、ユニセフのミッションをより明確に、またより「目標志向」（goal-oriented）にし、組織として優先的に扱うべきイシューの特定（prioritization）を促進したと思う。

国連組織としてのユニセフの特徴の一つに、政府だけではなく民間および市民社会との長い協力の歴史がある。今でこそ国連機関が主要先進国にその名を冠した「国内委員会」や「協会」をパートナーとして持ち、民間からの支援を募ることは珍しくないが、ユニセフはその草分けであった。最初のユニセフ国内委員会（UNICEF National Committee）は、一九四七年にアメリカで設立された。その後、国内委員会のネットワークは急速に拡大し、現在世界には三三の国内委員会がある。国内委員会は、それぞれが当該国で登録された非政府組織であり、ユニセフと協定を取り交わし、それに基づいて民間セクターからユニセフへの募金や、子どもの権利に関する世論喚起・政策提言活動を行う。多くの先進国で、ユニセフの実質的な「顔」となる組織である。国連事務局や専門機関と違い、ユニセフの財源は分担金（assessed contribution／一定の算定方式に基づいて加盟各国からの支払額が決定される）ではなく、あくまでも自主的な拠出金（voluntary contribution）であるため、加盟国政府からだけでなく民間からも支援が組織的・継続的に寄せられることの重要性は大きい。国内委員会は企業、市民社会組織、そして六〇〇万人以上の個人ドナーから寄付金を募り、その総額は二〇二三年現在ユニセフの年次収入の三分の一を占める。またメディア、政府、自治体、ＮＧＯ、専門家、研究者、企業、学校、若者、そして一般の人々をパートナーとし、貧困、虐待、搾取、災害や紛争下での子どもの状況に光を当て、ともに子どもの権利の実現を推進する（いわゆるアドボカシー）も、その重要な役割の一つである。日本では、日本ユニセフ協会が一九五〇年にまず任意団体として設立され、一九五五年の財団法人化を経て、一九七七年にユニセフの国内委員会として正式に承認された。以来、活発な活動を展開している。二〇二三年のユニセフへの募金拠出総額は、二六六億円（一億七一〇〇万ドル）にのぼった。これは、ユニセフに資金を拠出あるいは援助している政府・国際機関・国内委員会の中で一三位という好実績である（国内委員会の中ではアメリカに次いで二位）。さらに、国際機関が独自性と継続性をもって活動を遂行していくにあたり重要な通常予算（Regular Resources：使途を特定しないでユニセフの活動全般に使われる予算）へは一億一七五〇万ドルを供出し、ユニセフへの最大拠出者であるアメリカ政府（総額一四億二〇〇〇万ドル、うち通常予算への拠出一億三七〇〇万ドル）に次いで二位という大きな貢献をしている。ユニセフ勤務時代には、帰国の際に支援者の方々を対象とした講演会を催していただいたり、逆に日本から任地へのスタディ・ツアーの受け入れをしたりして、近しく仕事をさせていただいた。

もう一つ、市民社会との関係でいえば、ユニセフは親善大使（Goodwill Ambassador）の制度を最初に始めた国際機関の一つでもある。親善大使に任命されるのは、芸術、音楽、スポーツその他の分野から選ばれた著名人だが、それらの人々は世界の子どもの状況と関係する重要なイシューに光を当て、それに人々の注意を喚起し、行動を促す上で大きな社会的影響力を持っている。一九五四年に俳優・歌手・コメディアンのダニー・ケイが最初の国際親善大使に任命され、一九六九年には俳優・脚本家・映画監督のピーター・ユスチノフ、一九八〇年には女優・映画監督のリブ・ウルマン、一九九八年には女優のオードリ・ヘップバーンが続いた。日本からは、黒柳徹子さんが一九八四年に国際親善大使に任命された。そしてその後、アグネス・チャンさん（歌手・エッセイスト）とチェ・シウォンさん（韓国のグループ“Super Junior”のメンバー）がユニセフ・アジア親善大使に、長谷部誠さん（元プロサッカー選手・現コーチ）が日本ユニセフ協会大使にそれぞれ任命され、ユニセフおよび子どもたちのために、非常に活発に活動してくださっている。

黒柳さんは、子どもの状況とユニセフの活動を視察するために、これまで三九カ国を歴訪され、そこでご覧になったこと、感じられたことをテレビその他の媒体を通じて広く人々に伝えられている。さらに、それをもとに延べ四三万人の方々から六三億円という多額の募金を、ユニセフの活動のために集めていただいている。親善大使としての四〇年の活動期間は、現在三〇人以上いるユニセフの国際親善大使の中で一番長い。そのコミットメントの強さには、頭が下がるばかりである。

自分も二〇一六年にネパールで勤務していたときに、黒柳さんの謦咳《けいがい》に接する機会を得た。前年二〇一五年に大きな被害を出したネパール大地震の被災地における子どもの状況とユニセフの活動の視察のために、黒柳さんとチームの方々が同国を訪れ、それに同行させていただいたのである。黒柳さんにとっては、ネパールは二度目の訪問であった。前回二〇〇九年の訪問の際には、偶然シータという少女と訪問先の村の川のほとりで出会った。そのとき黒柳さんは、川につかり砂を運ぶ仕事をしていたシータと、「大きくなったら何になりたい?」「洋服屋さんになりたい」「じゃあ、私のお洋服を作ってちょうだい。だけど私も年だから早く作ってね」というような言葉を交わしたという。[9] 七年後の二〇一六年の訪問の際、その子がどうしているか、できれば会いたいという黒柳さんからの事前の問い合わせに基づいてユニセフのスタッフがその村を訪れると、一五歳になったシータは同じ村に住んでいた。高校で縫製の勉強をしており、お金を貯めてミシンも買ったという。再会のためにカトマンズのユニセフ事務所に招待すると、黒柳さんへの贈り物として、自分で作ったブラウスとスカートを持ってきてくれた。後の日本でのインタビューで、このときの再会について、黒柳さんは次のように語っている。

「今年は地震で六六〇万戸の家が損壊したネパールに行って、七、八年前にデザイナーになる夢を『がんばりなさい』と応援した女の子に再会して、手作りの服をプレゼントされました。『将来、何になりたい？』と聞いてくれたのはあなただけだった、と言われたの。うれしくて、泣きました」[10]

ユニセフの仕事では、システムレベル（例：保健システム、教育システム）で、国全体の目標達成を支援しなければならない。もちろん、現実を絶えずチェックするために頻繁にフィールドに行くが、対象の人々すべての顔を、特定の個人として常に見ることはできない。しかし、それでも現場に近いところで仕事をしていると、こうした「ほっこり」とする機会に恵まれることもある。

第１章　ブータン（一九九〇～一九九一年）

ブータン探し

一九八九年、イギリス・サセックス大学開発問題研究所での修士課程を終える前にユニセフでＪＰＯとしての採用が決まったことは、長い間行く末を決めあぐねていた自分にとって、まずは一安心であった。しかし、ユニセフから自分の任地がブータンであるという知らせを受けたとき、最初にしなければならなかったことは、世界地図を引っ張り出して、それが正確にはどこにあるかを確認することであった。

前述したように、ユニセフに採用されることが決まり、勤務地域の希望を聞かれた際、第一志望として南アジア、第二志望としてサハラ以南のアフリカの英語圏をあげた。これは、当時自分が興味を持っていたこと（特定の開発問題、プログラム、プロジェクト、実践など）の多くが、これら二つの地域に集中していたことが主たる理由であったが、実際問題として、国連の五つの公用語の中で自分が使えるのが英語しかないこともあった。また、せっかく国連の中で開発の「現場」に近い組織に勤務する機会を得たのだから、ニューヨークやジュネーブのような本部所在地だけには配属しないで欲しいという希望があり、実際にそれを関係の人事担当者にも伝えていた。その意味では、南アジアに位置するブータンは一〇〇パーセント自分の希望に合致するわけで、キャリアの始まりとしては幸運としか言いようがない。ただ、南アジアといえば自動的にインド、パキスタン、バングラデシュ、ネパール、スリランカのような国々を想像し、なおかつその時点でブータンに関する知識がゼロであった自分には、正直何を期待すべきなのかがわからなかった。

サセックス大学開発問題研究所の図書館でブータン関係の書籍を探したが、そもそも数が少なく、また見つけることができたのは歴史や文化に関するものがほとんどで、開発問題に関するものは数えるほどだった。留学を終えて日本に戻った一九八九年の九月からブータン赴任の一九九〇年一月一日までは時間があったので、その間にも情報を集め続けたが、やはり開発に関するものはほとんどなかった。インターネットの普及する前の話であり、仕事の具体的な内容も生活も、ほとんどすべてが「行ってみるまでわからない」状態だった。しかし、逆にそれが楽しみに感じられたのは、若さゆえだったかもしれない。

ヒマラヤの王国

本書では、自分の任地国の歴史には、体系的に触れていない。しかしブータンの場合、後述するように赴任当時複雑な政治状況があり、それにはこの国の歴史および地理的な要因が少なからず関係しているので、ここで概説しておきたい。

ブータンはヒマラヤ山脈の東部に位置し、北は中国、東西と南はインドと国境を接する。仏教を国教とし、一九九〇年当時は王国であった（その後二〇〇八年に立憲君主制に移行した）。国土は日本の十分の一で、九州と同じくらいの大きさである。当時の総人口は一二〇万人と言われていたが、これは著しく過大な数字であった。その背景には、ブータンでは建国以来そのときまで国際基準にのっとった国勢調査が行われておらず、人口数値は過去のさまざまな調査や行政の記録に基づいた推計値であったこと、また後述するように、歴史的・政治的な背景もあったようである。その後、二〇〇五年に行われた最初の国際基準の国勢調査に基づき、国の総人口は六三万人に修正された（二〇二三年現在七八万人）。民族的にはチベット系、ビルマ系、ネパール系などに分かれるが、それぞれの人口構成率には諸説ある。

文字に残された形でのブータンの歴史は、七世紀頃に始まる。その頃、現在のブータンはチベット（吐蕃《とばん》）の一部であった。その後九世紀の吐蕃の崩壊、チベット仏教諸派の成立と分裂などを経て、そのうちの一派が一七世紀前半に現在のブータンに移住した。そしてそこで自らの政権を樹立したことが、国家としてのブータンの始まりとなった。その後、一九世紀におけるイギリスとの武力衝突と和解、現在まで続く王統の確立を経て、一九一〇年にはイギリスと条約を結び、独立を保ちながらイギリスの保護下に入ることになった。こうした歴史的経緯により、政治的・経済的にはイギリス帝国、そしてその後はインドとの結びつきが強いが、心のよりどころである宗教は強いチベット文化への帰属意識を残すという現代のブータンの支配的政治状況のもとができあがった。一九五三年に議会が設置され、絶対王政から立憲君主制へ段階的に移行する方向性で国は進んできた。また、中国とインドという大国に挟まれていることもあり、ブータンの社会や文化の固有性を守る目的で、一九七〇年代まではほぼ鎖国政策を取っていたが、一九七一年に国際連合に加盟した。自分がブータンで働き始めた一九九〇年は、第四代国王のジグメ・シンゲ・ワンチュクの時代であった。

女性と開発

ブータンには、一九九〇年の一月一日に着任した。当時のユニセフ・ブータン事務所は、所員全員で二〇人足らずの小さな事務所であった。事務所代表のほか、保健、栄養、水と衛生、教育、財務・庶務担当の国際スタッフが計六人、それらをサポートするブータン人のナショナル・スタッフが一一人働いていた。

その中で、自分のポストの名称、カテゴリーとレベルは、アシスタント・プログラム・オフィサーで国際専門職カテゴリーのエントリー・レベルであるレベル1（Assistant Programme Officer, P-1）というものだった。当時のＪＰＯシステムの運用はかなり「柔軟」であったらしく、到着した時点で自分が具体的に何を担当するのかは決まっていなかった（現在ではＪＰＯでも担当プログラムを含むポストの勤務内容をかなり特定してから募集をかける）。事務所の代表（Representative）で、自分の直属の上司であるスウェーデン人女性エバ・ニセウスと交わした最初の仕事上の会話は、「何を担当させようか」ということだった。当時の自分は、何とかして「専門性」と呼ばれるものを身につけたかった。イギリスの開発問題研究所の修士課程は面白く、プロフェッショナルとしての自分のキャリア全体の基礎の一部を確実につくってくれた。しかしそれは、基本的に開発一般に関する内容で、それだけではユニセフでいうところのセクター別の専門性（保健、栄養、水と衛生、教育、子どもの保護など）を最初から確立できるものではなかった。当時の自分は、ユニセフの事業分野の中では特に栄養に興味があり、その方面での専門性を伸ばしていきたいと思っていた。しかし、事務所にはすでに保健・栄養プログラムの担当者がいたので、それはかなわなかった。エバとさらに会話を続けていくうちに、「女性と開発」（Women in Development［ＷＩＤ］）をイギリスの修士課程で学んだトピックの一つとして言及したのだが、それが彼女の興味を誘ったらしく、それではＷＩＤ担当ということにしましょう、ということになった。

ＷＩＤがジェンダーに取って代わられて久しいが、当時はＷＩＤの絶頂期だった。ＷＩＤを簡単に説明すると、女性が社会で重要な役割を果たしているにもかかわらず開発プロセスから阻害されていることに鑑み、いかに開発における女性の参加・貢献を引き上げるかを追求することを目的とする運動あるいはアプローチである。[11]用語としては一九六〇年代から使われるようになったが、それが一般に注目されるようになったのは、一九七五年（メキシコ）、一九八〇年（コペンハーゲン）、一九八五年（ナイロビ）、一九九五年（北京）で開かれた一連の国連世界女性会議によってであった。自分がＷＩＤ担当のアシスタント・プログラム・オフィサーとなった一九九〇年は、一九八五年のナイロビ世界女性会議が“Nairobi Forward-Looking Strategies for the Advancement of Women”（『女性の地位向上のための二〇〇〇年に向けたナイロビ将来戦略』）を決めたこともあり、ＷＩＤを具体的な形で開発プログラムの中で実現しようとする動きが盛んになっていた頃であった。

自分としてはＷＩＤの専門家をもって任じるつもりは毛頭なく、単に学生時代に学んだトピックの一つとしてＷＩＤに触れただけであったが、それが「瓢箪《ひょうたん》から駒」で自らの担当になった。保健、栄養、水と衛生、教育といったセクター別のプログラムと比べたら予算も非常に限られたプログラムであったが、小さいといえども一つのプログラムなので、政府側に協力すべきカウンターパートがおり、プログラムの計画立案、予算配分などに自分の自主性が発揮できた。また、ＷＩＤはセクターではなくアプローチなので、他のセクター別プログラムとの協調・調整もあった。ある意味、新人のアシスタント・プログラム・オフィサーのトレーニング・グラウンドとしては、うってつけのものであったとも思う。上司のエバは、若い人間に学びとチャレンジの機会を与えたいという気持ちの非常に強い人で、このこと以外にも多くの機会を与えてもらった。また、彼女を含めてオフィスの雰囲気は非常にフレンドリーで、上下関係も厳しくなかった。自分は日本の企業や公的機関などに就職をしたことがないのでわからないが、伸び伸びとした環境の中で社会人生活を始められたことは、非常に幸運だったと思う。

具体的にＷＩＤ担当として関わったのは、女性の収入向上支援と保健・衛生・栄養教育であった。政府側のカウンターパートは、ブータン女性協会（National Women's Association of Bhutan）といった。政府によって設立されたＮＧＯ（なおかつ当時ブータンで唯一の国内ＮＧＯ）で、ブータンに二〇ある県に支部を持っていた。

当時、女性の収入向上支援は、ＷＩＤの典型的なプロジェクトの一つとして広く行われていた。具体的な活動は、女性のための小規模信用グループの設立であったり、収入向上のための手工芸品製作であったりした。ブータン女性協会の場合は、手工芸品、特に女性の伝統的な衣装の一つであるキラ（写真１参照）の布織が収入向上の主たる活動であった。キラは一枚の布を複雑に体に巻きつけ、ブローチと腰帯を使ってワンピースのように着用する。それに使われる布地は、特にブータン中部から東部の山間地域で、女性により家で織られてきた。ユニセフとブータン女性協会の主たる協力活動の一つは、女性の布織のトレーニングや収入向上活動に、保健・衛生・栄養教育をリンクさせて行うものであった。

なぜ子どものための組織であるユニセフが、女性の収入向上支援に関わるのか。女性が得た現金収入は、男性のそれに比

写真１　妻と一緒にブータンのツェチェ（寺院でのお祭り）で ― 彼女が着ているのが女性用民族衣装のキラ（1991 年）

べ、家族全体の生活の向上、特に子どものそれに使われやすいというのが、その主たる理由であった(逆に男性が得た収入は、酒やタバコ、賭け事などに使われやすい)。[12] それに保健・衛生・栄養教育をリンクさせることにより、家庭への現金収入と知識の両面から子どもの置かれた環境を改善することが、活動の主たる目的であった。

当時のブータンは、後発開発途上国(least developed country/当時は「最貧国」と訳されていた)で識字率も低く、生まれた子どもの一〇人に一人以上が五歳の誕生日までに死亡していた。[13] 前記の活動は、他のセクター別の支援とともに、そうした問題の改善に寄与することを目的としていた。そして、それらの活動を支援・モニタリングするため、ブータンで勤務していた二年の間、かなりの数のフィールドへの出張に出た。

ブータンの国土は東西三三〇キロメートル、南北一五〇キロメートルだが、そのわずか一五〇キロメートルの間で、インド国境の標高五〇〇メートルからヒマラヤ山脈高峰の標高七〇〇〇メートル以上まで、一気に標高が上昇する。世界で最も高低差の激しい国の一つである。そのため、九州ほどの大きさの国土に、熱帯(南部)から寒帯(北部の高山地帯)までの気候帯が入っている。当時のブータンの主要道路は、国土を東西に走る国道一号線と、その西部、中部、東部からインド国境まで南下する三本の国道のみであった。それらの道路のほとんどは山間を通過しているため、山の斜面をえぐるようにしてつくられている箇所が多々ある。雨期にはその斜面の崩落が頻発して、よく交通が遮断された。また、東西に走る国道一号線は、五つの地点で標高三〇〇〇メートル以上の峠を通過している。冬になって降雪すると、それらの峠は長期間車が通れず、その間の国の東西の行き来は、南北の道路を南に走っていったんインド領に入り、そこを東西に走る道路を経由して再びブータン領に戻り北に向かうという「凹」の字型のルートを取らなくてはならなかった。おまけにこれらの道路は、一応舗装はされているものの「一・五車線」と言われるほど道幅が狭く、きついカーブの連続である。さらに、片側は山を切り崩しただけの斜面、反対側は崖という「絶景ポイント」が連続するところも多い。そのため、交通事故があると生死に関わるものとなる確率も相対的に高かった。変わりゆく風景を見ながらの車の旅は非常に楽しかったが、少々ひやひやすることもあった。

ブータン女性協会への支援の一環として、協会の本部スタッフと県の支部長クラスのメンバーのために、バングラデシュへのスタディ・ツアーを組織したこともあった。具体的には、グラミン銀行（Grameen Bank）とバングラデシュ農村向上委員会（Bangladesh Rural Advancement Committee［BRAC］）という同国を代表するNGOのフィールド・オフィスに一週間ずつ寝泊まりして、それらの組織の草の根レベルにおける毎日の活動（小規模信用グループ、収入向上活動、保健・栄養関係活動、ノンフォーマル教育など）を間近に学ぶというものであった。これは、ブータン女性協会のスタッフやメンバーだけでなく、自分にとっても得難い経験であった。それも、そうした活動の企画から実施までの一切を駆け出しの自分に任せてくれた、エバという理解ある上司のおかげであった。

ブータンでの生活

前述したように、ブータンに着任したのは一九九〇年一月だったが、当時妻は妊娠していたため、最初の一年近くは単身赴任となった。その後、妻と生後七カ月になる娘がブータンに合流し、任地での家族生活が始まった。

自分たちが住んでいた首都ティンプーには、日本と同じように四季があり、その移り変わりを楽しんだ。ただ、二四〇〇メートルの高地にあるため、春夏秋はさわやかだが、冬は気温が零下となる日も多い。当時の主たる暖房は薪ストーブで、秋の間に一冬分の薪を買って家の裏に積み上げておいた（そうしないと十分な薪を買えずに冬の間中悲惨なことになる）。ブータンの家はがっしりしているが、冬寒くなる土地の割には建て付けが悪く、隙間風が多い。また煙突は一応あったものの、薪を燃やしての暖房は室内の空気にあまり良くない。加えて衛生上の問題もあったせいか、娘はブータンに住んでいた一年弱の間に、二回も肺炎にかかった。そして、当時のブータンでの医療サービスは限られていたため、二回目の後にはあえなく帰国ということになってしまった。今も昔も肺炎を含む急性下気道感染症（acute lower respiratory infections）は下痢症と並んで開発途上国の子どもの主たる死因の一つだが、その深刻さを身をもって感じた。

陸封国であるブータンでは、当時海産物を得る機会はほとんどなかった。夫婦とも魚介類が好きなのでこれには往生したが、必要は発明のなんとやらで、子どもの頃やっていた釣りを、ブータン人スタッフと一緒にティンプー付近の川でやるようになった。疑似餌（ルアー）を使ってのものだが、結構大きな鱒が釣れ、塩焼きやらムニエルやらで、夕餉《ゆうげ》の食卓を賑わしてくれた。肉は手に入ったが、ブータン人は宗教（仏教）的理由から自ら屠殺《とさつ》することを好まないので、多くはインドで屠殺され、遠路はるばるティンプーまで陸送されたものであった。新鮮さはクエスチョンマークであったが、生来の胃腸の丈夫さのおかげか、夫婦とも病気にはならなかった。

このようにブータンでは、当時おそらく米と野菜を除いては、ほとんどのものがインドから輸入されていた。それには陸封国という国の置かれた地理的位置や開発の度合いということがあったが、前記のように宗教的・文化的な理由もあった。一度など、どういう理由からかは忘れたが、バターが数カ月国にまったく入ってこなくなり、ティンプーからインド国境沿いのプンツォリンという町まで、一五〇キロ近く車を走らせて家族でバターを買い出しに出かけたこともあった。その反面、当時始まりつつあったブータン産松茸のバンコクや日本への輸出のおかげで、おそらく自分にとっては一生分以上の松茸を、焼いたり炊き込みご飯やお吸い物をつくったりして食す贅沢にもありついた。全般的に、仕事の上でも家庭生活でも幸せなブータンでの二年であった。

南部ブータンの問題

ただ、そんな幸せなブータンでの生活の中で、唯一気持ちを暗くさせたのは、南部ブータンの問題であった。

ブータンの国民は、チベット系（ガロップ、ブムタンパ、クルトップなどのサブ・グループがある）、ビルマ系（シャチョプ）、ネパール系の三つに大別される。そして、チベット系はまとめてドゥクパ、ネパール系はローツァンパと呼ばれる。ドゥクパという名称は、彼らの大部分が信仰するチベット仏教カギュ派の支派であるドゥク派という宗派に由来する。それに対して、ローツァンパは「南の人々」という意味で、ネパール語を話し、大部分がヒンドゥー教を信仰している。

歴史的には、ドゥクパの祖先の一部は、六世紀頃からブータンに定住していたとされる。これに対し、ローツァンパは一七世紀初め頃からブータンの歴史に登場し始めた。ネパール系移民のブータンへの移住は、一九世紀中頃から二〇世紀初頭にかけて加速した。ローツァンパは、最初南部ブータンの当時人の住んでいなかった平野地域に入植し、農業開発や基盤整備に従事した。そして、まもなくそこが国の主要な食糧供給地域となった。その後、一九五八年の国籍法により、ローツァンパに市民権が付与された。ただ地理的には、ドゥクパの人々は国の北部に住み、ローツァンパの大多数は南部に住んできた。そして政治的には、王家も含めてドゥクパが主導的な地位に就いてきた。しかし両者の関係は、ローツァンパの人口規模の大きさが認識されるにつれて、緊張をはらむようになった。一九七〇年代後半から、ブータン政府はローツァンパ人口の増加を、彼らが「国家文化」と見なすドゥルク文化（ドゥクパの文化）や政治秩序への脅威と考え始めた。そのため、「一つの国家、一つの国民」のスローガンのもと、ドゥルク文化を重視する服装規定の強制や、学校でのネパール語使用禁止などの同化政策が実施された。一九八五年の市民権法は、市民権取得要件を厳格化した。[14] さらに、一九八八年に行われた国勢調査の後、ブータン政府のトップは、ローツァンパの人口規模に大きな危機感を覚えたといわれる。[15] そして、その後政府は、ローツァンパの家系の人々に対して、国外退去するよう誘導あるいは強制した。具体的にはローツァンパ住民に対して調査を行い、彼らの中から「真のブータン人」と「非ブータン人／（不法）移民」を選別する調査を行った。[16] さまざまな国際人権組織の報告書によれば、その調査の実施の過程で、しばしば恣意的な分類や事実の変更が行われた。[17] そしてすでに市民権が保障されていたローツァンパも、政府機関の妨害により正式な書類を取得できず、資産を失ったりした。政府は同時に、ローツァンパを文化的・社会的にチベット系、特にガロップ族社会に同化させようとし、一九八九年、ブータン北部の伝統・文化に基づく国家統合政策を導入した。具体的には、ガロップの伝統的マナー・礼儀作法であるディグラムナムジャ（着物の着方、食事作法、挨拶、振る舞い、儀式、寺院への入り方などを細かく規定している）や、同じくガロップの伝統的衣装であるゴ（男性）とキラ（女性）の着用、ガロップの母語であるゾンカ語の使用を強制しようとした。これに対してローツァンパ側から反発があり、それを政府の軍・警察が厳しく弾圧するという負の連鎖が続いた。その結果、推定一二万人のローツァンパが難民として国外に逃れざるを得なくなり、うち一〇万人以上が、ネパール東部にＵＮＨＣＲ（国連難民高等弁務官事務所）が設立した難民キャンプに収容された。

自分がブータンに赴任した一九九〇年は、一九八〇年代後半に始まったこうした状況が激化し始めた分水嶺の時期であった。当時ブータンには、メディアといえば週刊の英字新聞が一紙とラジオ局が一つ（両方とも政府の管理下）あるだけであり、関係情報へのアクセスは限られていた。しかし、それでも国がただならぬ状況にあることはわかった。一九九〇年の秋には南部で大規模なデモがあったが鎮圧され、政府による弾圧とネパール系住民の事実上の国外追放が加速した。こうしたことから、滞在二年目の一九九一年は、南部への出張は難しくなった。さらに、いくつかの協力プログラムでは、南部出身で局長・課長レベルのポストにあった政府カウンターパートまでもが国を去らざるを得なくなった。

自分がブータンを去った後だが、ブータン政府は二〇〇〇年代後半、開発の原則として、国民総生産（Gross National Product［ＧＮＰ］）／国民総所得（Gross National Income［ＧＮＩ］）に対置されるものとして、国民総幸福量（Gross National Happiness［ＧＮＨ］）という概念を提唱し始めた。経済成長を過度に重視するそれまでの発展の考え方を見直し、①経済成長と開発、②文化遺産の保護と伝統文化の継承・振興、③豊かな自然環境の保全と持続可能な利用、④良き統治の四つを柱として、国民の幸福に資する開発の重要性を唱えている。これは、ブータンの開発哲学として、世界で喧伝されてきた。

開発・発展の究極の目的が経済成長ではなく、それも含めた、しかしより多面的な社会の改善であることには、本書の「はじめに」で述べたとおり、考え方として心から賛成する。国際的に著名なアマルティア・センやジョセフ・スティグリッツを含む経済学者が、ここ数十年そうしたコンセプトや関係の定量化手法を考えてきているのも、むべなるかなである。国連機関の中でも、国連開発計画（ＵＮＤＰ）が一九九〇年から毎年発行している『人間開発報告書』は、経済発展やその指標としてのＧＮＰ／ＧＮＩ一辺倒の傾向へのアンチテーゼであるし、近年の「多面的貧困」（multi-dimensional poverty）やユニセフが主唱してきている「子どもの貧困」（child poverty）という考え方も、そうした流れの一部である。[18]

しかし、前記のようにブータンでは、そこに住んでいた多数のネパール系ブータン人、それも昨日今日ブータンに来たのではなく、数世代にわたってブータンに住み、ブータン人としてのアイデンティティも当然持っていた人々が多数国を去らざるを得ない事態が引き起こされた。それを知る身にとっては、同じ国で「国民総幸福量」といわれても、首肯しがたい。状況は単純ではないが、より包摂的（inclusive）なアプローチの可能性はあった。それに対して取られた政策は、あまりにも反射的なもの（knee-jerk reaction）で、それ以前の国内法にも国際法にも抵触するものであった。自分は今日でも、ブータンという国もブータンの人々も大好きである。仕事で二〇一五年に再訪できたときは、本当にうれしかった。同時に、「シャングリラ」（桃源郷）ではないブータンを見たときの胸にざらりとした感覚は、今でも残っている。[19]

正規職員を目指して

日本のＪＰＯの期間は最長二年なので、二年目（一九九一年）に入ると、期間終了後すぐに常勤職員になれるように、次のポストのことを考え始めた。

今も昔もそうだが、すべてのＪＰＯが常勤職員になれるわけではない。ＪＰＯが常勤職員になるためには、正規職員と同じく空席の正規ポストに応募し、書類審査、面接その他の競争的選考プロセスを経る必要がある。一九九〇年にＪＰＯとしてユニセフに入った年には、国際専門職（international professional）のエントリー・レベルであるレベル１で勤務を始め、二年目は自動的にレベル２となった。そうなると、次はレベル２か３の国際専門職正規ポストを目指すこととなる。しかし当時、レベル２の国際専門職正規ポストというものは、それに相当する国内専門職正規ポスト（national professional ―その国の国籍を持つ応募者から選考・任命される）による代替が進んだ結果、非常に少なくなっていた。そのため、月刊の空席情報で募集がかけられている正規の国際専門職正規ポストは、ほぼすべてがレベル３かそれ以上であった。レベル３の基本要件の一つは、関係専門領域における五年以上の勤務経験である。しかし、大学院を卒業してすぐユニセフに入った自分には、ＪＰＯを終了した時点でも二年の勤務経験しかない。また、自分が扱った「女性と開発」というトピックについてはそもそもポスト数が非常に少なく、かといってほかに自分が専門分野と呼べるものもなかった。状況は厳しかった。

二年目の半ば頃から、空席情報に載ったポストの中でこれはと思うものに応募し始めたが、結果は惨憺たるもので、どれも面接段階に至る前に「残念ながら……」のメッセージ（regret）をもらった。おそらく一〇以上のポストに応募しただろうが、連戦連敗であった。第一子も生まれ、何としても次の職を探さなければならない身であったので、国連以外の可能性も探ることにした。そして、Ｊ

POとしての勤務期間が残り数カ月となった一九九一年九月、日本に一時帰国し、あるNGOのスリランカにおける緊急支援プログラム関連のポストに応募した。幸いにもそちらの方はうまくいって、とんとん拍子で翌一九九二年二月からの採用が決定したので、一安心してブータンに戻った。ユニセフでの仕事は非常にやりがいがあると思ったが、今回は縁がなかったものと考えて、次の仕事に気持ちを切り替えた。

年が明けて一九九一年の年初、すでにユニセフとの契約期間は実質的に切れていたが、片づけのためにオフィスに行って自分あての郵便物やメッセージをチェックしていると、一通のファックス・メッセージがあった。何かと思って見ると、ユニセフ本部からの採用通知だった。インドのグジャラート州の州事務所長（Chief of Field Office）という国際専門職のレベル3のポストに採用すると書いてある。応募した覚えがないポストだったので、最初は何かの間違いかと思ってポカンとした。上司のエバに相談すると、インドにおけるユニセフの国事務所代表に問い合わせてくれた。その結果、そのメッセージは間違いではなく、次のような状況があったことがわかった。

このポストは以前に選考プロセスが一度済み、応募者の一人が選ばれていた。しかし、その人物が、何か個人的な事情により最終段階で辞退した。それで誰か適任者はいないかと、ユニセフ・インド国事務所の人事部と国事務所代表が急いで当該ポストへの他の応募者および他の同レベルのポストへの応募者の履歴書をチェックしていたところ、たまたま自分の履歴書が目に留まった。男性で女性と開発プログラム担当ということが、面白いと思われたらしい。自分はほぼ同じ時期、インド国事務所の女性と開発のレベル3のポストに応募し、そちらについては不採用の通知をもらっていた。しかし、思わぬ展開でその応募書類が「リサイクル」され、応募してなかったポストへの採用通知をもらうこととなった。自分とはまったく関係のないところでそのような事態の展開がなければ、こんな機会に巡り合えることもなかった。もっと遡ってみれば、自分が一九九〇年に働き始めたときに上司のエバとの会話の中で偶然女性と開発について言及し、その担当を任されなかったならば、そうした機会を手にできたかどうかわからない。そういう意味では、これも自分の人生の「ピンボール」現象の一つといえる。うれしくはあったが、自分のような新米に、果たして州事務所長というようなポストが務まるのかという思いの方が強かった。その逡巡《しゅんじゅん》を断ち切ってくれたのはやはりエバで、まずはやってみなさいと励ましてくれた。採用が決まっていたNGOには正直に経緯を説明したが、親切なことに状況を理解してくれ、応募を取り下げることに同意してくれた。

こうして、再び「瓢箪から駒」で、当初自分が全然意図していなかったマネジメントという領域に足を踏み入れることとなった。

第2章 インド（一九九二〜一九九七年）

桁違いの大きさ

今も昔も、インドは南アジアという地域のイメージの大きな部分を占める。前述したように、最初ユニセフで希望の赴任地域を聞かれたとき、南アジアかサハラ以南のアフリカと答えたが、インドは自分の心の中でも高い位置を占めていた。二度目のポストで、そこが赴任地になったわけである。

一九九二年当時のインドの人口は、約九億人であった。そこに二四の州と八つの連邦政府直轄地があり、二〇〇〇以上の民族、最低でも六種類の宗教、そして一二二の言語を話す人々が住んでいた。[20]国の統治形態は連邦制で、中央政府のほかに、州政府が実体を持った政府―それも巨大な―として機能している。[21]それぞれの政府の専管事項は、憲法の規定によって中央に属する権限、中央と州の共同管轄の権限、州に属する権限の三つのカテゴリーに分類されている。そして保健、医療、栄養、公衆衛生、教育、社会福祉、司法行為など、ユニセフのミッションに関わる権能の多くは、州に属する権限か中央・州の共同管轄の権限になっている。

こうした国の巨大さと多様性を反映して、ユニセフは、当時インドに一二の州事務所を持っていた。前述したような連邦制のシステムでは、中央政府が国としての全体的な政策を決めても、州政府レベルでそれが具体化されなければ、物事は動かない。また、インドのような広大な国土を持つ国では、首都にすべての人員を配置して、訪問ベースで主要州政府と仕事をすることも現実的ではない。そのため、州レベルに配置され、そこで日常的に州政府のカウンターパートと協力するスタッフおよび事務所が必要であった。その意味で、インドにおける州事務所は、ユニセフのようなオペレーショナル（実務的）な組織には必要不可欠なものであった。それにより、首都と地方の二つのレベルでプレゼンスを持ち、仕事をする。そして、一方で中央政府の政策立案を助け、地方および草の根レベルでそれが具体化され実施されることを支援しながら、他方で後者における現実が中央レベルにフィードバックされることを促進する。そうしたフィードバックは、現実の観察や経験に裏打ちされているので、重みがある。この頃からそれを、組織としてのユニセフの強みであると考えるようになった。

グジャラート州

インドで筆者が勤務したグジャラート州は、国の一番西に位置する州で、パキスタンと国境を接している。巨大な半島のような形をしており、インドで一番海岸線の長い州でもある。歴史的にはマハトマ・ガンジー、近年ではインド首相のナレンドラ・モディの出身州としても有名である（二〇一四年に首相になる前、モディはグジャラートの州首相であった）。広さは日本の約半分、インドで七番目に大きな州であり、一九九二年の人口は四〇〇〇万人少しであった（二〇二四年現在、七二〇〇万人）。経済的には他の大多数の州と比べて相対的に豊かであるが、保健、栄養、水と衛生、教育などの社会発展分野では、その経済発展のレベルと比べ、パフォーマンスは良好とはいえなかった。

インドの主要な州は、世界のほかの地域であれば、優に一国として成り立つほどの広さと人口を持つ。そして、それぞれの州は、歴史的背景や社会経済的な違いにより、発展のレベルが非常に幅広く分散している。また、経済的な発展のレベルと社会的な発展のそれとは必ずしも一致していない。例えば、一九九二／一九九三年の時点で一番豊かな州は北部のパンジャブ州で、その一人当たりの所得（一万一一四〇ルピー）は一番貧しいビハール州（二九九八ルピー）の三倍以上であった。しかし、五歳以下の子どもの死亡率で見ると、パンジャブ州はトップではなかった。主要州の中での一位は、南西部に位置するケララ州の出生一〇〇〇件中当たり三二人であり、パンジャブ州は出生一〇〇〇件中当たり六八人とケララの二倍以上ある。そしてケララ州の一人当たりの所得は、五七六九ルピーで二五州中一二位、同年のインド全体の一人当たりの平均所得七七一五ルピーよりも低く、パンジャブのそれの半分に過ぎないのである。[22] ケララ州はその後も社会開発分野で躍進を続け、二〇一五／二〇一六年までに、五歳以下の子どもの死亡率で、アメリカと同じ出生一〇〇〇件中七人を達成した。しかも、その時点でケララ州の一人当たりの平均所得は、アメリカのそれの一五パーセントにしか過ぎなかった。[23] これに対しグジャラート州は、一九九二年当時一人当たりの所得が二五州中四位と全体から見ると高位であったが、五歳以下の子どもの死亡率では一五位と、下から数えた方が早いところに位置していた。

インドのこうした状況は、それを見る者に、経済開発が万能薬ではないことを教え、開発・発展とは何なのかということを、今一度じっくり考える機会を与えてくれる。ちょうどその頃、自身もインド出身の世界的に有名な経済学者アマルティア・センが、インドとそれを構成する諸州の万華鏡のような発展状況の分析に関する著作を出版しており、自分も非常に興味を持って読んだ。[24] そしてその分析は、インドとそれ以降の任地で、自分が開発問題を考える際の指針の一つとなった。後年、「はじめに」で触れた、ヤン・ヴァンデモルテルのペーパーの中に「経済成長は、貧困の万能薬とは程遠い。よって、代替的な戦略が求められている」という一節を読んだとき、我が意を得たりと思ったのは、このインドでの経験にもよる。

マネジメントへの第一歩

グジャラート州事務所のサイズは、当時インドにあったユニセフの一二の州事務所の中で一番小さく、所長である自分のほかにはアシスタント・プログラム・オフィサー、プログラム・アシスタント、財務・庶務上級アシスタント、秘書、ドライバーの総勢六人の事務所だった。国際スタッフは所長である自分のみで、あとは皆インド人のスタッフである。グジャラート州事務所が所属するインド国事務所は、当時総勢四〇〇人以上が勤務し、世界で一番大きなユニセフ国事務所だったので、その最大の国事務所の中の最小の州事務所であった。事務所は、政府カウンターパートの一つであるグジャラート州上下水道委員会に提供された同委員会のビルの二室に置かれており、非常に簡素なものであった。

前述したように、自分は一九九〇年にユニセフに入るまで定職に就いたことがなく、ユニセフに入った後も、アシスタント・プログラム・オフィサーとして二年の勤務経験があるだけであった。それがいきなり、小さいとはいえ州事務所の所長に任命されたのは、泳ぎを知らずに川に飛び込んだようなもので、最初の一、二年は試行錯誤の連続であった。一番苦労したのは人事で、特にオフィス内の人間関係である。総勢六人の小さなオフィスであったが、他のスタッフと協力して仕事ができないスタッフがおり、それらのスタッフにかなりオフィスを引っかき回された。一度はマネージャーとしての自分の適性を疑い、その当時インドにおけるユニセフの国事務所代表を務めていた渡辺英美さん（その後バングラデシュの国連常駐調整官［UN Resident Coordinator］、ＵＮＤＰ総裁補・開発政策局長などを歴任）に辞表を提出までしたが、彼女に逆に励まされ、思いとどまった。しばらくは胃が痛くなるような日々が続いたが、最終的には勤務評定をきちんとすることで状況をコントロールできるようになった。三年目からはそれなりに自信もつき、事務所の運営も安定した。スタッフはそれまでの六人から六人増員して一二人となり、事務所の場所も移転した。その結果、プログラム全般にわたり、より実質的な仕事ができるようになった。

ヨード欠乏症

グジャラート州で勤務していたときに、個人的に高い優先順位をつけた仕事の一つは、ヨード欠乏症（Iodine Deficiency Disorders［ＩＤＤ］）を予防するための、ヨード添加塩（iodized salt）の普及である。

ヨード（iodine）は必須栄養素の一つで、摂取量が足りないとヨード欠乏症を引き起こす。妊婦がヨード欠乏である場合、まず流産や死産のリスクが高まる。そして、母体の重度のヨード欠乏は、胎児の成長および脳の発達を遅らせ、生まれてくる子どもの先天異常、知的障害、歩行困難、発育阻害、先天性甲状腺機能低下症（クレチン症）による脳の発達障害などの重篤な知的・身体的発達遅滞を引き起こす。さらに、子どものヨード欠乏は、ＩＱレベルを一〇から一五ポイントも引き下げる。[25] 国際的に平均とされているＩＱレベルは九〇から一〇九ポイントなので、下げ幅は平均の九パーセントから一七パーセントにも当たる。そしてそれは、当然学習効率の低下を招かざるを得ない。また、成人のヨード欠乏は、甲状腺肥大のほか、疲労や倦怠感、およびそれによる生産性の低下をもたらす。ヨード欠乏症は、世界最大の予防可能な知的障害の原因である。

ヨード欠乏症は、土壌中にヨードがあり、ヨードの豊富な海産物をよく摂取する日本人にはほぼ皆無だが、世界的に見ると多くの国に存在する。これらの国々では、洪水、豪雨、氷河作用などの自然現象により、土壌中のヨードが流出してしまっており、そこで栽培される穀物や植物にはヨードが乏しい。そのため、栄養源をこれらの作物に頼る人々にとって、ヨードの摂取が難しくなる。二〇一八年現在でも、世界で生まれる乳児の一四パーセントに当たる一九〇〇万人近くが、人生のはじめの時期におけるヨードの不足により、予防可能であるにもかかわらず生涯にわたるダメージを脳に受け、認知機能が低下するリスクにさらされている。中でも南アジアにおけるヨード欠乏症の影響は深刻で、こうした子どもの四分の一に当たる四三〇万人は南アジアに住んでいる。[26] これは、当然影響を受けた子どもとその家族にとって一番の悲劇だが、同時に国全体で人的資本が失われることを意味し、その社会経済的発展にとっても大きな損失となる。人間が一生に必要なヨードの量は非常に少なく、ティースプーン一杯分程度である。しかし、ヨードは尿とともに体外に排出されて貯めておくことができないため、微量ではあるが必要量を毎日摂る必要がある。

ヨード欠乏症の克服は、技術的には簡単である。それは、食塩に決められたレベルのヨード（ヨウ酸カリウム［KIO_3］かヨウ化カリウム［KI］）を添加し、それのみを使うこと、つまりヨード添加塩の生産と消費である。塩は、性別、人種、文化、貧富の差などにかかわらず、人間誰もが一定量を毎日、一生摂り続けるほとんど唯一の食品である。よって、前述のような特徴のあるヨードをすべての人々が持続的に摂取するためには、理想的な媒体である。ある国でヨード欠乏症を撲滅するためには、“Universal Salt Iodization”（ＵＳＩ）、すなわちその国で使われる食塩すべてにヨードを添加することを法律で義務づけ、それを実際に施行する必要がある。塩は、産業構造上の理由から、世界中どこでも少数の生産地域が国全体の需要を賄っているという状況があるので、こうした政策も現実的に実施しやすい。塩へのヨード添加に必要な費用は、一年で子ども一人当たり〇・〇二ドルから〇・〇五ドルと、非常に安価である。そして、ヨード添加によって前述のようなヨード欠乏症が予防されることにより、人々の認知能力と将来の収入レベルが大幅に向上する。具体的には、ＵＳＩを実現するための投資には、社会全体として一ドル当たり三〇ドルのリターンがあると推定されている。[27] USIは、公衆衛生対策の中で最も費用対効果の高いものの一つである。ヨード添加塩製造の歴史は古く、スイスでは一九二二年に、アメリカでは一九二四年に始まっている。

しかし、技術的に簡単であることは、政治的・社会的な行動として簡単なことを必ずしも意味しない。政府が、法律によるUSIの義務づけがヨード欠乏症を国レベルで抑え込む唯一の方策であると知っていても、製塩業者などの既得権益者やそれに支持された政治家の反対に遭って二の足を踏んだり、腰砕けになってしまうことが少なくない。ありがちなのは、ヨード添加塩の消費拡大のためと銘打って、消費者を対象としたいわゆる「意識向上」(awareness generation)のための活動(栄養教育・宣伝など)にリソースを費やし、「やっている感」を出すことである。一般的な意識向上活動は、ユニセフの扱う問題の多くにとって非常に重要であるが、この場合は違う。なぜならこの問題の場合、国の食塩のすべてにヨードを添加することを、前述したように、一国の中では地理的に非常に限られた製塩地域、すなわち「川上」(upstream)レベルで行うよう法律で義務づけ、なおかつその実施を確かなものにすれば、わざわざ「川下」(downstream)レベルで数千万人(インドの場合は数億人)の消費者を相手に「意識向上」活動を行うことなしに、自動的に必要な量のヨードを国民全体に行き渡らせることができるからである。ただ、政策決定者が、USIの法制化と実施(違反者に対する罰則の適用を含む)を困難があっても「腹を括ってやる」(bite the bullet)かどうか、そしてそうした決定をユニセフのような組織が効果的に助けられるかどうかが、成功の鍵であった。その意味でこの問題は、当該国政府／社会が、レトリックを超えてどれだけ真剣に子どものことを考えているかを示す「リトマステスト」であり、それが自分がこの問題に興味を持った理由の一つでもあった。そして、自分が赴任したグジャラート州は、インドで一番長い海岸線を持つことから、伝統的に製塩業が盛んであった。グジャラート州の塩の生産量は、インドで生産される塩の実に七六パーセントにのぼり、世界的にも第三位の製塩量であった。[28]

インドにおいてヨードの欠乏が公衆衛生上の問題であること、またそれに対してヨード添加塩が有効な対策であることは、それより四〇年近く前の一九五六年に、インド北部のヒマチャル・プラデッシュ州で行われた研究によってわかっていた。しかし、当時はヨードの欠乏の影響が、主に甲状腺肥大[29]という「外観上の」(esthetic) 問題と思われていたことから、それに与えられた政策的優先順位は低く、ヨード添加塩の生産も非常に限られていた。しかし、ユニセフ、ＷＨＯなどによる政府のハイレベルへの政策提言活動が功を奏し、一九八三年にインド政府は、すべての食塩にヨードを添加することを政策目標として掲げ、それまで国営企業にのみ許されていたヨード添加塩の生産を、民間にも開放した。しかし、ＵＳＩを実現するために採られた主たる方策は、民間製塩業者による法的拘束力を持たない任意ベースでのヨード添加塩生産と、それに関する政府から製塩業者への補助金、および消費者の「意識向上」のみであった。そのため、ヨード添加塩の普及は、遅々として進まなかった。

一九九二年、ユニセフは中央政府レベルで、インドが国家ヨード欠乏症対策プログラムを立ち上げることを支援した。それにより、政府がヨード添加塩をすべての人々に行き渡らせることを明確な政策目標とし、それを実際に達成するために必要なアクションを取り、そのプロセスと結果を体系的にモニタリング、評価することを促進するためである。しかし、プログラムに実効性を持たせるためには、最大の製塩州であるグジャラートにおけるＵＳＩの達成、特に州レベルで非ヨード添加塩の生産を禁じる法律が制定・実施されることが必須であった。

自分とユニセフ・グジャラート州事務所の保健・栄養担当プログラム・オフィサーのインド人、シッダルタ・ニルパムは、この法律の制定を促すため、州政府の高官や主要製塩業者に対する働きかけを積極的に行った。また、州の消費者団体とも連携し、塩にヨードを加えることは健康上問題ないだけでなくヨード欠乏症を防ぐのに必要不可欠なこと、また消費者にとってのコスト増加は無視できるほど小さいことなどを説明する活動を行った。さらに、ヨード添加塩の質（ヨードの添加レベル、パッケージングなど）を向上させるためのアドボカシーとモニタリングも行った。

こうした中央レベルと州レベルでの活動のかいもあり、一九九四年にはグジャラート州政府が非ヨード添加塩の販売を禁じる州法を制定し、他の州でも同様の立法がなされた。そして一九九七年には、インド政府により同様の法律が中央レベルで制定された。その結果、インドにおけるヨード添加塩の家庭レベルでの普及度は、一九八五年の五パーセントから一九九八／一九九九年には七二パーセントまで上がった。[30] しかし、ヨード添加塩というイシューには製塩業者という関係の既得権益者がおり、一筋縄ではいかなかった。自分は一九九七年にグジャラートを去ったが、二〇〇〇年には中央レベルで非ヨード添加塩の販売を禁じる法律が廃止され、その後グジャラートを含む州レベルでの同

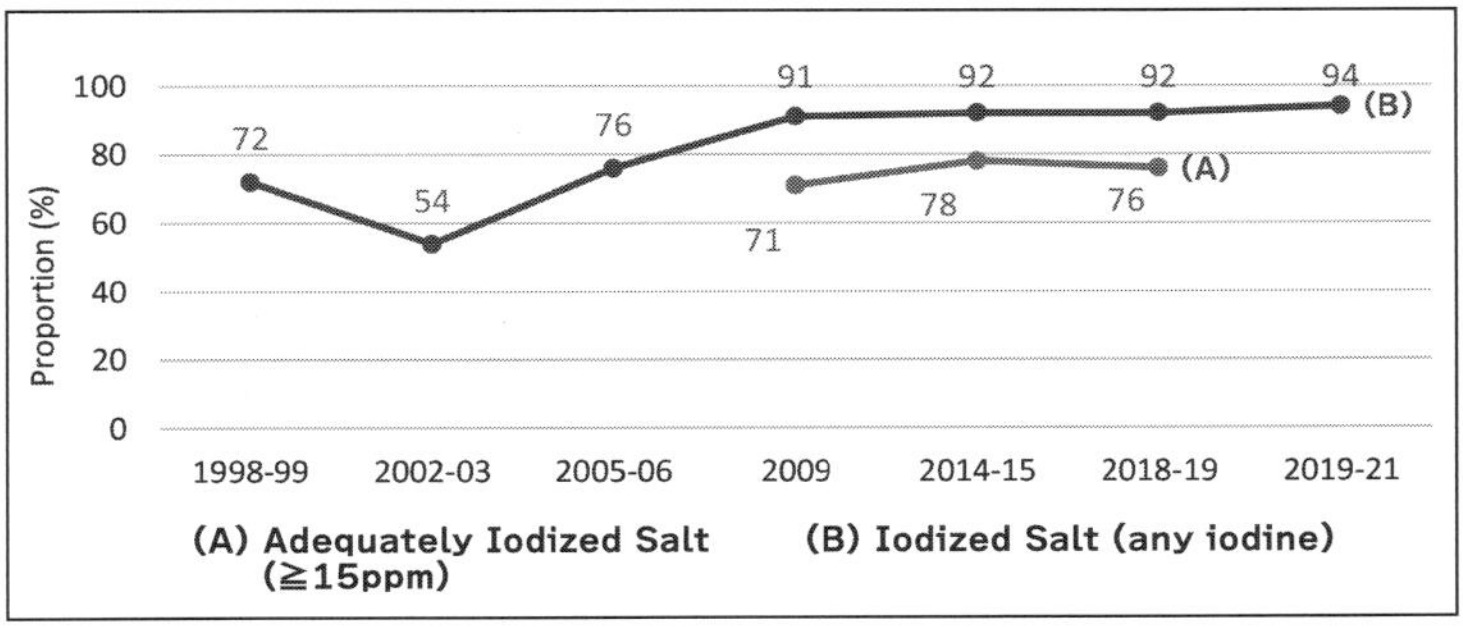

1985 年のヨード添加塩の普及率は、５パーセントであった。
Adequately Iodized Salt —「十分なヨードを含んでいるヨード添加塩（15ppm 以上）」
Iodized Salt (any iodine) —「ヨード添加塩（少しでもヨードを含んでいるもの）」
出典：Iodine Global Network (2023), *Status of the Iodine Nutrition and Salt Iodization Program in India: Country Brief,* p. 1.

図１　インドにおけるヨード添加塩普及率の変化

様の法律も同じ運命をたどった。そのため、インドにおけるヨード添加塩の家庭レベルでの普及度は、二〇〇二／二〇〇三年には五四パーセントにまで落ち込んだ。だが、その後再び活発化したアドボカシーの結果、二〇〇五年にようやく前述の法律が再制定され、家庭レベルでのヨード添加塩の普及度も二〇〇五／二〇〇六年には七六パーセント、そして二〇〇九年には九一パーセントになり、以後はそのレベルを保っている（図１）。[31]その結果、二〇一八／二〇一九年に行われたインドの全国レベルの調査では、尿中のヨード濃度の中央値はＷＨＯが定めたレベルの範囲内にあり、人口全体にヨードが適度に行き渡っていることがわかった。[32]

一九九三年当時、公衆衛生上の問題としてヨード欠乏が存在する国は世界一八四カ国中一一三カ国（六一パーセント）にのぼっていた。それが、全世界でのＵＳＩ政策の推進により、二〇一九年には一九三カ国中一九カ国（九・八パーセント）にまで減少した。その結果、甲状腺腫率（total goitre rate）で測られた世界のヨード欠乏症の有病率は、一九九三年の約八人に一人（一三・一パーセント）から二〇一九年の三三人に一人（三・二パーセント）と七六パーセント減少した。インドを含む南アジアでも、ヨード欠乏症の有病率は一九九三年の一三・〇パーセントから二〇一九年の二・八パーセントへと七九パーセント減少している。そして、それにより改善した認知機能やそれに基づく収入の向上は全世界で三三〇億ドルにものぼり、その多くはインドを含む低所得国や中所得国で起こったものである。[33] そうした世界規模の努力に関わることができたのは、自分にとって本当に幸運なことであった。

ポリオ根絶

インドで関わったもう一つの思い出深い活動は、ポリオ根絶である。

ポリオ（急性灰白髄炎／小児麻痺）は、ポリオウイルスによって引き起こされる。感染経路は経口で、ウイルスが人の口から体内に入り、それが腸内で増殖する。増殖したウイルスは再び便の中に排泄され、それがまた他の人に感染する。乳幼児が感染することが多い。感染しても、九〇パーセントから九五パーセントの人は、症状が現れず、知らない間に免疫ができる。しかし、感染してから三日から三五日後に、発熱、頭痛、のどの痛み、吐き気、嘔吐などの風邪に似た症状が現れることがある。さらに、腸管に入ったウイルスが脊髄の一部に入り込み、主に手や足に弛緩性麻痺（だらんとした麻痺）が現れ、その麻痺が一生残ってしまうことや、呼吸困難で死亡することもある（写真2）。麻痺の進行を止めるための治療や、麻痺を回復させるための治療が試みられてきたが、特効薬などの確実な治療法はなく、麻痺に関しては、残された身体機能を最大限に活用するためのリハビリテーションがあるだけである。よって、予防接種による感染予防が、最も重要な対応策となる。

ポリオワクチンは、最初不活化ポリオウイルスワクチンとして一九五三年にアメリカで開発され、一九五五年から一九五七年の間に同国のポリオ症例を八五パーセントから九〇パーセント引き下げることに寄与した。その後、

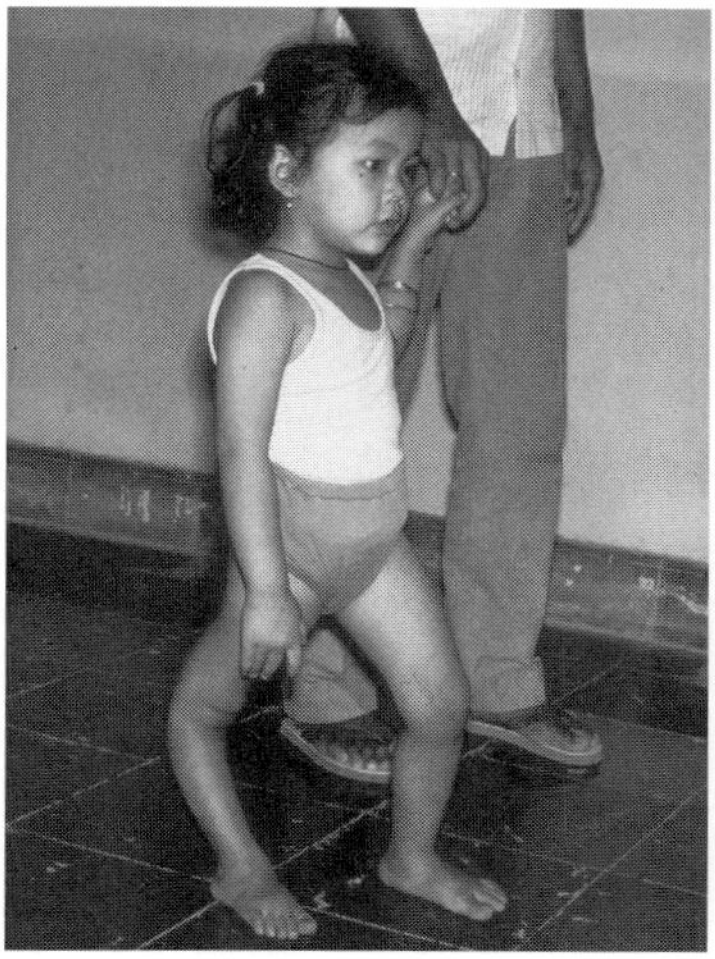

Courtesy of World Health Organization

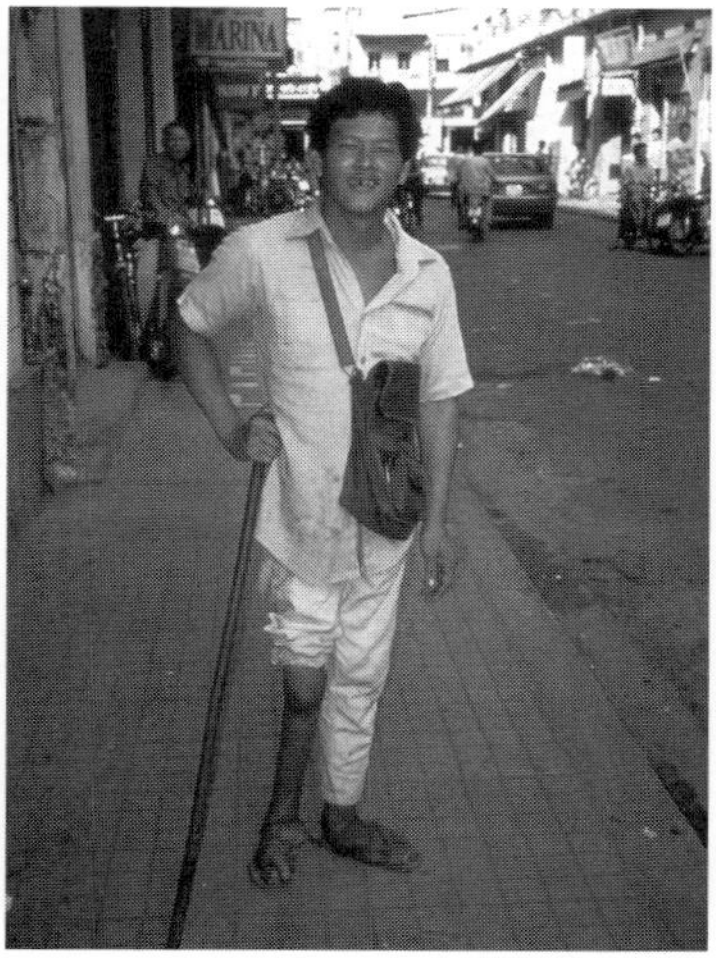

Courtesy of Center for Disease Control and Prevention

Immunize.org, Polio Images https://www.immunize.org/clinical/image-library/polio/ より

写真２　ポリオの後遺症

一九六〇年に生ワクチンである経口ポリオワクチンが開発された。それにより、ポリオの予防接種はより簡単なものになり、多くの先進国が自国からポリオを一掃した。[34] しかし、インドを含む開発途上国でのポリオ撲滅はそれよりも遅れ、一九七〇年代から一九九〇年代初めにかけては、年間二〇万人から四〇万人のポリオ症例があった。インドでも一九七九年には経口ポリオワクチンが導入されていたが、当時インドで使われていた経口ポリオワクチンの有効性の低さと実際の予防接種活動における対象となる子どもの取りこぼしなどにより、ポリオにかかる子どもは依然多かった。その後事態は改善されたが、自分がインドにいた一九九五年、インドでは三一四二件のポリオ症例が報告されており、それはその年の世界総計の五一パーセントを占めていた。[35] また同じ年、報告されていないものも含めたインドのポリオ症例の総数は、五万件以上と見積もられていた。[36]

一九八八年、WHOの決定機関である世界保健総会で、二〇〇〇年までにポリオを根絶する決議が出された。これに基づき、インドを含む関係国は、ポリオの追加予防接種活動を開始した。[37] これは、インドでは“Pulse Polio Immunization”と呼ばれ、通常の定期予防接種活動に加えて年二回、全国一斉ポリオ予防接種日を計画・実施するというものであった。これにより、接種を受けた子どもたちは、ポリオに対する免疫をつけることになる。また、当時使われていた経口ポリオワクチンは生きたウイルスを弱毒化させたものであるため、接種を受けた子どもたちの腸管内で増殖し、そこでの抗体を増加させ、ポリオの野生株（wild polio virus）がそこへ付着・増殖することを妨げる。野生株は人間の体内でないと長期間生きられないため、ポリオに一番かかりやすい年齢の子どもたちを同時期に一〇〇パーセントにできるだけ近いレベルまで予防接種することは、野生株が宿主から宿主に渡り歩くことを妨げ、環境中の野生株の量を激減させる。さらに衛生状況が悪いところでは（インドがまさにそうであったのだが）、この排泄されたワクチンウイルスが環境にばら撒かれ、予防接種を受けていない子どもにもポリオに対する免疫を一定程度つけさせる効果も持つ。[38] 経口ポリオワクチンは、数滴を子どもの口に垂らすだけでよく、注射器やその他の医療機材を必要としないため、接種が相対的に簡単で、全国一斉予防接種日のような大スケールのオペレーションに向いている。[39]

インドの第一回目の全国一斉ポリオ予防接種日は一九九五年一二月九日、第二回目は一九九六年一月二〇日に実施され、三歳以下の子どもそれぞれ八八〇〇万人と九四〇〇万人に対するポリオ予防接種が行われた。インドのような巨大な国で、これほどの人口を対象に一度に予防接種を行うことは、膨大な計画と準備、予算を必要とする。病院や保健所における常設の予防接種場所に加えて、多数の臨時予防接種ブースを国の隅々までカバーする形で立ち上げ、コールドチェーン[40]を整備・強化し、通常の保健従事者のほかに多くのボランティアを含む必要な人員を計画・配置し、一人の子どもも取りこぼさない意気込みで計画を立てなければならない。また定期的な予防接種と違い、子どもが決められた予防接種場所に何らかの理由で来られない場合、家々を個別に訪問しても予防接種を行う。ユニセフも、ワクチンやコールドチェーンなどの必要な資材の供給、保健員・ボランティアへのオリエンテーション、マイクロプラニング[41]やコールドチェーンのモニタリングと強化、あらゆるチャンネルを通じた広報宣伝活動、疾病サーベイランスの改善などの分野で政府を支援した。接種日当日は、お祭りのような雰囲気の中で予防接種が始まった。前述のようにポリオの生ワクチンは経口なので、保健従事者が監督しているところであれば、保健従事者以外でも子どもにワクチンを与えることができる。国・州・地区・村の各レベルで、政治家やロータリークラブ会員など地元の名士がセレモニーで予防接種を開始し、子どもの口にワクチンを垂らした。写真3は、二〇一七年の全国一斉ポリオ予防接種日のインド政府広報だが、インドで最も有名な映画俳優かつユニセフ親善大使のアミタブ・バッチャンと、ユニセフを含むパートナー組織のロゴが、経口ポリオワクチンを与えられる子どもとともに載っている。一九九五年にも、政府やそのパートナーによる広報が、同じように大々的になされた。

最終的に一九九五年一二月九日の第一回目の全国一斉ポリオ予防接種日には、目標の八八〇〇万

出典：下記のインド政府保健家族福祉省のＸサイト
Ministry of Health and Family Welfare (2017), “Immunization is a life-saving gift. Ensure your child, under 5 yrs, gets polio drops, on time. #NationalImmunizationDays #SwasthaBharat”, Government of India (https://x.com/MoHFW_INDIA/status/825576744241479680/photo/1).

写真３　全国一斉ポリオ予防接種日の政府広告（2017年）

人の三歳以下の子どもに対して七九三〇万人にポリオワクチンが投与され、九〇パーセントの接種率を記録した。また、一九九六年一月二〇日の第二回目も、目標の九四〇〇万人の三歳以下の子どもに対して八五四〇万人に予防接種を行い、九〇パーセントの接種率を達成した。第一回目の全国一斉ポリオ予防接種日の当日は、ポリオ根絶のために協力している保健省、ユニセフ、ロータリー・インターナショナル、WHOその他のパートナー組織が全国で一〇七〇の予防接種ポストを訪れ、予防接種を受けている子どもの年齢、人員配置の状況、コールドチェーンの状況、そしてワクチンの供給状態を同一の調査票に基づいてチェックした。その結果、全体的に必要な人員が配置され、コールドチェーンもよく整備されており、ワクチンが足りない場合の危機管理計画も機能していることがわかった。しかし、予防接種を受けた子どもの年齢に関しては、ターゲットである三歳以下以外の子どもが無視できない割合含まれていたため、それを改善することが次回以降の課題となった。自分も州都ガンディナガール近くの村に行き、その村の予防接種開始の式典で子どもにワクチンを投与し、前記のモニタリングを行った。

筆者は一九九七年にインドを去ったが、その後同国における全国一斉ポリオ予防接種は対象を三歳以下から五歳以下のすべての子どもに拡大して続けられ、それとともにポリオの症例数も劇的に減少した。そして、二〇一二年以降、三年連続してポリオの症例が報告されなかったため、二〇一四年、WHOはインドにおけるポリオ根絶を宣言した（図2）。

ある推定によれば、一九八二年にインドでポリオの生ワクチンが全国レベルで導入されてから

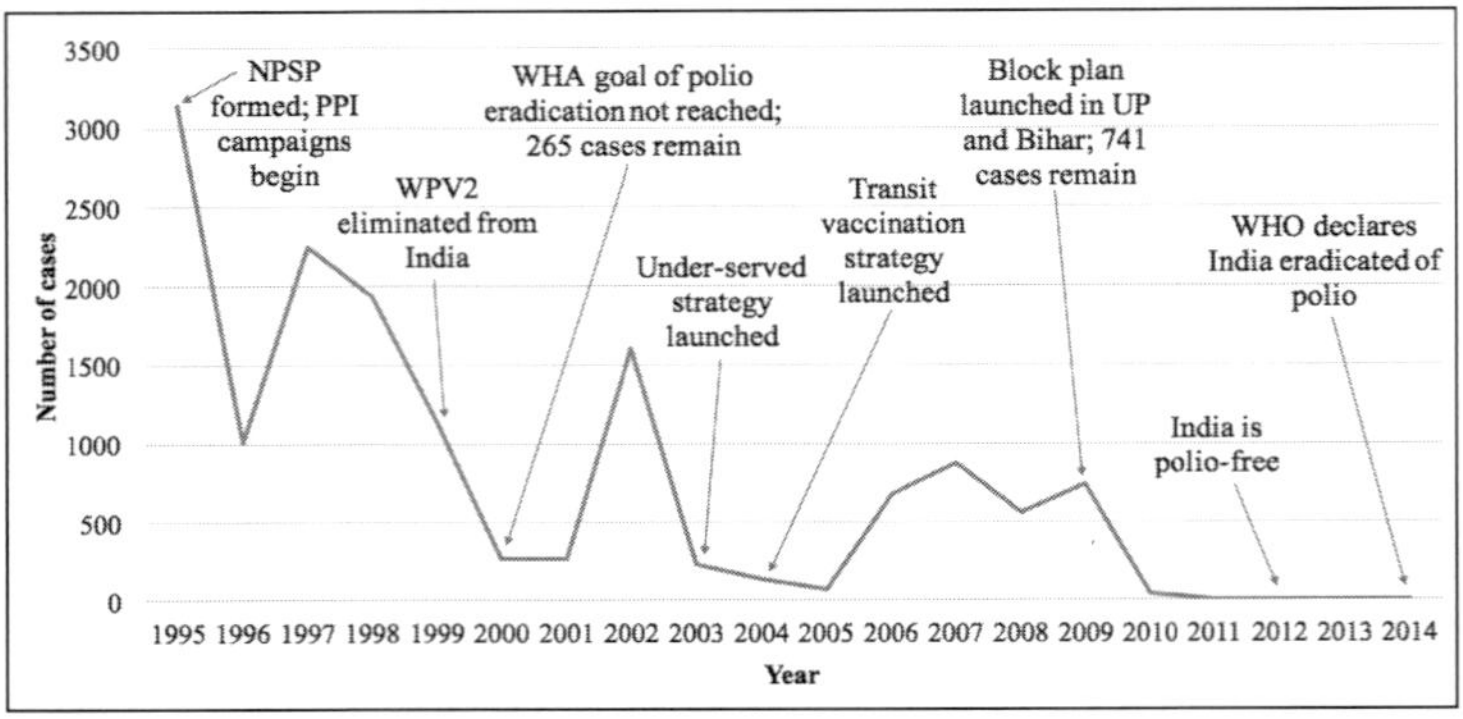

出典：Palma Gubert, et.al. (2017), "The 'Insurmountable' Frontier: How India Eliminated Polio", *Child & Adolescent Health*, Volume VI, Issue 1.

図２　インドにおけるポリオ撲滅のプロセス[42]

二〇一四年の根絶宣言までの期間に、三九四万件のポリオ症例と三九万四〇〇〇人のポリオによる死が予防され、一四億八〇〇〇万日の障害調整生命年（disability-adjusted life years［ＤＡＬＹｓ］）[43]の喪失が避けられた。そしてそれにより、同時期にインドの生産性は一兆七一〇〇億ドル増加した。[44]世界的にも、ポリオの件数は一九八八年以降九九パーセント減少し、二〇二三年末現在、その症例が継続的に報告されているのは、アフガニスタンとパキスタンの二カ国だけである。これまで人類が根絶した疾病は天然痘（smallpox）だけだが、ポリオもそうなる可能性を持っている。喜ぶのはまだ早いが、インドにおけるポリオ撲滅努力の開始に現場で関われたことは、フィールド・オフィサー冥利に尽きるものがあった。[45]

離職

このほかにもインドでは、保健、栄養、水と衛生、教育、子どもの保護などに関するプログラム全般に、現地事務所の所長として関わった。まったくの偶然から飛び込んだマネジメントの世界で最初は苦労したが、二、三年経つとそれなりにコツのようなものもつかめ、オフィスの運営は軌道に乗り、その規模と活動は拡大した。自分が関わっている仕事の規模と、その成果の実感が得られるインドの州事務所での仕事は面白かった。また、事務所があったグジャラートの州都ガンディナガールは、最初から都市計画に基づいて建設されていたため、インドの他の都市のように家が密集しておらず、妻と当時まだ小さかった子どもと一緒にのんびりとした生活ができた。家のそばに孔雀や猿が出没したり、通りをラクダが荷車をひいていたり、放し飼いになっている牛が庭に入ってきたりした。一九九二年一二月のヒンドゥーとイスラムの宗教間対立による全国的な暴動や一九九四年のグジャラート州スーラット市におけるペストの発生、妻と子ども二人がマラリアにかかったとき、自分が網膜剥離を患い失明を危惧したときなど、時折緊張させられることはあったが、全体的に任期は平穏に過ぎた。

しかし、インド滞在も五年を過ぎると、次の任地を探す時期が来た。ちょうどその頃、妻も子育ての一番大変な時期を終え、自分のキャリアを再開することを考えていた。妻は大学卒業後、日本ユニセフ協会に勤務し、いわゆる「開発教育」に携わっていた。開発教育とは、「私たちひとりひとりが、開発をめぐるさまざまな問題を理解し、望ましい開発の在り方を考え、ともに生きることのできる公正で持続可能な地球社会づくりに参加することをねらいとした教育活動」と定義される。[46] 彼女とは、自分が大学を卒業し、修士課程に入る前に結婚した。そして、留学する際には二人で別々の奨学金を得て、サセックス大学の国際問題研究所修士課程の同じクラスに入学した。その後は、お互いに子どもが欲しく、彼女が日本で第一子を出産した。そのため、最初の赴任地ブータンでは、二年間のうち一年を単身赴任で過ごした。インドで働き始めた頃には、妻は第二子を身ごもっており、やはり最初の半年間は単身赴任だったが、それ以降は二人の娘とともにグジャラートで生活した。その頃は娘たちも小さく、彼女は育児で忙しかった。それでも彼女は、お手伝いさんの手を借りて育児と家事を切り盛りし、同時にインドにおける子ども・女性関係のNGOの研究と執筆活動、そして地元ガンディナガールのスラムで女子の識字教育支援に関わっていた。それは、自身が開発途上国に住み、さまざまな人々と出会い、いろいろなことを実際に経験するという点において、妻にとっても非常に貴重な時間であった。ただ、最終的に彼女にとっての活動場所は日本であったため、子育ての第一ステージが一段落した一九九五年頃（当時上の娘は五歳、下の娘は三歳になっていた）から日本への帰国を考え、それを夫婦で話し合った。互いにキャリアを追求するのは当然という前提で結婚したので、そのこと自体は問題ではなかった。だが、互いの仕事の地理的場所が必ずしも同じではない中で、それを追求しつつ子どもも含めた家族として生活していくことは、単純ではなかった。当時一番良いと考えていたのは、妻が日本に戻って開発教育や子どもの権利関係の活動を再開し、自分は日本に近いところ —具体的には東南アジア— に任地国を見つけ、一年に何回か帰国して家族に会うということだった。そこには、せっかくユニセフに入って二つの任地での勤務をどうにかこなしたのだから、このまま続けたいという思いがあった。話し合った結果、とりあえず妻が子ども二人を連れて帰国し、当時彼女の知り合いが大阪で立ち上げた子どもの権利を扱うNGO、「国際子ども権利センター」にスタッフとして勤務させていただくことになった。

自分の方は、それ以前もその後も、空席情報を見ては東南アジアのポストを探して応募していた。しかし、東南アジアはアフリカなどと比べてポストの絶対数が少なく、加えて任地として人気の地域であったことから、ブータンで次のポストに応募したときのように、またもや連戦連敗であった。そうこうしているうちに、半年以上が過ぎてしまった。そして、いまだ小さく、どんどん成長・変化している娘たちと別れて住んでいることが、自分の人生で取り返しのつかないロスなのではないかと考えるようになった。それで、後ろ髪を引かれる思いではあったが、ユニセフでのキャリア追求はその時点ではいったん諦め、日本に帰って職を探すことにした。「いったん諦め」と書いたが、当時は一度組織を離れたら戻るのは至難の業と考えていたので、見通しはそう明るいものではなかった。しかし、一度しかない娘たちの子ども期を見逃すことと比べたら大したことではないと思い、七年勤めたユニセフを退職することにした。

第3章　大阪・東京（一九九七～二〇〇二年）

初めてのNGO勤務

一九九七年に日本に戻ってすぐ、社団法人セーブ・ザ・チルドレン・ジャパン（SCJ）の面接を受け、当時同団体の事務局長だった中田豊一さんと海外事業担当の鶴田厚子さんに、海外事業副担当ということで運よく拾ってもらった。当時SCJの事務所は大阪の天満にあり（現在は東京）、奈良からそこに通った。社会人として働いた最初の七年間は妻に自分の都合を優先してもらい、ブータンとインドで勤務・生活したが、今度は自分が妻の仕事に合わせて居住地と勤務先を選んだ。

NGOと国連機関という違いはあれ、SCJでの仕事は同じ子どもを対象にした仕事であったので、連続性があった。SCJは、イギリス人女性エグランタイン・ジェブが一九二〇年にジュネーブで立ち上げた国際NGO、セーブ・ザ・チルドレン世界連盟のメンバー組織である。ジェブは、「子どもの権利宣言」（一九二三年起草、一九二四年国際連盟総会で採択）の実質的な起草者で、世界で初めて子どもの権利を広く訴えかけた人物である。そうした歴史と哲学に裏打ちされた組織での仕事は面白く、また短い間ではあったがNGOのオペレーションに直に携わったことは、その後の仕事でも役に立った。当時SCJはフィリピン、タイ、ネパール、ベトナムで支援活動を展開していたが、タイを除く三カ国に出張ベースで訪れ、モニタリングや政府カウンターパートおよび他の国のセーブ・ザ・チルドレンとの話し合いに参加した。

家庭生活では、娘二人が帰国後すぐに奈良で保育園、後に小学校に入った。当時は保育園の定員不足問題が非常に深刻であった頃で、帰国前に娘たちが入れる保育園を探さなければならなかったが、自分たちが海外にいる状況ではそれも難しかった。しかし幸運なことに、妻が勤務を予定していた国際子ども権利センターの創設者、浜田進士さん（現子どもの権利条約総合研究所関西事務所長／自立援助ホーム「あらんの家・ミモザの家」統括施設長）とパートナーの今井晶子さんが息子さんたちを通わせている奈良の保育園に偶然空きが二つでき、お二人の尽力で娘たちを同じ保育園に入れてもらえることになった。そのため、同じ奈良の公団住宅を借り、日本での生活が始まった。子どもたちは、日本で生活を始めたばかりの頃はグジャラート語で口喧嘩をしたりしていたが、次第に日本語も上達し、日常生活にも慣れていった。

共働きであったので、妻と交代で娘の送り迎えや夕飯づくり、弁当づくりをした。ユニセフに勤めていた七年間は、初めての経験が多く、心理的に余裕がなかったこともあり、仕事一辺倒になりがちだった。その結果、家庭生活や育児への参加が不十分であったので、それを少しでも挽回したいという思いもあった。ワーク・ライフ・バランスという言葉が一般的になる前の話であったが、幸いなことに、妻も自分もそれぞれの職場で理解のある上司や同僚に恵まれていた。そのため、保育園や学童保育所に子どもを迎えにいくために早退したりすることに問題はなかった。

ＳＣＪに入って二年が経った頃、当時ユニセフ東京事務所でプログラム・オフィサーとして勤務していた久木田純さんが、ユニセフ・バングラデシュ事務所の次長として転出することになった。そしてその際、そのポスト（国際専門職レベル４）の後任として応募する気はないかとお声をかけていただいた。久木田さんはユニセフの邦人国際職員で、その頃までに、モルディブ、ナミビア、東京で勤務されていた。ユニセフ東京事務所は、日本の政府開発援助（ＯＤＡ）と開発途上国におけるユニセフの子どものための協力プログラムを、優先的なイシュー、実施メカニズム、資金供与などの面で調整・協調させることを推進していた。そのため、いわゆる「マルチ・バイ協力」（詳しくは後述）を一九八九年から行っていたが、久木田さんはそれを拡大することに尽力されていた。今でこそ、日本政府と国際機関のマルチ・バイ協力は珍しくないが、当時はまだその前例が少なかった。特に無償資金援助において、原則もシステムも違う二つの組織のプログラムと資金の流れを協調させるのは、双方の間の話し合いのみならず、それぞれの組織内部における議論と意思統一も必要となる極めて骨の折れる仕事であった。関係の政府カウンターパートと協力してその基本的なビジョンをつくり、組織内外の関係アクター間の合意形成を忍耐強く推し進め、その分野でのマルチ・バイ協力の先べんをつけたのが久木田さんである。それまで自分はそうした仕事に従事したことはなかったため、本当に務まるのかという思いはあった。それを久木田さんに話すと、それよりもユニセフが開発途上国の現場で実際にどのように仕事をしているのかを知っていることのほうが重要であると、勇気づけられるお言葉をいただいた。もともとユニセフを一度辞めたのは、組織や仕事が嫌いだったからではなく、仕事と家庭生活を両立させるためである。もし東京事務所で勤務することができるのであれば、ユニセフへの復帰と家庭生活を両立させることができる。その頃、妻の勤めていたNGOも事務所を近々東京に移すという話があり、そこで二人がそれぞれやりたいことをしながら家族として一緒に生活できる可能性も出てきた。SCJの上司に話をすると、幸いにもそうした気持ちを理解してくれた。それで、東京事務所のプログラム・オフィサーのポストに応募し、選考プロセスの結果、運良く採用されることとなった。こうして、一度はこれで終わりと考えたユニセフでのキャリアを、もう一度再開できることとなった。一九九九年のことだった。

東京でのユニセフの仕事

ユニセフ東京事務所は、青山の国連大学ビルの中にある。当時は事務所代表のほか、スタッフ六人の小ぢんまりとした事務所であった。その主たる役割は、かつてはユニセフが日本から資機材を調達する際の連絡・調整などであったが、その後日本政府との連携強化や広報活動、また黒柳徹子さんのユニセフ親善大使としての活動をサポートすることなどにプライオリティが移っていった。

前述したように、自分のユニセフ東京事務所での主たる仕事は、日本政府との開発協力連携を促進することであった。具体的には、次の四点である。

一．子どもに関するイシューをODAの中で優先化するための具体的な形の一つとして、日本政府が、その技術協力制度（Technical Cooperation）のもとで、開発途上国へ子どもの予防接種に必要な資機材（ワクチン、注射器、コールドチェーン機材など）を供与することを協議・促進する。

二．同じく、日本政府の無償資金協力制度（Grant Aid）のもとで行われていた開発途上国の子どもへの保健・栄養面での支援の一部が、ユニセフ経由で行われることを協議・促進する。

三．日本政府から、紛争や大災害の被害を受けた国への人道支援のための資金協力を、特に子どもと女性を中心とした分野で得る。

四．一．から三．の活動を計画し、その進展をモニタリングするために、日本政府とユニセフの年次協議の準備、実施、フォローアップを行う。

これらの活動の主たるカウンターパートは、当時の外務省の国際社会協力部、経済協力局（技術協力課と無償資金協力課）と国際協力事業団（ＪＩＣＡ）であった。

一．については、日本は一九九〇年代に、保健分野でのＯＤＡ拠出を徐々に拡大していた。その背景としては、その頃国際社会において、一国のみでは解決できない地球規模の問題（地球環境、人口、エイズ、食糧、地域紛争、感染症、子どもの健康など）への関心が高まり、その対策について国際社会が協調・連携することが求められるようになってきたことがある。そうした中で、開発途上国の子どもに対する予防接種への支援のニーズは、その人道性および費用対効果の高さから、優先順位が高かった。しかし、当時一部の緊急な場合を除き、ワクチン、医薬品、注射器などの「消耗品」

(consumables) については、日本の二国間ＯＤＡ制度で直接供与することはできなかった。そのため、予防接種活動への支援に際し、国際機関を通じた多国間（マルチ）の援助メカニズムと日本の二国間（バイ）援助メカニズムの相互補完と連携を目的とするマルチ・バイ協力が、一九八九年より開始された。[47] 具体的には、日本政府がユニセフの調達サービスを利用することにより、相手国にワクチンやコールドチェーン機材など、予防接種に必要な資機材が供与された。コペンハーゲンにあるユニセフの物資供給センター（UNICEF Supply Division）は、子どものためのワクチンの調達に関しては世界で一番大きな取扱高を持っており、その「規模の経済」および専門性ゆえに、供給できるワクチンの価格競争性および品質は高い。またユニセフは、予防接種の計画と実施について、世界レベル、中央政府レベル、そして地方／フィールド・レベルと、三つのレベルすべてに関わっている。世界レベルでは主要なワクチン生産者と、また中央政府レベルで当該国政府の保健省と、そして地方レベルではそこの保健担当者と、非常に密に仕事をしている。そのため、子どものためのワクチンに関して各国から情報を得て全世界のワクチン需要予測をたて、それをもとに主要なワクチン生産者にワクチンの生産を促すという役割を効果的に果たすことができる。[48] さらに、援助の受入国ではすでにユニセフの予防接種プログラム支援の枠組みがあるので、日本政府によりユニセフ物資供給センターから購入されたワクチンや関係の資機材は、その中でタイムリーかつ有効に利用される。日本とユニセフとのマルチ・バイ協力に関しては、ユニセフのこうした強みと、ＯＤＡドナーとして大きな存在感を持つ日本の相乗効果が期待された。日本の技術協力のもとでのマルチ・バイ協力の対象国は年々増加し、二〇〇二年当時には三五カ国にのぼった。[49]

二．は、前述のように技術協力制度のもとで一九八九年に始まった日本政府とのマルチ・バイ協力を、より予算規模の大きい無償資金協力制度にも拡大して行うものである。通常の二国間の無償資金協力制度の場合、関係の支援金額が日本政府から当該開発途上国政府に渡るわけであるが、この場合は、それがユニセフ経由でその国の子どもの保健・栄養プログラムのために使われる。そのためには、交換公文（Exchange of Notes［E/N］）が、関係の日本大使とユニセフ国事務所代表によって、国レベルで署名される必要がある。交換公文とは、日本政府と被援助国政府／国際機関との間の合意事項を記した法的文書で、閣議決定が必要である。そして、交換公文を起草するためには、そのもととなる、より詳細なプロジェクト提案書が必要となる。関係支援の大部分は保健関係の資機材の供与（ワクチン、コールドチェーンなど予防接種に必要な資機材）に使われるが、「ハードウェア」はそれだけでは仕事をしないので、その有効活用を支援するための「ソフト」、すなわち計画、情報・コミュニケーション、教育・トレーニング、モニタリング活動や、それを支援・促進するための人的資源コストに関する予算も必要となる。そして、そうしたさまざまな要素を日本政府とユニセフが合意できるように、関係のユニセフ国事務所がプロジェクト提案書をまとめなければならない。自分の役割は、①外務省の担当部局（この場合は当時の経済協力局無償資金協力課）と関係の保健問題についてどのような国が特にニーズが高いかを話し合い、それに基づいてマルチ・バイ協力の可能性のある国をある程度特定し、②関係のユニセフの国事務所と連絡を取り、彼らが現地の日本大使館と密に連絡を取りながらプロジェクト提案書を作成・提出するのを助ける、ということであった。日本政府とユニセフとでは援助のシステムも違うため、どうすればそれらを「同期」することができるかを考え、それに基づいてプロジェクト提案書の期待される内容とその作成・実行・予算消化・報告プロセスを体系的なガイドラインとしてまとめた。久木田さんの先駆者的な仕事により、無償資金協力制度のもとでも、ＥＰＩやポリオ根絶に関する日本政府とユニセフのマルチ・バイ協力は、すでに始まっていた。自分の役割は、そのさらなるシステム化と、他の母子保健、特定感染症、栄養などのイシューへの応用を含む規模拡大を促進することであった。また、マルチ・バイ協力には日本のＯＤＡ予算が使われるので、そのことをいかに関係国政府および受益者一般に認識・理解してもらうかという、いわゆる「認知度」（visibility）の問題も非常に重要であった。これについても、必要なアクションに関する情報を前記のガイドラインに加え、マルチの枠組みを通ってなされるバイの支援の認知度を向上させるために、受入国政府代表を招いた交換公文の調印式、広報・メディア活動（ユニセフの強みの一つである）、関係資機材への日本のＯＤＡロゴのシステマティックな添付などを具体的に手順化した。扱った案件の中で金額的に最も大きかったのはポリオ根絶に関わるもので、インドやパキスタン、アフガニスタン、ナイジェリアなど当時の「ポリオ大国」を含む関係国への支援（ワクチンやコールドチェーン機材の供給を中心とする）が、日本政府とユニセフとの連携を通じて行われた。このうち、インドは二〇一四年、ナイジェリアは二〇二〇年にポリオ根絶を宣言できた。だが、パキスタンとアフガニスタンにはいまだポリオ野生株が報告されており、現在も支援が続いている。

前章でも述べたように、自分はインド勤務時代に全国一斉ポリオ予防接種日などポリオ根絶の活動支援にも関わっていたので、それらが国および草の根レベルでどのように計画・実施されているかを、日本政府側のカウンターパートに具体的に説明することができた。以前にフィールドで関わった活動を今度は東京から支援できることには、感慨深いものがあった。

三．については、アフリカやヨーロッパのコソボを含む数々の国での紛争や災害などに関して、日本から多くのご支援をいただいた。

四．については、前記一．から三．の日本とユニセフの協力関係のレビューと計画をするために、毎年東京とニューヨークで交互に年次協議が開かれていた。その準備とフォローアップも、自分の主たる職務の一つであった。

日本政府およびユニセフ双方の関係者の協力により、両者の連携は順調に拡大した。二〇〇一年には、ポリオ撲滅を含む子どもの健康・栄養関係案件へのユニセフ経由での日本政府の無償資金協力は、年間支援額が一億八〇〇万ドル（当時の年間平均為替レートで一三〇億円超）という規模となった[50]。

フィールドへの思い

日本では、ＮＧＯ（セーブ・ザ・チルドレン）とユニセフ（東京事務所）の二つの組織で計五年間勤務した。どちらの仕事も自分にとって新しく、面白く、やりがいがあった。また、仕事と家庭、パートナーのキャリアとの両立もできた。同じ頃父親ががんと診断され、二年余りの闘病生活ののち他界した。辛くはあったが、その間東京と実家のある福島県白河市の間を何度も往復し、父親の最後の日々にできるだけ一緒にいることができた。海外で仕事をしていると、親の死に目にあえないことは珍しくない。その意味で、自分は幸運だったと思う。

しかし、日本での生活も長くなると、またぞろフィールドへの思いが募ってきた。妻はその頃、日本のある大学院の教員となっていた。話をしてみると、再び家族で開発途上国で暮らすことに興味はあるという。五年前は、日本での開発教育や子どもの権利関係の活動に従事するために帰国することを望み、それは結果として非常に良かった。同時に、その少し前から国際的に注目されるようになってきた性的搾取、人身売買などの子どもの人権侵害について興味を持ち、それについての情報発信やアドボカシーを始めていた。そのため、関係国に実際に住み、それらの問題への取り組みについて学んだり、関係活動の支援に関わりたいという希望を持っていた。

ちょうどその頃、ユニセフの空席情報を見ていると、カンボジアのプログラム調整官（Programme Coordinator）のポスト（国際専門職レベル５）が載っていた。その頃までに自分は、ユニセフにおいて、個別のプログラム（ブータン）、子どもに関するさまざまなプログラムの調整とオフィス・マネジメント（インド）、そしてパートナーシップ構築および資金調達（東京）というような仕事を経験していた。第１章で述べたように、ユニセフで勤め始めた当初の希望は、何か一つの分野のスペシャリストとなることであったが、現実は思いがけない方向に展開した。しかし、結果的にそれは苦痛とはならなかった。逆に、インドや東京で経験したような、子どもと開発に関するさまざまなイシューやプログラムを俯瞰・監督するような仕事に、次第に面白さを感じるようになっていた。英語で「〜が好きになる」(develop a taste for) という言い方があるが、自分にとってのマネジメントは、そうしたものであったと思う。そして、そのような自分にとって、プログラム調整官のような仕事は、「ニッチ」の一部たり得ると考えた。そうした思いでカンボジアのポストに応募し、幸運にも最終的にそれを得ることができた。

こうして、キャリア途中の五年を日本で過ごした後、二〇〇二年に自分は再びフィールドに赴くことになった。

第４章　カンボジア（二〇〇二～二〇〇六年）

プログラム調整官としての仕事

カンボジアで自分が勤めたプログラム調整官（Programme Coordinator）という役職は、平たく言えば事務所のナンバー・ツーのポストになる。ユニセフの国事務所には、ある程度以上の規模になると、マネジメントに関わる三つのポストがある。トップの国事務所代表（Country Representative）、国プログラムの計画、調整、予算管理を担当するプログラム調整官（Programme Coordinator）、そして財務、総務、人事管理を担当する業務管理官（Operations Officer）である。当時は、国事務所代表が出張中、休暇中、病欠あるいは欠員の場合には、プログラム調整官が国事務所代表代行を務めていた。[51]

当時ユニセフ・カンボジア国事務所には、①保健、②栄養、③水と衛生、④教育、⑤子どもの保護、⑥ＨＩＶ／ＡＩＤＳ、⑦コミュニティ開発プログラム、⑧コミュニケーション、⑨モニタリングと評価、の九つのプログラム・セクションがあった。このうち①から⑦までが、プログラム調整官としての自分の管轄下に入る（⑧と⑨は国事務所代表に直属）。その結果、関係のセクション・チーフ（国際専門職スタッフでレベル4）七人および自身が直接指揮するプログラム調整室（Programme Coordination Unit）の三人のスタッフの計一〇人を第一監督官（first reporting officer）として監督し、またセクション・チーフが監督している多数のスタッフの第二監督官（second reporting officer）となった。[52] インド勤務時代の五年間で、州事務所の所長として一応「マネジメント」を経験したとはいえ、それよりもずっと大きな人数とプログラム規模である。加えて、国プログラム全体の計画（五カ年計画と年次計画）とその定期的なレビュー、予算管理、ドナーへの報告書のチェックと最終化（年間五〇本近く）、プログラム横断的なトレーニングの計画と実施、所長代行としての職務など、後にも先にも自分のキャリアで最も忙しかったのが、このプログラム調整官時代だと思う。当時自分は、よくこの仕事を「皿回し」に例えた。多数の皿を一度に回

写真4　村の定期体重測定と予防接種セッションに来た子ども ― スバイリエン州（2002年）　著者撮影

し、そのすべてに目配りをし、どれひとつとして無視したり落としたりすることができない……。家に持って帰る仕事の量も多く、家庭生活をある程度犠牲にしたと思う。ただ、おかげでユニセフのプログラム全般とその管理システムに詳しくなり、また物事の全体像を見る習慣はついたと思う。

　このように、当時の自分は言ってみれば「何でも屋」であったわけだが、そうした中でも自分が特に密接に関わったプログラム・イシューとしてヨード添加塩の普及、またその頃のカンボジアで顕在化していた問題として人身売買について詳述したいと思う。

ヨード添加塩の普及

　第2章で述べたように、インドで勤務していたときに優先順位の高かったイシューの一つが、ヨード欠乏症とそれを防ぐためのヨード添加塩の生産であった。そしてカンボジアでも、引き続きこの問題に個人的に関わった。

　カンボジアでは、一九九〇年代半ばまで、ヨード欠乏症は国の北東部の山岳地帯に限られた問題であると考えられていた。しかし、ユニセフも支援した一九九七年の保健省の調査により、問題はそれよりもはるかに広範で深刻であることがわかった。それによると、カンボジアの八歳から一二歳までの子どもの八人に一人近く（一二パーセント）がヨード欠乏の症状の一つである甲状腺腫（goitre）を持っており、いくつかの州ではその率は三〇パーセント以上にものぼった。[53] また、二〇〇〇年に行われた大規模サンプル調査では、ヨード添加塩を使っていた家庭は一四パーセントだけであった。[54]

ヨード欠乏症は、カンボジアの子どもの知的発育および国全体の生産性に深刻な影響を与える公衆衛生上の一大問題であった。

カンボジアでは、多くの人々は塩を直接使う代わりに、魚醤を日常的に使う。そしてその当時、魚醤の生産にはヨード添加塩が使われていなかった。よってユニセフは、家庭で使われる食塩（いわゆる"table salt"）だけでなく、魚醤を含む食品の生産にも、ヨード添加塩のみを使うようにアドボカシーを行った。そしてそれは、すべての食塩へのヨード添加に関する総理大臣政令（sub-decree／二〇〇三年一〇月二〇日決定）と、それを実施するための省令（prakas／二〇〇四年二月二四日決定）という形で、最終的に実現した。[55]

その頃、ユニセフの親善大使の一人に、イギリスの映画俳優であるロジャー・ムーアがいた。彼は、一九七三年から一九八五年の００７映画のジェームス・ボンド役として、世界的に非常に有名であった。ユニセフ親善大使としての彼は、ヨード欠乏症関連のアドボカシーに非常に熱心だった。そこでユニセフ・カンボジア事務所は、二〇〇三年一〇月二二日と二三日の二日間、ロジャー・ムーアをカンボジアに招待した。そして、公式滞在中の予定の一環として、当時のカンボジア総理大臣フン・セン氏への表敬訪問を計画・準備した。訪問直前の一〇月二〇日、数カ月前にできていたがずっと棚上げになっていた『ヨード添加塩利用の管理に関する政令』（Sub-Decree on Management of Iodized Salt Exploitation）の法案が、突然閣議で決定された。[56] 首相官邸官僚も、問題があるままロジャー・ムーア氏に会うのは総理大臣の沽券《こけん》に関わると思ったのであろうか。そもそもポジティブな影響を期待して親善大使訪問を計画したわけだが、公式訪問が始まる前にすでにそれが現れたことに、我々は歓喜した。

この総理大臣決定の政令により、「個人、レストラン、工場、企業、家内工業、病院およびカンボジア王国で食品（food）を製造・準備するすべての場所で、原料の一部として塩が使われる場合には、ヨード添加塩が使われなければならない」と定められた。続いて二〇〇四年二月二四日には、前記政令を施行するために、『ヨード添加塩利用の管理の手続きに関する省令』が所轄行政官庁である計画省により発令された。そして、「国内で生産される、あるいは国外から輸入されるすべての種類の塩には、それがカンボジアで卸売あるいは小売のために流通する前に、規定量のヨードが加えられなければならない」と政令の趣旨を一層強化するとともに、実施の細則が決められた。[57]

こうした努力の結果、ヨード添加塩の普及率は、二〇〇〇年の一四パーセント、二〇〇四年の二八パーセントから二〇〇五年には七三パーセントへと急増した。自分は二〇〇六年にカンボジアを去ったが、ヨード添加塩の普及率は、その後も二〇〇八年一〇〇パーセント、二〇〇九年七一パーセント、二〇一〇年八三パーセント、二〇一一年八三パーセントと高いレベルで推移した。しかし、ヨード添加塩生産のためのヨードのコストが商業レベルで塩の値段に取り込まれず、ユニセフを通じた援助国からの支援に頼り続けていたのが問題だった。そのため、関係ドナーの支援が終了すると、二〇一四年にはヨード添加塩の普及率は三八パーセントへと激減した。[58]また、二〇一一年の福島第一原子力発電所の原発事故により、世界最大のヨード生産国である日本のヨード生産が影響を受け、ヨードの国際価格が事故前の三倍に跳ね上がった。その結果、それまで自身でヨードを購入していた製塩業者までがそれを停止したことも、ヨード添加塩生産量の減少につながった。そして、それに伴って、子どもたちのヨード栄養レベルも大幅に低下した。二〇一四年に行われたカンボジア人口保健調査とカンボジア全国微量栄養素調査によると、カンボジアの一五歳から四九歳の生殖年齢にある女性の七五パーセント、また〇歳から五歳の子どもの六四パーセントがヨード不足の状態にあった。そして、ヨード欠乏の割合は、農村部、貧困層、そしてヨード添加塩を使用していない家庭で最も高かった。[59]

前述したように、二〇〇〇年あたりまでは、カンボジアのヨード欠乏症は深刻な公衆衛生問題であった。しかし、その後の状況の改善によって、二〇一〇年頃までにはそれは過去のものとなっていた。それが、たったの四、五年で、元の木阿弥になってしまったのである。

これに衝撃を受けた政府は、ユニセフとともに、ヨード添加塩生産イニシアティブを再び強化するために、コスト回収ベースで製塩業者が政府からヨードを購入することや、ヨード添加塩の質を上げること、モニタリングの強化などを柱とした改善策を取った。そのため、ヨード添加塩の普及率は、二〇一六年には七一パーセント、二〇一七年には八三パーセントに回復した（図３）。[60]

この例は、開発において外部のアクターが「何を援助すべきか」とともに、「何を援助すべきでないか」を雄弁に物語っている。すなわち、ヨード添加塩の生産と普及におけるヨードのような経常経費（recurrent expenditure）は援助の継続的対象とすべきではなく、製塩という事業に従事するの

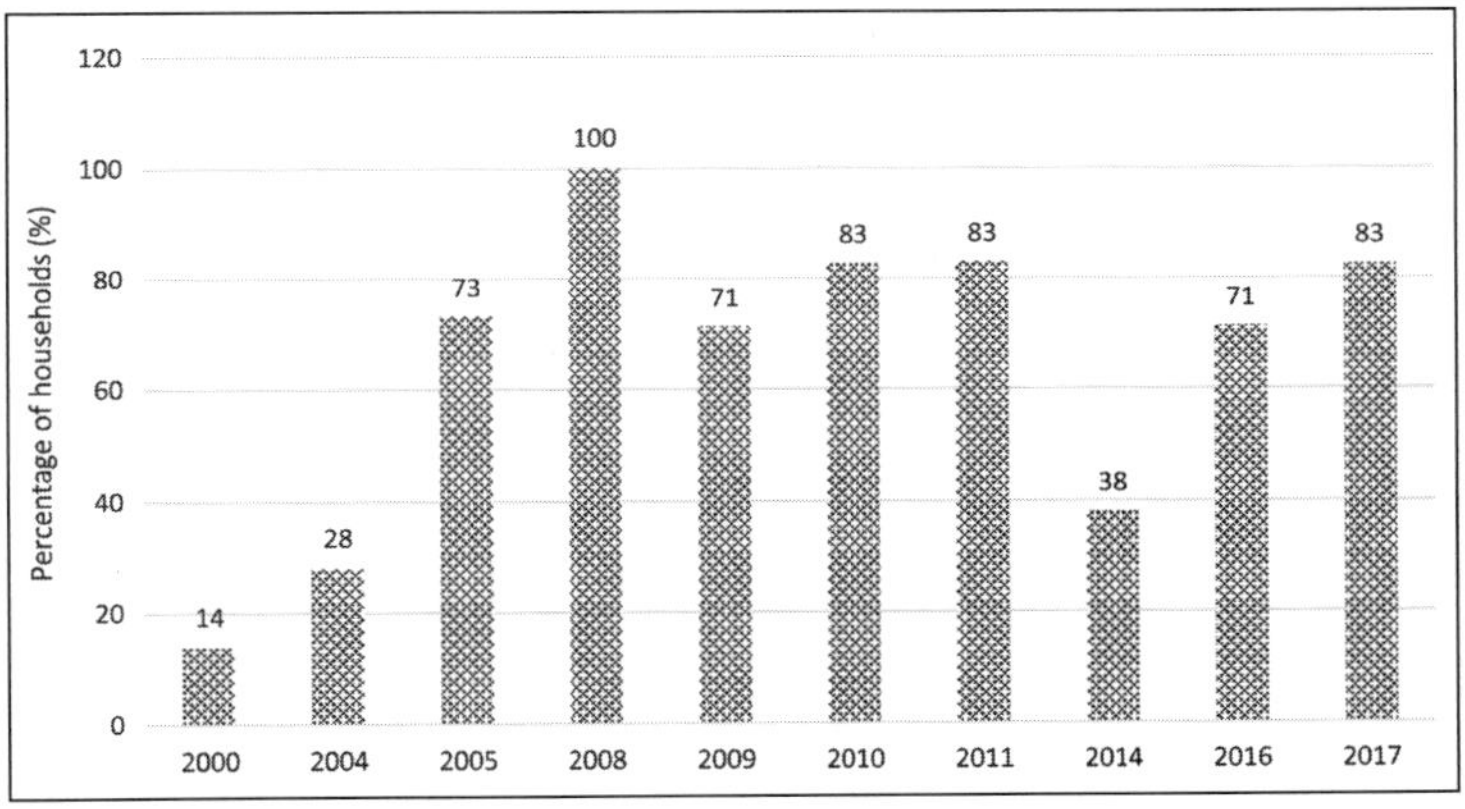

出典：Karen Codling, et.al. (2020), "Universal Salt Iodisation: Lessons learned from Cambodia for ensuring programme sustainability", *Maternal & Child Nutrition*, Volume 16, Issue S2, p. 3.

図３　カンボジアにおけるヨード添加塩普及率の変化

であれば関係業者が自分で払わなければならない必要不可欠なコスト（cost of doing business）とし、法律でそれに強制力を持たせなければならないのである。それは、政治的には関係の既得権益者（この場合は製塩業者）には不人気な政策であるが、それを乗り越えなければ、問題の持続的解決は不可能なのである。

人身売買と国際養子縁組

当時のカンボジアで深刻であった問題の一つに、人身売買がある。

貧困とガバナンス上の問題から、当時のカンボジアは、人身売買に関して発生地(source)、経由地（transit）、そして最終目的地(destination）としての性格を同時に持っていた。「発生地」としては、カンボジア農村部から都市部（プノンペン、シェムリアップ、シアヌークビルなど）や隣国タイへ、性的搾取や物乞い、漁船での強制労働などを目的とした人身売買が多発していた。また、マレーシアへは家政婦労働のための人身売買などがあり、それがさらに中東や中国などへと広がっていた時期であった。「経由地」としては、特にタイでの性的搾取を目的とした人身売買が、ベトナムやラオスからカンボジアを通って行われていた。さらに、「最終目的地」としては、ベトナム南部からカンボジアの性産業市場への人身売買があった。そして、それらに対して政府は十分なアクションを取っていないというのが当時の国際的な評価であり、残念ながらそれは現在でも変わっていない。人身売買に関するアメリカ国務省レポートで、カンボジアは二〇〇〇年代から今まで"Tier 2"/"Tier 2 Watch List"/"Tier 3"という低い評価レベルを行ったり来たりしており、近年は最低評価の"Tier 3"の方が多い。[61] 人身売買に関する国連共同プロジェクト（United Nations Inter-Agency Project on Human Trafficking［UNIAP］）が二〇〇八年に出版したタイ・カンボジア国境検問所のあるポイペトで行った監視調査研究によれば、タイから不法就労者として退去強制させられてきた四〇〇人のカンボジア人男女のうち、二三パーセントが人身売買の被害者である可能性があり、八パーセントは明らかに人身売買の経験を報告していた。しかし、これらの被害者のうち、関連当局によって人身売買の被害者として認知された者は一人もいなかった。このことは、人身売買の被害者の報告数は増加してきたが、それすらも氷山の一角に過ぎないことを示唆している。[62] 自分も人身売買の被害者に会い、彼女ら・彼らの恐怖の経験を聞き、強い憤りを感じた。[63]

カンボジアで人身売買の予防や被害者支援に関わっている国際機関やドナー、NGOは数多いが、ユニセフは特に子どもの人身売買に焦点を当てていた。その支援の概要は、以下のとおりである。

一．人身売買の危険や安全な移民（safe migration）に関する啓発活動

二．人身売買に関する法的枠組みの整備およびカンボジアによる関係国際条約・基準の受容および実施の推進 ― これについては、カンボジアがパレルモ議定書（正式名称は『国際的な組織犯罪の防止に関する国際連合条約を補足する人［特に女性及び児童］の取引を防止し、抑止し及び処罰するための議定書』）を批准することを促進した。[64] この議定書は、人身取引の防止、抑止、処罰を目的としており、特に女性と子どもの取引に焦点を当てている。カンボジアは、最終的に二〇〇七年にこの条約を批准した。カンボジア政府は、この議定書に基づき、人身取引と戦うための法的枠組みや措置を整備する義務を負っている。しかし、条約批准後も実際の取り組みには課題が残っており、特に法執行や被害者保護の面での改善が必要とされている。

三．人身売買の捜査および加害者の逮捕に関わる警察の関係部局への支援（例：トレーニング、資機材供与など） ― カンボジア警察には、人身売買および児童売買対策に特化した「人身売買・少年保護局」がある。この局は、人身売買事件の捜査、被害者の救出と保護、犯罪者の逮捕、人身売買予防のための意識向上活動などを行っている。また、被害者や目撃者が人身売買犯罪を報告できるホットラインも運営している。ユニセフは、ドナーや他の関係組織とともに、この局の能力向上を支援した。

四．人身売買の被害者保護活動の支援 ― ユニセフは、他のドナー／組織とともに、人身売買の被

害に遭った子どもたちが一時的に暮らし、必要な医療および心理ケアを受け、最終的に家族と再会するまで世話するNGO施設を支援した。また、政府が子どもの保護システムを組織し、人身売買を予防することに協力した。[65]

五．カンボジアとその周辺国（特にタイ）の間の国際人身売買の加害者逮捕・被害者保護に関する国際協力の推進 ― 国際的な人身売買に各国政府が単独で効果的に対処することができないという認識から、メコン川流域地域の国々は、メコン地域大臣会議による人身売買対策協調イニシアティブ（Coordinated Mekong Ministerial Initiative against Trafficking〔COMMIT〕）を二〇〇四年に立ち上げた。このプロセスは、人身売買の予防、被害者保護、犯罪者の訴追に関する活動と協力を促進することを目的としている。ユニセフは、この地域イニシアティブへのカンボジアの参加のほか、カンボジアとタイが国境を越えた人身売買に対する取り組みを強化し、被害者の保護と支援を行うことを側面から支援した。

六．国際養子縁組（inter-country adoption）― 国際養子縁組に関する国際基準にのっとった法的枠組みおよび行政的システムの確立。

一．から五．については、見出しを見ただけでも大体どういう活動かわかると思うが、六．については少し詳細な説明が必要であろう。いうまでもないが、人身売買のような犯罪は、それがどんなものであっても、悪質以外の何物でもない。しかしこの問題は、それが国際養子縁組という「善意」のカバーを意図的にまとってまで行われるほど悪質なものになりうるということを示しているという点で、特筆されるべきだと思う。そこでここでは、自分がカンボジアで勤務していた時期（二〇〇二年から二〇〇六年）だけでなく、その後現在までのこの問題の展開を概説したいと思う。

自分が勤務していた頃のカンボジアは、欧米諸国で国際養子縁組を望むカップルが多く来訪する国であった。それは、カンボジアでは子どもを養子とすることが、他の国と比べて格段に容易であったからである。そしてそこにも、貧困とガバナンスの問題があった。

養子縁組に関する国際的な原則は、子どもの権利条約（一九九〇年）や国際養子縁組に関するハーグ条約（一九九三年）[66]などに示されている。これらに基づきユニセフは、国際養子縁組は子どもの最善の利益、家族環境で育つ権利、そしてすべての関係者の権利を保護するための厳格な法的保障措置に基づくべきであるとしていた。より具体的には、次のような原則を提唱していた。

一．子どもの最善の利益（best interest of the child）─ 子どもの権利条約の原則に基づき、国際養子縁組に関するいかなる決定も、子どもの最善の利益を最優先に考慮すべきである。[67]

二．家族環境 ─ 子どもは、可能な限り家族環境で育つべきである。国際養子縁組の必要性を減らすために、家族やコミュニティを強化する努力がなされるべきである。国際養子縁組は、子どもが生まれた国で養育されるためのすべての努力が尽くされた後に、最後の手段として考慮されるべきである。

三．法的および倫理的保障措置 ─ 国際養子縁組が透明性を持ちかつ倫理的に行われるには、厳格な法的および倫理的保障措置が必要である。これには、子どもの権利条約と国際養子縁組に関するハーグ条約の遵守が含まれる。

四．不正行為の防止 ― 国際養子縁組プロセスにおける不正行為や搾取の可能性が懸念される。子どもの人身売買、違法な養子縁組、その他の搾取を防止するために、養子縁組が法的かつ倫理的に処理されることが必要である。[68]

これに対し、当時のカンボジアの現実は、以下のとおりであった。

一．カンボジアは、一九八九年に、外国人によるカンボジアの子どもの養子縁組を許可し始めた。そして、一九九〇年代後半から、特にアメリカ人夫婦が子どもを養子にする際に人気の国となった。国際養子縁組でアメリカ人夫婦に引き取られたカンボジアの子どもの数は、一九九八年の年間二四九人から、二〇〇一年には月に約一〇〇人にまで増加した。[69]

二．当時カンボジアには、国際養子縁組に関する法律がなかった。国際養子縁組は行政手続きによってのみなされ、厳格な法的プロセスは存在しなかった。政府側では、カンボジアで社会福祉政策を担当する社会福祉退役軍人青年省（Ministry of Social Affairs, Veterans and Youth Rehabilitation［ＭＯＳＡＶＹ］）が国際養子縁組の認可プロセスにおいて中心的な役割を果たしており、養子縁組希望者の申請を受け付け、関係の子どもの孤児としての適格性の評価および養子縁組の決定を行っていた。また、地方の政府社会福祉事務所や行政は、現地での子どもの身元確認や家庭調査を行い、養子縁組の適否を判断するための情報を提供し、また地方レベルでの養子縁組の実務（必要な書類の準備や提出など）を支援していた。これに対し、非政府側では、カンボジア国内に国際養子縁組斡旋組織（adoption agency）が多数あり、養子縁組希望者のためにカンボジア国内の関係手続きを代行し、申請プロセスの管理および養子縁組に関連する書類の作成や、関係当局との調整を行っていた。そしてこれらの組織は、アメリカなどにある国際養子縁組斡旋組織（international adoption agencies）と連携しており、後者が養子縁組の受入国側での認可手続きや、カンボジアから養子を迎えるための具体的な手続きを行っていた。

三．公的には国際養子縁組の対象となる子どもは孤児でなければならず、それらの子どもはいわゆる孤児院から来る。孤児院は英語では“orphanage”だが、カンボジアでは“residential care institutions”（入所型ケア施設［ＲＣＩ］）という言葉がよく用いられる。しかし、カンボジアの入所型ケア施設にいる子どもの大半（八〇パーセント近く）には、少なくとも一人の親が存命していることが確認されている。例えば、二〇一三年の政府・社会福祉省の監察報告書（inspection report）は、カンボジアの入所型ケア施設にいる子どものうち、七七パーセントには最低一人の親が存命しているとしている。[70] 同様に、二〇一五年にコロンビア大学がカンボジア国家統計局とともに行ったサンプル調査でも、入所型ケア施設に入所している一三歳から一七歳の入所者にインタビューしたところ、その四四パーセントは両親がともに存命しており、最低限片方の親がいる子どもの割合は七九パーセントにのぼった。これらは、自分がカンボジアにいた当時（二〇〇二年から二〇〇六年）に見聞きした数字とほぼ同じである。子どもたちが入所型ケア施設に送られる主な理由は、家庭の貧困（三九パーセント）および教育を受けるため（三七パーセント）で、親の死亡は九パーセントだけであった。また、実際に両親を失ったと答えたのは一九パーセント、親の存否がわからないと答えたのは三パーセントで、合計でも五人に一人であった。すなわち、いわゆる「孤児院」とされているものの存在が示していたものの大半は、実際の孤児問題ではなく、国の貧困対策・開発政策の失敗であったのである。このサンプル調査に基づいて、コロンビア大学は、カンボジア全体で入所型ケア施設にいる子どもの数を四万八七七五人—子どもの人口の約一パーセント—と推定した。これはそれまでの推定（一万一四五三人）の実に四倍以上であり、いかに実質的に無制限にこれらの組織が増殖してきたかがわかる。[71] このことでも明らかなように、政府・社会福祉退役軍人青年省の監察報告書およびそれに基づいた同省のデータベースは、この問題に関する完全な全体像を提供するものではないが、入所型ケア施設の増減傾向を見る上では有用である。それによると、二〇〇五年から二〇一六年にかけて、正式に登録された入所型ケア施設の数、およびそれらに住む子どもの数は、大幅に増加した。二〇〇五年から二〇一〇年の間に、正式に登録された入所型ケア施設の数は七五パーセント増加し（一五四から二六九へ）、同時期にそれらの施設に収容された子どもの数は九一パーセント増加した（六二五四人から一万一九四五人へ）。二〇一〇年から二〇一六年の間では、登録された入所型ケア施設とそこでの子どもの数はわずかに減少したが、それでも高止まりしており、二〇一六年時点で二五四の入所型ケア施設に八一五五人の子ども（男子五三パーセント、女子四七パーセント）がいるとされている。[72]しかし前述のように、これらの数字は社会福祉省に正式に登録されている組織のみを反映しており、実際の数はその数倍になるであろう。

こうした状況の中で、カンボジアからの国際養子縁組は、人身売買に限りなく近い状況、そして場合によっては人身売買そのものとなった。関係の子どもたち（赤ん坊や幼児も含む）は親がいるのに「孤児」とされ、偽の身分証明書がつくられた。入所型ケア施設に子どもを入れた親のある者はだまされ（自分たちの子どもを入所型ケア施設に送っても、「プノンペンに連れて行くだけだ」「シェムリアップに連れて行くだけだ」「好きなときにいつでも会ったり迎えに来ることができる」などと言われた）、ある者は子どもを誘拐され、ある者は貧困や家庭環境のために子どもを売った。カンボジアの子どもの国際養子縁組を希望するアメリカ人やヨーロッパ人の夫婦は、関係の養子縁組斡旋組織が用意したホテルに泊まり、入所型ケア施設を車で巡り、斡旋組織が手配した「孤児」といわれた子どもに会った。赤ん坊一人当たり一万三〇〇〇ドルから二万ドルが支払われ、その多くが養子縁組を手配する「仲介者」である養子縁組斡旋組織とその関係者の利益となった。カンボジアの養子斡旋組織は、子どもを手配するだけでなく、カンボジア側でのすべての書類作成や手続きを行った。そして、受入国側での同様の業務は、提携する海外の養子縁組斡旋組織によって行われた。カンボジアにおける手続きの簡単さをアピールするために、「中国では国際養子縁組に一二カ月かかるのに、カンボジアでは三カ月未満でできる」というようなことが売り文句とされることもあった。[73]しかしその陰では、カンボジア当局や孤児院職員が書類を偽造したり、親のいる子どもを孤児や遺棄された子どもであると偽って認定したり、名前や生年月日を改ざんするという違法で非倫理的な行為が横行していた。そして、多くの子どもたちが、親の知らないうちに、あるいは親の同意なしに、海外へ養子縁組で出された。カンボジアの代表的な人権NGOであるカンボジア人権推進擁護連盟（LICADHO）は、この件に関して二〇〇二年と二〇一八年に調査報告書を発表し、カンボジアからの国際養子縁組を装った赤ん坊や幼い子どもの人身売買に明確なパターンがあり、政治家や政府の官僚も含めたネットワークがあると指摘している。[74]

二〇〇一年一二月、アメリカ政府は、汚職と子どもの人身売買の疑いがあるとして、カンボジアからの国際養子縁組を停止（suspension）した。その後、政府の国土安全保障省の一部である米国移民・関税執行局と連邦捜査局（FBI）が捜査を進め、二〇〇四年八月にカンボジア―アメリカ間の国際養子縁組の大立者であったローリン・ガリンドが国際養子縁組に関連する不正で逮捕された（詐欺、書類の偽造、米国への不正な入国を助けるための策謀など）。これより先、同年六月には、ガリンドの義理の姉妹で「シアトル国際養子縁組」という国際養子縁組斡旋会社を経営していたロリー・ディヴァインも逮捕されており、ようやく最大の受入国で、カンボジアからの国際養子縁組をめぐる不正に司直のメスが入った。だが、二〇〇五年に下された判決では、ローリン・ガリンドが一八カ月の懲役刑と二五万ドルの罰金を言い渡され、ロリー・ディヴァインが一年の家庭拘束（自宅軟禁）と一〇〇〇時間の社会奉仕活動を命じられただけであった。[75]そして、彼女らが一九九七年から二〇〇一年にかけて関わった八〇〇件もの国際養子縁組（同時期のカンボジア―アメリカ間の国際養子縁組の半分に当たる）に関して、どれだけが関係の子どもを孤児と偽ってのものであったか、その全容は今日に至るまでわかっていない。

当時ユニセフは、ドナーや他の関係組織とともに、カンボジア政府に対して子どもへの代替的ケア（alternative care for children）[76]を制度化する際に適用されるべき国際的原則とベスト・プラクティスの採用を提唱し、特に「施設」中心のケアの割合を下げ、その他の代替的ケア（親族ケア、国内養子縁組、里親ケアなど）を強化していくアドボカシーを行っていた。[77]そして、そうした子どもへの代替的ケア全体の中に、「最後の手段」として国際養子縁組を位置付けることを条件に、一九九六年以降国際養子縁組に関する国内法の起草を支援していた。また、カンボジアからの国際養子縁組をしてきた国々に対しては、前記の法律が制定され、関係の実施体制が整うまで、カンボジアからの国際養子縁組を停止するように要請していた。[78]しかし、この種の法律には、単なる法文の起草だけでなく、関係の国際原則・基準の理解および受容と、それを現実のものとするためのメカニズムの確立が不可欠である。起草のプロセスは長引き、自分は同法の成立を見ることなく、二〇〇六年末にカンボジアを去った。

その後カンボジアは、二〇〇七年に国際養子縁組に関するハーグ条約を批准し、最終的に二〇〇九年一二月に国際養子縁組法を正式に制定した。[79]この法律は、カンボジアの養子縁組プロセスを子どもの権利条約や国際養子縁組に関するハーグ条約などの国際基準に沿った倫理的かつ透明性の高いものにすること、そしてそれを、数ある子どものための代替的ケアの一手段として位置付けることを目的としていた（ほかに親族ケア、里親ケア、国内養子縁組などがあり、それらの方が優先順位が高い）。国際養子縁組を利用した営利活動、および強制、脅迫、詐欺、金銭による誘引などを通じて子どもを略取する行為や、養親と実親または保護者の間の接触、事前に子どもを特定する行為は禁じられた。また、国際養子縁組の監督および承認には、社会福祉退役軍人青年省だけでなく、裁判所も関わることになった。さらに、養子縁組の成立以降の子どもの状態の政府への報告や、アフターケアサービスなども規定された。同じ年に、社会福祉退役軍人青年省は、新しい法律を効果的に実施するのに必要な規則や手続きの整備を行うため、すべての新しい国際養子縁組申請の一時停止を発表した。そして、五年後の二〇一四年に国際養子縁組の再開を発表したが、実施体制の不備と不正・汚職に対する関係国の懸念から、実際に進められた国際養子縁組の数は少なかった。

それから八年の歳月を経た二〇二二年三月、カンボジア政府は、法律実施の準備はできたとして、国際養子縁組の再開を再び発表した。そして二〇二三年五月には、イタリアの国際養子縁組委員会の代表団がカンボジアの社会福祉退役軍人青年省を訪問し、会談後、イタリアの養子縁組組織のカンボジアでの活動許可とカンボジア政府による養子縁組対象の子どものリストの作成が発表された。それに対して前述したカンボジア人権推進擁護連盟（ＬＩＣＡＤＨＯ）は、法律は制定されたが過去にあったような詐欺や腐敗を防ぐための実効的な方策は依然として欠如していること、代替ケアのプライオリティとして国際養子縁組よりも重要とされるべき国内での里親制度や国内養子縁組システムが今もなお未発達で十分に活用されていないことなどをあげて、二〇二三年六月二八日、国際養子縁組の再開に反対する声明を出した。世界司法プロジェクトの二〇二三年「法の支配」指数で一四〇カ国中一三九位、トランスペアレンシー・インターナショナルの二〇二二年腐敗認識指数で一八〇カ国中一五〇位というカンボジアのガバナンスおよび法の支配における深刻な状況を考えれば、当然というべきであろう。[80]

二〇二〇年代に入り、一九九〇年代の終わりから二〇〇〇年代の初めに国際養子縁組でカンボジアから海外に送られた子どもたちは、それぞれの国で成人した。そして、そのうちの何人かは自分のルーツをチェックし、それが闇に包まれていることに愕然《がくぜん》とした。一方カンボジアでは、子どもを貧困から逃れさせるために良かれと思って「孤児院」に送った母親が、自分があずかり知らぬうちにその子を国際養子縁組に出され、現在でも後悔に苛まれている。[81] また、この件に関しては、国際社会も「無罪」ではない。カンボジアの入所型ケア施設のかなりの部分が、外国の個人や組織から資金を提供されていると考えられるからである。[82]

孤児院ツーリズム

カンボジアの入所型ケア施設の問題は、それが国際養子縁組の隠れみののもとで忌まわしい人身売買メカニズムの一部として使われてきたことだけではない。同国の入所型ケア施設が持つもう一つの問題は、いわゆる「孤児院ツーリズム」(orphanage tourism) である。孤児院ツーリズムとは、特に先進国からの旅行者が、その訪問先の国の孤児院で、旅の一部として「ボランティア活動」を行うことを指す。一見良いことのように思えるが、非常に問題が多い。短期間にボランティアが頻繁に入れ替わることで、子どもたちは繰り返し出会いと別れを経験することになる。そしてそれは、子どもたちに愛着不安や愛着障害（他人と安定した愛着を形成することが難しくなること）、自己価値観の低下（自分が見捨てられているという感覚）、信頼感の欠如、情緒不安定、トラウマの再体験、社会的スキルの発達への悪影響などさまざまな問題をもたらす。また、そうしたボランティアの大部分は、関係の問題に関する専門知識・スキルを持たない。さらに、過去に子どもに性的その他の加害を加えた者がボランティアと偽って施設に入り込み、子どもたちの安全を脅かす危険もある。しかし、カンボジアでは、孤児院／入所型ケア施設の多くが、ボランティア参加費用、宿泊費、食事代、交通費などの名目で請求する一週間で一人当たり数百ドルから千ドル以上になる支払いや寄付金と引き換えに、多くのボランティア・ツーリストを受け入れている。さらに、支払われた金が本当にそこの子どもたちの福祉のために適切に使われているかに関しても重大な疑義があり、営利目的ではないかとの批判も絶えない。[83] ユニセフは、孤児院ツーリズムに強く反対し、他のパートナー組織とともに、それを根絶する運動を展開している。[84]

孤児院ツーリズムは、カンボジアだけではなく、世界的な問題になっている。そしてこの件については、欧米中心の国際養子縁組の場合と違い、日本人も当事者たりうる。カンボジアの国際養子縁組も孤児院ツーリズムも、共通しているのはそこにある種の「需要と供給」の原理が働いていることである。先進国で少子化が進み、国内での養子縁組が難しくなり、開発途上国にその「需要」を満たすことが期待される。その結果「孤児院」が急増し、そこで家族と離れて、あるいは離されて暮らす子ども（その大部分は本当の孤児ではない）の「供給」が増える。入所型ケア施設での孤児院ツーリズムも、そこでボランティアとして働くという自己充足の「需要」が、それがなければそうした施設に来ることのなかった子どもたちを、住み慣れた家、親、コミュニティから不必要に引き離す。

欧米における孤児院その他の施設型の子どもの代替ケアの歴史は、それが容易に虐待、ネグレクト、搾取、健康や発達心理学上の問題につながり、社会への適応を難しくすることを明確に示している。だからこそそこでは、「脱施設化」(de-institutionalization) が進んできたのである。[85] 当然カンボジアでもそうなるべきなのに、一九九〇年代から二〇〇〇年代には、逆に施設の数が急増した。それは、カンボジアの開発政策・貧困対策の失敗の結果であるとともに、我々「先進国」の側の利他心を隠れみのにした利己心の結果でもあると思う。もう一度、子ども権利条約が定める「子どもの最善の利益」とは何かが、真剣に考えられなければならない。

次のステップ

二〇〇六年初め、カンボジアでの勤務も四年を過ぎ、次年はローテーション（定期移動）という時期になった。[86] キャリアのこの時点で、自分が迷っていたオプションは、次の二つであった。

一．プログラムに軸足を置いて、もう一度プログラム調整官のポストで働く（できればカンボジアよりもより大きな国事務所で）。

二．マネジメントに軸足を置いて、国事務所代表のポストに応募する。

カンボジア国事務所に勤務していた四年間、自分はプログラムとマネジメントの結節点で仕事をしていた。それは、自分のそれまでの経験を生かすことができる、やりがいのある仕事であった。その意味では、もう一度プログラム調整官を務めることも、可能性として考えていた。ただそれと同時に、プログラム調整官として大切だが骨の折れる膨大なルーティーンの事務仕事（予算計画と管理、ドナーへの報告書の編集など）を四年やり、個人的にそれに少々疲れてもいた。そして、もう少し大所高所から赴任国とそこにおける子どもの状況、そしてユニセフの仕事について考えたいと思うようになった。

こうした迷いを、当時のユニセフ・カンボジア国事務所代表だったイギリス人のロドニー・ハットフィールドに相談した。ロドニーは、そのときすでにユニセフでのベテランであったが、ユニセフ以前にはWHOで働き、当初WHOが世界規模で展開していた天然痘根絶のための車両整備・管理の仕事から国際公務員としてのキャリアを始めた。そしてユニセフに入った後は、保健プログラム・オフィサー、プログラム調整官、地域事務所の副所長などを歴任した。自分がユニセフで会った専門職の職員の中で大学卒の学位を持っていなかった唯一のスタッフであったが、言葉の本当の意味で「インテリジェント」で、見識、人間性も高かった。当然のことであるが、学歴と頭の良さは同じではないということを、再認識させてくれた人物である。自分は、キャリアを通じて上司に関しては恵まれていたと思うが、ロドニーはその中でも随一の人物で、自らにとっての手本（role model）として尊敬していた。

自分の話を聞いた後、ロドニーは、「プログラムには、国事務所代表でも関われる。国事務所代表のポストに挑戦してもいいのではないか」と言ってくれた。そして、そのためのタレント・グループに自分を推薦してくれた。[87]

ユニセフの中で国事務所代表になるためには、それ専用のタレント・グループに入る必要がある。そしてそのためには、自分が働く事務所の国事務所代表の推薦を受けた後、組織内でのインタビューや外部の経営研修会社による試験を受け、その結果に基づいてタレント・グループに選抜されるかどうかが決まる。自分は二〇〇六年にその試験を受け、何とかクリアすることができた。その後、国事務所代表の空席予定リストを見て、三つの希望ポストを優先順位に基づいて提出した。そして、最終的にタイの国事務所代表のポスト（国際専門職レベル５）に採用が決まり、二〇〇六年一一月に赴任することになった。

第5章　タイ（二〇〇六〜二〇一二年）

中所得国におけるユニセフ

自分が国事務所代表としてユニセフ・タイ国事務所に赴任した当時は、伝統的な開発のパラダイムが変化し始めた頃であったと思う。

それ以前は、ユニセフのような開発機関の仕事の中心は、基本的に後発開発途上国（least developed countries）や低所得国（low-income countries）、低中所得国（lower middle-income countries）に限られるべきであると考えられていた。[88] 経済発展の結果、そうした国々のかなりの部分が一人当たりの所得を伸ばし、後発開発途上国から非後発開発途上国に、また低所得国から低中所得国に、そして低中所得国から高中所得国（upper middle-income countries）になった。前記のような考え方とそれに基づいた制度によれば、高中所得国は国連開発機関の支援から「卒業」（graduate）すべきであるということになっており、それはユニセフでも同様であった。[89] ユニセフの場合、具体的には執行理事会（Executive Board）の一九九七年の決定により、ある国が一人当たりの国民総生産で二八九五ドル超および五歳以下の子どもの死亡率で出生一〇〇〇件中三〇人以下の両方を達成した暁には、その国への通常資金（Regular Resources）[90]の供与を徐々にフェーズアウトしていくべきであるとしていた。[91]一人当たりの国民総生産で二八九五ドル超というのは、世界銀行が決めた一九九七年当時の低中所得国と高中所得国を分ける所得レベルである。[92]よって当時は、経済開発的にある国が低中所得国から高中所得国になり、同時に社会開発の総合指標として五歳以下の子どもの死亡率で出生一〇〇〇件中三〇人以下を達成していれば、その国はユニセフのような開発を目的とした国連組織の支援を継続的には必要としないと考えられていた。そして、これら二つの指標で見る限り、タイを含む多くの中所得国がすでに「卒業」レベルに達するか、数年内にそうなると見込まれていた。また実際、そうした国々でどうやって事務所を「畳むか」ということが、組織内の議題にのぼっていた。[93]

しかしそこには、「中所得国」や「高中所得国」といった言葉が人々に抱かせる先入観があったと思う。また、「中」（middle）という語が含まれることで、無意識のうちに国内における「中流階級」（middle class）の概念と心象的に重ね合わせていた可能性もある。だが現実には、ある国が前記二つの指標を達成したからといって、その国が抱える経済・社会問題のすべてが魔法のように一夜にしてなくなる、あるいは解決されてしまうわけではないことは言うまでもない。実際、中所得国の数が多くなるにつれ、世界の貧しい人々の最大数は、その頃までに低所得国ではなく中所得国に住むようになっていた。[94]そもそも「中所得国」というカテゴリー自体、もともと世界銀行の貸し付け基準からきたものであり、それ自体として社会経済上の発展に特別の意味を持つものではない。[95]そして、経済開発の面で「卒業」の段階とされていた「高中所得国」というカテゴリーは、非常に大きなグループである。そこには昨日まで低中所得国だった国と、もうすぐ高所得国になる国の両方が含まれている。カテゴリーを規定する最低所得と最高所得の間には三倍もの開きがあり、こうした目的に意味を持つものとは思えなかった。また、その頃から世界的に格差（disparity）や不平等（inequality）、不公平（inequity）の増大とその負のインパクトが注目され、それらに関する議論が盛んになってきたが、中所得国は世界でも最大の不平等が存在する国グループであった。[96]さらに、一九九〇年代から、移民、人身売買、薬物、暴力など、国境あるいは伝統的な「発展」概念を超えたイシューが顕在化していた。そうした状況の中で、ユニセフを含めた国連開発機関が、ある国が低中所得国から高中所得国に移ったからといって、機械的にそこでのオペレーションを畳むということには合理性がない。また、人権には「漸進的実現」（progressive realization）という側面がある。これは、人権の完全な享受を即座に達成するのが現実的でない場合に、時間をかけて段階的にそれを実現していくという国際人権法上の原則である。各国には、いかなる状況においても最低限の生活水準とそれに関連する人権を保証し、直ちに満たす義務がある。それらは「最低限の中核的義務」（minimum core obligations）と呼ばれ、食料、水、教育、医療などに関する基本的な権利が含まれる。[97]しかし、これらはあくまでも「最低限」のものであり、それが満たされたということが人権実現の旅の終わりを意味するのではない。各国は経済的な能力に応じて最善の努力をし、可能な限りの資源を投入して、より多くの人権の実現を目指さなければならない。同時に現実には、政治的な意志の欠如や社会的・経済的な不平等、差別などが進歩を妨げる要因となることがあるので、それを解決するために国際社会が継続して関わり、協力していく必要がある。これは、まさに中所得国の状況に当てはまる。[98]

こうした事実および認識に基づいて、自分は地域事務所や本部、他の中所得国の代表などユニセフ内の関係スタッフと連絡を取り合い、ユニセフの中所得国におけるオペレーションの継続の必要性を話し合い、また組織内でそれを発信した。いわばそれは、組織内におけるアドボカシーであった。中所得国におけるユニセフのオペレーションについては、ラテンアメリカの国々はすでにかなり長い間その状況にあり、そこで勤務しているスタッフが、この組織内での話し合いでリーダーシップを執った。そして、この問題に関する世界レベルでの議論が、ラテンアメリカ地域事務所長のリーダーシップによってニューヨーク本部で開かれ、自分も参加した。

こうした人々の努力のかいもあり、最終的に高中所得国のユニセフの支援・オペレーションからの「卒業」というコンセプトは、実情に合わないということで、実施されることはなかった。二〇〇八年七月、ユニセフ執行理事会は、格差、暴力、疎外、移民の影響など、開発や所得レベルに必ずしも関係しないイシューの重要性の増大、そして国連子ども権利条約に基づいたユニセフの規範的な役割（normative role）の重要性と、それと関連して子どもの生存、発育、保護、参加を推し進めるという世界的な責務（universal imperative）などの理由から、高中所得国におけるユニセフのプレゼンスを継続させることを決定した。具体的には、各国への通常資金配分における新しい「卒業」の基準として、低中所得国の上限（二〇〇七年時点での一人当たりの国民総所得三七〇五ドル）ではなく、高所得国の閾値《いきち》（二〇〇七年時点での一人当たりの国民総所得一万一四五六ドル）が採用されることになった。そして、すべての高中所得国（二〇〇七年時点での一人当たり国民総所得が三七〇六ドルから一万一四五五ドル）に対して、年間最低六〇万ドルの通常資金が配分されることとなった。各国は、高所得国のステータスを達成し、二年連続でそれを維持した場合、通常資金の配分対象から卒業することになった。また、プロセスを簡素化するために、それまで一人当たりの所得とともに使われていた五歳未満の子どもの死亡率は、卒業基準として使用されないことになった。[99]

このイシューに結論がつくまで、中所得国としてのタイの国事務所がいつ閉められるのかということがスタッフの頭の中にもあり、落ち着かない日々が続いていた。しかし、この決定により、より腰を据えて仕事ができるようになった。

再びヨード欠乏症について

前述したように、インドで最初に関わって以来、ヨード欠乏症の問題は、「静かな緊急事態」(silent emergency) の典型的なものとして強く自分の心に残り、カンボジアでも意識的にそれに取り組んだ。それに対し、タイに赴任した当初は、「さすがに国がここまで発展してくれればヨード欠乏症のようなベーシックな問題はすでに解決されているだろう」と考えていた。「中所得国」という言葉が人々に抱かせる先入観念についてはすでに述べたが、振り返ってみると、自分も知らず知らずのうちにそれにとらわれていたのだと思う。しかし、念のためにと思って関係のデータをチェックすると、その現状は驚くほど深刻なものであった。

タイは、一九八八年に中所得国（低中所得国）となった。よって、二〇〇六年に自分が赴任したときには、中所得国になって一八年が過ぎていた。そして、保健栄養分野では、全体的に非常に良くやっているという評判を国際的に確立していた。それは、ユニセフ・タイ事務所には、自分が以前勤務したブータンやインド、カンボジアと違い、保健・栄養問題の専門プログラムがなく、それに特化したスタッフがいなかったという点にも現れている。

しかし、ことヨード欠乏症に関しては、それは当てはまらなかった。タイでは、WHO／UNICEF／ICCIDD（International Council for Control of Iodine Deficiency Disorders［国際ヨード欠乏症対策審議会］）のガイドラインに基づき、新生児の甲状腺刺激ホルモンのレベルを用いたヨード欠乏モニタリングが二〇〇〇年から始められた。[100] それによると、①タイにある七六県のすべてが、軽度（mild）から中等度（moderate）のヨード欠乏の状態（新生児の三パーセントから三九・九パーセントがヨード欠乏）にある、②中等度のヨード欠乏の状態にある県の数は、二〇〇三年には一〇県（全体の一三パーセント）、二〇〇四年には一二県（一六パーセント）、二〇〇五年には三五県（四六パーセント）、二〇〇六年には三六県（四七パーセント）と一貫して増えてきている、③二〇〇五年以降、県の下にある郡のレベルでは、重度（severe）のヨード欠乏の状態（新生児の四〇パーセント以上がヨード欠乏）にあるものもある、ということであった。タイにおける必須栄養素としてのヨードの摂取状況は良いどころか非常に悪く、しかも悪化していた。

これに対して、同国におけるヨード添加塩の普及率は、二〇〇五年当時五八パーセントにしか過ぎなかった。また二〇〇二年、タイのマヒドン大学附属ラーマティボディ病院は、サンプル調査に基づき、一九九七年に九一であったタイの子どもの平均IQレベルは、二〇〇一年には八八であったという研究を発表した。[101] 国際的な平均と見なされているレベルは、九〇から一〇九の間である。[102] これらのデータは、タイではいまだにヨード欠乏症が広く存在していること、またそれが少なくない子どもたちとその家族に悲劇を、そして国の人的資源に重大な損失をもたらす一因であることを示していた。[103]

第2章でも述べたように、ヨード欠乏症の予防は、技術的には何も難しいことはない。それは、人々が食塩としてヨード添加塩のみを使うようにすることであり、製塩業者は食塩としてはヨード添加塩しか生産してはいけない、また輸入業者は食塩としてはヨード添加塩しか輸入してはいけないということを法律で明確に義務づけ、それに実効性を持たせることであった。タイでは、同様の趣旨の法律が一九九四年につくられ、一九九七年には食塩の七〇パーセントにヨードが添加されていた。しかし、その法律に不十分な点があり、また関係業者の抵抗もあってその後十分に施行されておらず、前述したように二〇〇五年までにはその割合は五八パーセントにまで落ちていた。これは、ASEAN加盟一三カ国中一〇番目という低いレベルで、域内におけるタイの経済的発展の度合いとはまったく釣り合わないものであった。

この問題に対処するため、関係のパートナーやカウンターパートと相談し、次の二つの活動を優先して遂行した。一つは、より明確な規定を持つ法律を制定するよう政府に働きかけること、もう一つは、政府によるそうしたアクションを促進するために、高い社会的責任感と影響力を持つプライベート・セクターの企業とパートナーシップを組み、企業の社会貢献（Corporate Social Responsibility［CSR］）の一環としてこのイシューに関するアドボカシーを促進するということであった。

前者は、第2章や第4章でも説明したように、このイシューにおけるユニセフの標準的な活動の一つである。それに対し後者は、新たな試みであった。具体的には、タイの大手不動産会社であるサンシリ（Sansiri）と協力し、同社が“IODINE PLEASE”というヨード添加塩普及を目指す大々的なマルチメディア・キャンペーンを行うことに、関係の情報の提供やコミュニケーション、メッセージングなどの点で協力した。

もともとサンシリとの協力の話し合いは、その社長のセター・タウィーシン氏（Sretta Thavisin）[104]が、人を介してユニセフに接触してきてくれたときに始まった。会って話をしてみると、最初サンシリ側からは、教育支援のためにユニセフがタイのへき地に学校を建設することを支援したいとの申し出があった。しかしユニセフは、緊急事態を除いて、箱物の建設のような活動には関わっていない。また、いずれにしてもタイのレベルにまで発展した国では、それは政府の責任であるべきなので、自分の方からその旨を率直に説明した。しかし、話し合いが進むにつれて、セター氏が単なる「プロジェクト」ではなく、国としてのタイの発展を真剣に考えている人物であることがわかった。それで、自分の方からは、当時の主要関心事の一つであったヨード欠乏症と、それがタイの子どもたちの将来と国の人的資源開発に持つ深刻な影響を説明した。そして、ユニセフに対する資金援助は要らないから、このイシューに関して何かパートナーとして協力することができないかと逆に提案した。そのときは単なる思いつきでボールを投げてみただけだったが、セター氏はそれを深刻に考えてくれて、一週間後に、タイの大企業としてサンシリが持つリソースとネットワークをフルに使って、ヨード欠乏症とヨード添加塩普及の重要性に関するマルチメディア・キャンペーンを大々的に展開したいと申し出てくれた。

　こうして、サンシリとユニセフの協力が始まった。具体的な活動として行われたのは、タイでヨード添加塩を一〇〇パーセント普及させ、ヨード欠乏症を根絶するために"IODINE PLEASE"と名付けたマルチメディア・キャンペーンを実施することであった。そして、そのために

"IODINE PLEASE" のフェイスブック・サイト
(https://www.facebook.com/photo/?fbid=287292227981462&set=pb.100067808042503.-2207520000)
およびサンシリのウェブサイト
(https://www.sansiri.com/internationalbuyers/content08.html) より。
キャンペーンロゴは、ソルトミルをあしらって "IQ" を示している

写真５　タイにおける "IODINE PLEASE" マルチメディア・キャンペーン（2010年）

サンシリが専用のウェブサイト、フェイスブック、ツイッター（現X）などを立ち上げ、洗練されたキャンペーンロゴの制作と使用、バンコクの中心におけるタイの人気アーティストを巻き込んだ大々的なコンサートなどの活動を次々と展開した（写真５）。[105]

アドボカシーやコミュニケーション、広報活動などは、ユニセフの「お家芸」でもある。しかし、タイの大企業としてのサンシリのリソース（資金力プラスその広報部のキャパシティ）とネットワークは、タイ国内では桁違いのものであった。このキャンペーンは、メディアや人々の耳目を惹《ひ》き、タイ社会におけるヨード欠乏症およびヨード添加塩生産の必要性に関する認識が大いに高まった。そのお陰で、ヨード添加塩生産強化に関する政府の新しい法律の準備は加速され、二〇一〇年に制定された。[106]

このキャンペーンにサンシリはかなりの金額を使ったが、それはユニセフへの支援ではなく、あくまで自社が行った関係の広報・宣伝活動のコストを、自社で支払ったものであった。この件については、サンシリからユニセフへの資金の移転は一銭もなく、それは前もってユニセフとしてそう望んだものであった。その代わりに、ユニセフはヨード欠乏症という子どもの栄養の重要なイシューに関する専門的知識と情報、そして子どものための国連組織としてのブランド・イメージと信頼性を持ち寄り、サンシリは大企業としての信頼性と潤沢なリソースおよびタイ社会における広範なネットワークを持ち寄り、共通の目的のためにパートナーとして協力した。これは、世界的にも、ユニセフのパートナーシップの新たな形の一例となった。ユニセフ側では、この件の担当であったアメリカ

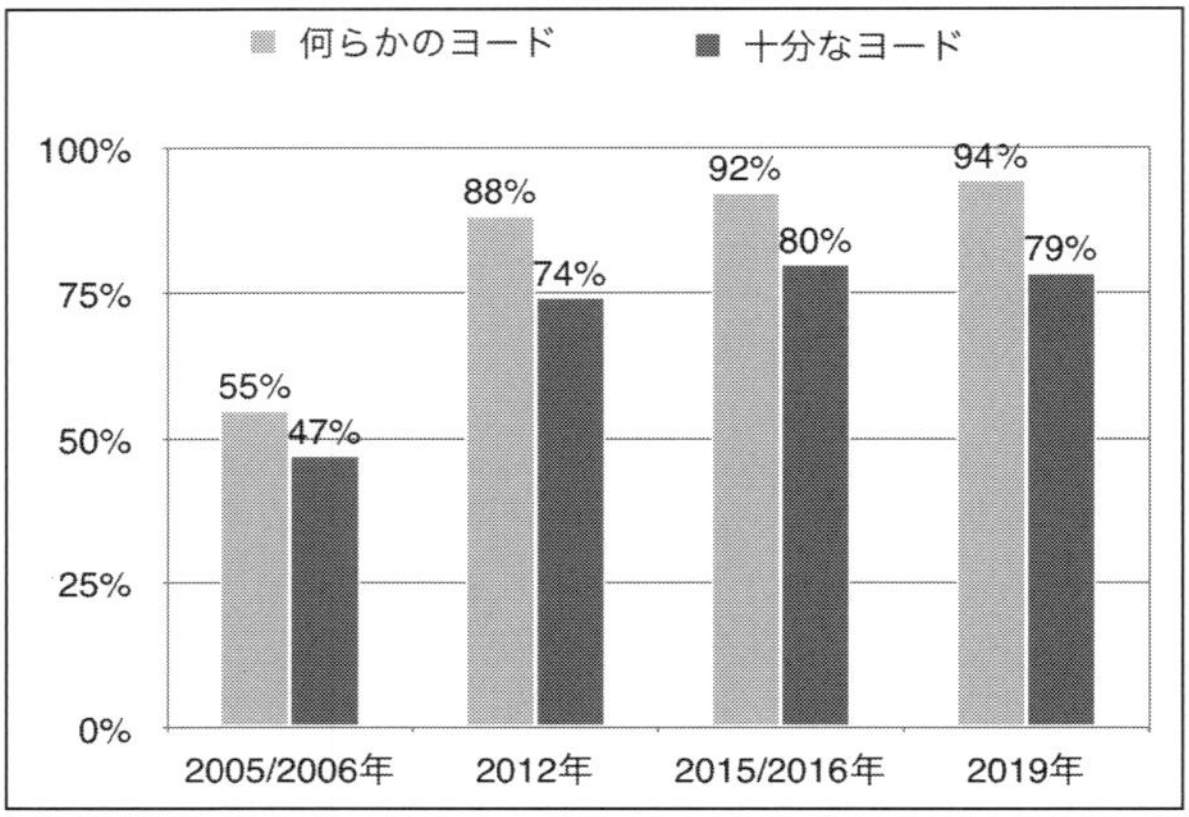

「何らかのヨード」— 少しでもヨードを含んでいるヨード添加塩
「十分なヨード」— 15ppm 以上のヨード含有率を持つヨード添加塩

図4　タイにおけるヨード添加塩普及率の変化[108]

人のマーク・トーマスや、タイ人のポーンティダー・パッドトーンら熟練の情報コミュニケーション・スタッフが、サンシリ側と息のぴったり合った協力をしてくれた。

これらのキャンペーンや新法の導入もあって、二〇〇〇年代後半にタイのヨード添加塩の普及率は大幅に増加した（図4）。そして、尿中ヨード濃度（urinary iodine concentration）で測られた学齢期の子どものヨード摂取量は、ヨード世界ネットワーク（Iodine Global Network／前述したかつてのＩＣＣＩＤＤ）が統計を取り始めた二〇一五年以降、「十分」（adequate）とされている。[107]

ただ、これはあくまでも平均の話であり、所得および地域的な要因によるヨード摂取の格差は依然として存在する。例えば、二〇一九年の多指標クラスター調査（Multiple-Indicator

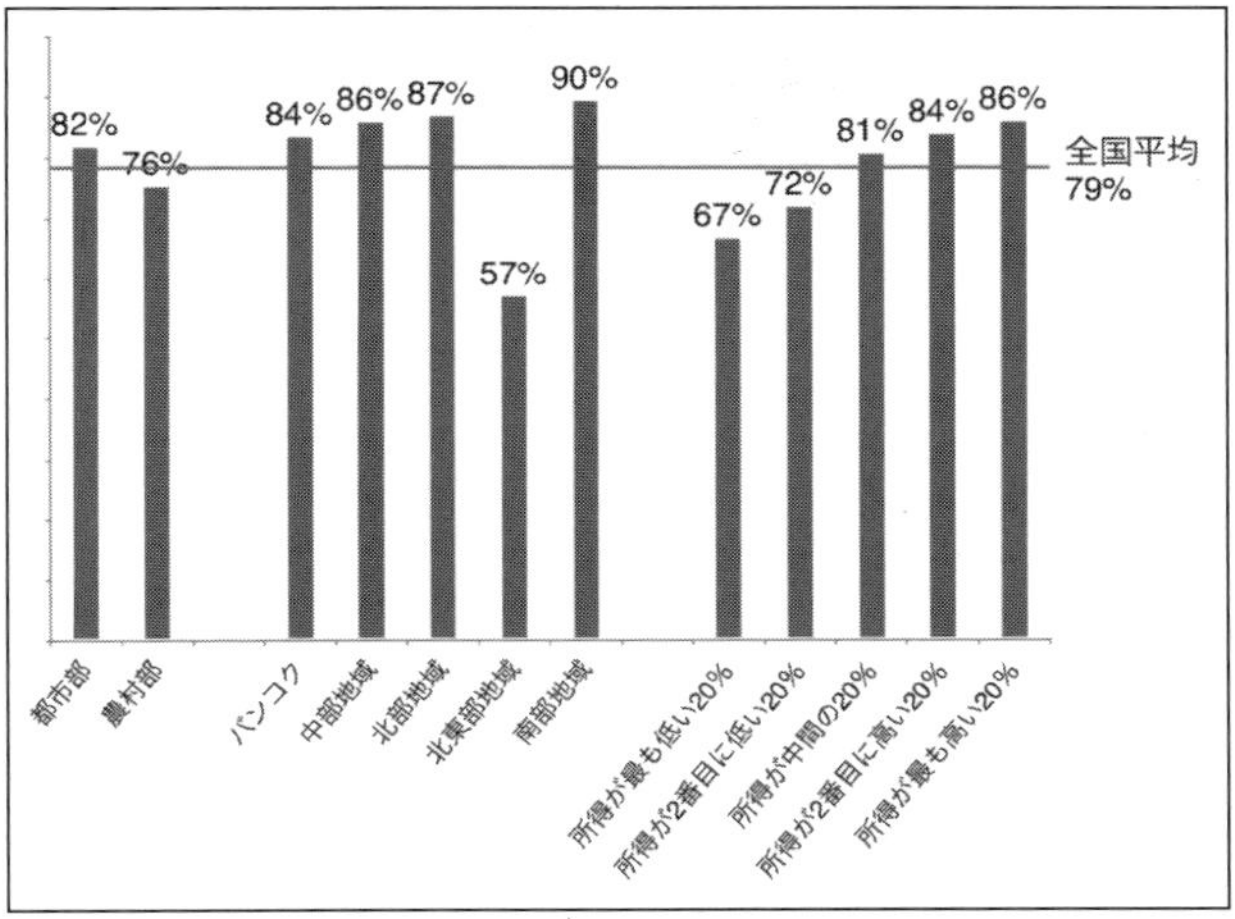

図5　タイにおけるヨード添加塩へのアクセス格差（2019年）[109]

Cluster Survey：後述）によれば、タイで十分にヨードを含んだ食塩を使用している家庭の割合は、最も豊かな二〇パーセントの家庭では八六パーセントなのに対し、最も貧しい二〇パーセントの家庭では六七パーセントにしか過ぎない（国としての平均は七九パーセント）（図5）。また地域的に見ると、十分にヨードを含んだ食塩を使用している家庭の割合は、都市部が八二パーセントなのに対し、農村部は七六パーセント、さらに伝統的に貧しい北東部に至っては五七パーセントでしかない。こうした格差は、貧しい家庭の子どもたちがその持てる力を最大限に発揮することを妨げ、貧困と格差の再生産につながる。平均は往々にして格差を隠す。タイにおけるヨード欠乏症の克服は、まさにSDGsの「誰も取り残さない」（Leaving No One Behind）の精神で、今後も追及され続けられなければならない。

格差との取り組み

組織としてのユニセフは、伝統的に格差の問題に取り組んできた。自分がユニセフに入ってしばらくは、それは“Reaching the Unreached”（まだサービスが届いていない人々にサービスを届ける）というスローガンに象徴されていた。ただ、問題への対応を具体化する体系的な発想やアプローチは、まだそれほど明確ではなかったように思われる。

そうした状況が、一九九〇年代後半に変わり始める。その一つのきっかけは「20／20イニシアティブ」であった。20／20イニシアティブは、一九九〇年代にＵＮＤＰ、ＵＮＦＰＡ、ユニセフ、ＷＨＯおよび世界銀行が提案したもので、一九九五年のコペンハーゲンにおける世界社会開発サミットにおいて正式に発表され、貧困層を含むすべての人々への基本的な社会サービスの提供を確保するための資金配分戦略として採択された。提案の目的は、開発途上国の政府と支援国の双方が、それぞれの政府予算およびＯＤＡ予算の二〇パーセントを基本的な社会サービス（基礎教育、基礎保健、栄養、安全な水と衛生設備、家族計画、リプロダクティブ・ヘルスなど）に充てることで、貧困削減と社会開発の促進を図ることにあった。[110] このアプローチは、関係社会サービスの狭いターゲティング（narrow targeting）ではなく、普遍的アクセス（universal access）を強調した。背景にあったのは、後者こそが、貧困層や最も困難な状況にある人々に対するサービスの公平で効果的かつ効率的な提供につながるという考えおよび分析である。[111] これは、それほど明確には考えられていなかったかもしれないが、それまでユニセフが実際に取ってきたプログラム・アプローチの正しさを証明することにもなった。「格差がある」というと、我々は半ば自動的・条件反射的に、関係社会サービス／支援の狭いターゲティングの考え方に飛びつきがちである（例：資力調査に基づき「貧しい家庭」にのみ児童手当を供与する）。しかし現実には、政治的、行政的、社会的、経済的、人間心理的な諸要因から、それが意図した結果につながらず、普遍的アクセスこそが問題解決の道であることが多い。格差の特定および分析と、それへの対応策との間には、より複雑な状況があるのである。

二〇〇〇年代に入って以降、ユニセフの格差との取り組みは、さらに本格化した。それを具体的に示すのが、サーベイ（統計的に信頼できる標本抽出法［サンプリング］と体系的な質問票に基づいて行われる調査）の導入とその発展である。一九七四年にWHOが拡大予防接種プログラム（Expanded Programme on Immunization［ＥＰＩ］）を始めて以降、ユニセフはWHOその他の関係機関・組織とともに、世界規模でＥＰＩを支援してきた。[112] そして、実際の予防接種率をより正確に評価するために、WHOが一九八六年に開発した予防接種率評価調査（immunization coverage evaluation survey）が世界各国で定期的に実施されるのを支援してきた。予防接種率評価調査は、その名のとおり最初は当時ＥＰＩで用いられていた各種ワクチンの接種率（当時はＢＣＧ［結核］、三種混合［ジフテリア、百日咳、破傷風］、ポリオ、麻疹の六種類）のみを評価するものだった。また全体の平均以外のデータの細分化については、男子・女子、および都市部・農村部の別があるだけだった。その後一九九〇年代に入ると、子どもの生存率改善のために多くの国で導入されるようになったビタミンA補給（Vitamin A supplementation）の普及率も、予防接種率評価調査に含まれるようになった。さらに、「子どものための世界サミット」（一九九〇年）で設定された二〇〇〇年までの目標への進捗状況をチェックするために、そのよりどころとなる基準データ（baseline）を確立することが必要となった。そのニーズを満たすため、基本的には予防接種率評価調査のサンプリング手法（「二段階クラスターサンプリング」と呼ばれる）を踏襲しつつ、そこに保健、栄養、水と衛生、教育、子どもの保護などの主要指標を加えた多指標クラスター調査（Multiple-Indicator Cluster Survey［MICS］）が開発され、一九九三年から一九九八年にかけて世界の六三カ国で行われた（MICS1）。この調査は、迅速かつ低コストで、統計的に有意なデータを定期的かつ体系的に収集するために設計されており、信頼できる行政データが不足している国々においては特に有益だった。ただこの段階でも、国平均以外のデータ収集・分析の細分化は、男子・女子および都市部・農村部の別があるだけであった。しかし、その後一九九九年から二〇〇三年に実施されたMICS2では、国内の主要地域別のデータがある程度入手できるようになった。そして、二〇〇五年から二〇一〇年にかけて行われたMICS3に至って、地域ごとの細分化がより進められ、さらに所得五分位（income quintile）別のデータも得られるようになった。[113] これにより、男子・女子、都市部・農村部の別に加え、地域および経済的地位の違いに関するデータ（独立変数）が集められ、それらと子どもや母親の健康、栄養、水と衛生、教育、子どもの保護に関する指標（従属変数）の関係について、より詳細な分析が可能になった。これらの改善は、社会のさまざまな格差のモニタリングを強化し、それに対処するためのアドボカシー、政策提言、プログラム開発と支援をよりエビデンスに基づいた、有効なものとしていくことを目的としていた。その後も多指標クラスター調査は、おおよそ五年に一回の割合で世界の多くの開発途上国で行われてきている。[114] そして、その有用性は、ユニセフだけでなく政府や他の国際機関にも認められるようになってきている。その理由の一つは、多指標クラスター調査が保健、栄養、水と衛生、教育、子どもの保護、社会的保護などの領域において、統計的に有意なデータを、平均値を超えた社会のサブ・グループ（男女別、都市・農村別、地域別、所得別など）について提供することにより、現存する格差の諸相を明らかにし、「誰も取り残さない」（Leaving No One Behind）をモットーとしたＳＤＧｓの達成に貢献するからである。[115]

格差が国プログラムの大きなテーマであるユニセフのタイ事務所は、伝統的に多指標クラスター調査を非常に重要なものと捉えてきた。そして、その最初のラウンドから政府のカウンターパートであるタイ統計局（National Statistical Office）と協力し、調査の実施を技術面・資金面で支援してきた。そして、これまでに計五回の多指標クラスター調査がすべて実施されている。もちろん、調査は「やりっぱなし」では何の役にも立たない。その結果が広く知られ、実際の政策決定や政府プログラムの開発、研究などに役立てられなければ意味がない。タイでは、ユニセフはこうした調査からのデータの実際の活用にも大いに力を入れている。前述したヨード添加塩の普及拡大は、その一つの例である。また、後述するタイにおける児童手当導入に関しても、格差の現状分析と児童手当の政策提言に、多指標クラスター調査やその他の調査のデータが大いに利用された。

タイ国内での募金活動

前述したように、開発途上国、低所得国、低中所得国から高中所得国への移行は、そこでの経済・社会問題のすべてが魔法のように一夜にしてなくなる、あるいは解決されてしまうということを意味しない。また、他の人権と同じように、子どもの権利にも「漸進的実現」という側面がある。これまでの目標が達成されても、さらに高い目標に向けて努力を続けなければならず、そのための国際協力も続く。しかし、現実にはユニセフを含む国際機関の予算配分においては、タイのような中所得国への通常資金（Regular Resources）の配分額はどんどん少なくなっていき、また補助資金（Supplementary Funds）を得る可能性も、その主たる源である諸外国から当該国へのODA供与額が減るため、小さくなっていく（国レベルの補助資金獲得は、国事務所が援助国の現地大使館などと交渉し、その国から受入国へのODA予算の枠内で行われることが多い）。そこでユニセフの場合、可能性として出てくるのが国内募金（in-country fundraising）、すなわちプログラムを実施している国で民間からの募金も同時に行うということである。すでに述べたように、「中所得国」というグループは、上はもうすぐ高所得国という国々から下はつい最近まで低所得国という非常に幅広いものであり、すべての中所得国で国内募金が可能であるわけではない。しかし、南米諸国など中所得国としての歴史が長い国々では、国内募金も非常に盛んに行われ、かなり発達していた。そして幸運なことに、タイでもユニセフが国内募金を一九九七年から始めており、それなりの経験と実績の積み重ねがあった。

ただそれまでのタイでの主たる募金方法は、①潜在的な個人ドナーを対象としたダイレクトメール送付と②企業の社会貢献（Corporate Social Responsibility［ＣＳＲ］）プログラムのもとでの資金援助、の二つであった。このうち、①に関しては募金市場が飽和状態になりつつあり、リターンが減少していた。また、②に関しては景気の波に非常に左右されやすく、先が読めなかった。そこで、新たなアプローチとして、「対面による募金推進活動」（face-to-face fundraising）が導入された。これは、ショッピングモールなど多数の人が集まる場所で許可を得てブースを設け、そこでトレーニングを受けた支援要請者が道行く人に声をかけ、ユニセフの活動を説明した上でマンスリー・サポーター（銀行口座引き落としあるいはクレジットカードで毎月決まった額を寄付する）になってくれるようお願いをするというものである。先進国のように成熟した募金市場では成功していたが、それがタイのような中所得国で機能するかどうかは未知数だった。しかし、本部の民間部門募金部（Private Sector Fundraising Division）の支援を受けたその試みは幸運なことに成功を収め、ユニセフ・タイ事務所における最大の資金源となった。それにより、タイにおける国内募金の総額は、二〇〇六年の二六〇万ドル（当時の年間平均為替レートで約三億円）から二〇一一年には九〇〇万ドル（同七億二〇〇〇万円）となった。その結果、二〇一〇年頃からユニセフ・タイ事務所は、タイ国内で得た資金で実質的にプログラム活動とさらなる募金活動を続けていける事務所となった。これには、ユニセフのタイでの長い活動と知名度、タイ経済の規模とその好調さ、タイ社会における喜捨《きしゃ》の歴史と習慣などさまざまなポジティブな要素が貢献しており、すべての中所得国がそうであるわけではない。しかし、そうした好条件やポテンシャルがある国では、積極的にそれを生かす方策を取ることの可能性を見せてくれたのが、この試みであった。

タイ最南部の騒乱

あまり知られてはいないが、タイの半島部の最南でマレーシアとの国境の近く（通称「最南部」［Deep South］あるいは「南部国境県」［Southern Border Provinces］）には、二〇世紀初頭に始まり、直近では二〇〇四年から断続的に続いているムスリム分離主義勢力による反乱（insurgency）がある。[116] 二〇〇四年一月四日から二〇二四年八月三一日までの間に二万二七三七件の暴力事件が発生し、七六三二人が死亡、一万四二七四人が負傷した。[117] 暴力の主たる形態は、路上や公共施設に仕掛けられた即席爆破装置（improvised explosive device［ＩＥＤ］）による攻撃、待ち伏せなどによる銃撃、地方の役人・宗教指導者・民間人の暗殺、身代金目的や政治的要求を達成するための誘拐、放火などである。犠牲者の割合は、軍人・警察官が四〇パーセント、民間人が六〇パーセントと、後者の方が多い。[118] 犠牲者の宗教的背景は、仏教徒五一パーセント、イスラム教徒四五パーセント（残りは不明）と、ほとんど差がない。こうした暴力が蔓延した状況の中で、子どもたちも深刻な影響を受けている。直接前記のような事件に巻き込まれて命を失う場合もあるが、圧倒的に多いのは、親をなくすケースである。また、学校も国家の象徴として攻撃された。多くの校舎が放火で焼かれ、教師が殺され、学校が長期間休校した。中央集権主義の強いタイで、分離派による反乱は、政治的に非常にセンシティブなイシューである。ユニセフ・タイ国事務所は、このあまり知られていない騒擾《そうじょう》事態とその子どもへの深刻な状況に光を当てるために、二〇〇八年に『毎日の恐怖 ― タイの南部国境地域に住む子どもたちの認識の研究』(Everyday Fears ― A study of children's perceptions of living in the southern border area of Thailand) という調査報告書を発表した（写真６）。[119] この報告書のもとなった調査は、二〇〇六年から二〇〇七年にかけて、ユニセフの子どもの保護を専門とするスタッフがＮＧＯや現地市民団体と協力し、後者によって行われた。具体的には、タイ南部国境地域に住む二三五七人のイスラム教徒と仏教徒の子どもの内的な感情や思考、態度、価値観などを、インタビューや描画、文章完成法などを用いて分析した。報告書では、二〇〇四年以降南部国境地域における暴力が子どもたちの生活にもたらした影響について、ユニセ

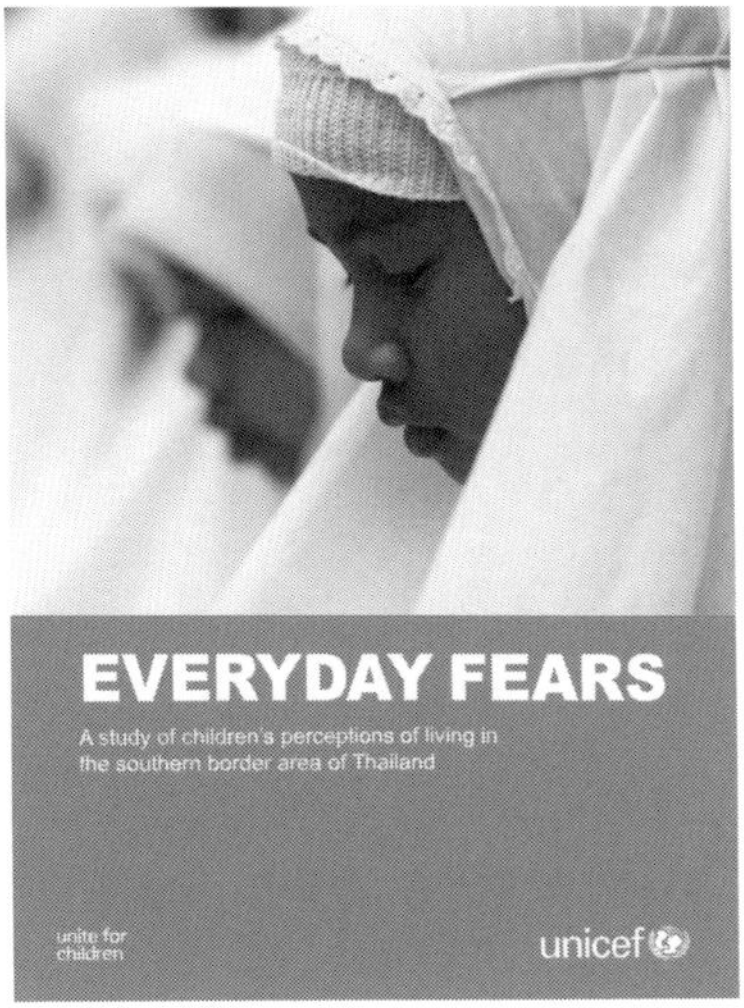

UNICEF/Thailand/2008/Kanoknan
(https://ssd.protectingeducation.org/wp-content/uploads/documents/documents_everyday_fears.pdf)

写真６　『毎日の恐怖 ― タイの南部国境地域に住む子どもたちの認識の研究』報告書の表紙（2008 年）

フとして深刻な懸念を示した。そして、以上の調査の結果を報告した。それによれば：

一．南部国境地域の子どもたちの日常的な経験には、武装襲撃や負傷、死亡に関連する暴力的な事件を目撃することが含まれている。そして、暴力の継続的な脅威や予期に関連した不安とストレス、また自身の暴力的な経験や暴力的な攻撃にさらされやすい場所の近くにいることから苦しんでいる。

二．しかし、こうした暴力の脅威とともに日常生活を送っている緊張感にもかかわらず、子どもたちは他の宗教に対して、偏ったり否定的な見方を示さなかった。

三．子どもたちは、騒乱の文脈において、誰かや特定のグループに対して敵意を示していなかった。これと、彼らの平和への展望を示す回答は、子どもや若者に向けた平和構築の努力が適時に行われれば、暴力の悪循環が世代を超えて続くのを防ぐ機会があることを示している。

そして、これらに基づいて以下の提案を行った。

一．市民社会とすべての武装グループや軍隊（軍、警察、村の自警団を含む）に対して、子どもの権利と保護についての意識を、多くの住民の母語であるパタニ・マレー語とタイ語で広める。

二．公立学校や宗教学校、そして学校外の子どもたちを対象に、公式および非公式の教育プログラムを通じて、平和構築の教育と活動を行う。

三．家庭、コミュニティ、および学校内で、子どもに対する暴力の報告と対応のメカニズムを強化する。

四．南部国境地域の独自の状況を考慮し、子どもの保護が必要なケースの特定と関係の対応サービスおよび組織のためのリソースを確保する。

五．騒乱の影響を受けた県で生活する子どもたちが経験している感情的なストレスに対処するプログラムをつくり、これらのプログラムが子どもたちの自然な回復力を強化することを助けるようにする。

六．すべての当事者の武器の存在を減らすことで、学校やコミュニティを「平和のゾーン」（zone of peace）として指定する。

南部国境地域の騒乱により数万人の子どもたちが影響を受けてきたが、その影響についての研究は、それまでの四年間ほとんど行われていなかった。この調査はそれを、子どもたちに自らの意見を表明する機会を設けて行われた。当時ユニセフ・タイ事務所の子どもの保護セクションを率いていたのは、アマンダ・ビセックスというオーストラリア人の女性であったが、彼女を中心とした子どもの保護セクションのスタッフの強い信念が、この出版物に結実していた。

これとは別に、国連の安全保障理事会を舞台として行われる「紛争と子どもたち」（Children and Armed Conflict）に関する年次報告で、タイの南部国境地帯における状況も二〇一四年から言及されるようになった。この年次報告は、紛争と子どもたちに関する国連事務総長特別代表（Special Representative of the United Nations Secretary-General）によって行われるもので、一九九九年から続いている。報告されるのは、紛争下の子どもたちに関する「六つの重大な違反」（six grave violations）と言われているもので、①子どもの徴用と使用（recruitment and use）、②子どもの殺害および傷害（killing and maiming）、③子どもに対する性暴力（sexual violence）、④子どもの誘拐（abduction）、⑤学校あるいは病院に対する攻撃（attacks on schools or hospitals）、⑥子どもへの人道援助の提供を妨げたり制限したりする行為（denial of humanitarian access to children）である。

これら「六つの重大な違反」の最近状況は、年に一回、国連総会と国連安全保障理事会の両方で報告される。その目的は、端的にいえば、紛争下において子どもに深刻な影響を与える前記の行為とその行為者を名指しで公表することによりアカウンタビリティを明らかにし、抑制・是正を求める（name and shame）ことにある。タイの南部国境地域での騒乱については、政府側と反政府側の両方に関して、子どもの徴用と使用、殺害および傷害、そして学校や病院への攻撃の例が報告された。より具体的には、それぞれに対して次のような点が指摘された。

一．分離主義者側

① 即席爆破装置による攻撃や通り過ぎる車からの銃撃による犠牲者に、子どもも含まれていること

② 国家革命戦線（Barisan Revolusi Nasional［BRN］）などの武装勢力による子どもの徴用と使用（タイの治安部隊の動きを追跡するための情報提供者や見張りとして）

③ 学校や教師を標的とした攻撃

二．タイ政府側

① 子どもと村の自警団（Chor Ror Bor）との非公式の関わり
② 子どもの武装勢力および武装グループへの参加が法的に明確に犯罪とされていないこと
③ 武装勢力との関与を疑われた子どもの行政拘留
④ 紛争下の子どもに対する重大違反疑惑の独立検証および報告を行うために国連が南部国境地域にアクセスすることについて、その受け入れに関して進展がないこと[120]

自分は二〇一二年にタイを去ったが、その後もユニセフ・タイ事務所は、タイ南部で子どもを巻き込んだ悲惨な暴力事件があったときに、それに対する深い懸念を公に発表した。[121] また、多指標クラスター調査を通じて、南部地域における社会開発がタイの他の地域と比べて大幅に遅れていることを、データによって明らかにした。[122]

こうした動きや、マレーシアを仲介役とするタイ政府とイスラム分離主義者グループとの和平交渉にもかかわらず、タイの南部国境地域における暴力と騒乱は、本書執筆時も続いている。二〇〇四年を今回の暴力の連鎖の始まりとすると、すでに二〇年続いていることになる。そして危惧されていたように、騒乱が始まったときの子ども世代が大人になり、その一部が暴力事件に関わるという世代をまたいだ状況になってきている。いまだ政治的に不安定な状況が続くタイだが、この状況を打開するための国全体としてのコンセンサスが、なんとかして一日も早く形成されて欲しい。

少子高齢化と子どもへの投資

タイで勤務していた二〇〇七年、大泉啓一郎氏の『老いていくアジア ― 繁栄の構図が変わるとき』という本が日本で出版された。この本は、急速な経済発展を遂げたことにより「虎」(tiger economies) と呼ばれた東アジアの国々、そしてその後の「虎の子」(tiger cub economies) と呼ばれたタイを含む東南アジアの国々において、急速な少子高齢化プロセスが進行しつつあることを分析しており、ベストセラーとなった。

現在でこそ、少子高齢化が日本や韓国、中国だけでなく東南アジアで進行していることは知られつつあるが、その頃はまだそうではなかった。同書によれば、タイの人口老化のスピードは、今日の先進国が歴史的に経験したものはもとより、それまで老齢化のスピードが最も速かった日本と比べてもより速いものであるという。すなわち、フランス、スウェーデン、イギリス、ドイツ、日本では老齢化社会 (aging society ― 六五歳以上の人口が七パーセントを超える社会) から老化社会 (aged society ― 六五歳以上の人口が一四パーセントを超える社会) に移行する期間 (倍加年数) が、それぞれ一一五年 (フランス)、八五年 (スウェーデン)、四七年 (イギリス)、四〇年 (ドイツ)、二四年 (日本) であったのに対し、タイでは二二年でしかない。[123] それとともに、老年潜在扶養指数 (senior dependency ratio ― 一五歳から六四歳の人口と六五歳以上の人口の比率) は、急速に増大する。一九八〇年には一〇・六人の生産年齢人口 (一五歳から六四歳) が一人の高齢扶養者 (六五歳以上)

を社会的にサポートしていたのに対し、二〇一〇年にはその割合は五・五対一と三〇年で二分の一になる。さらに二〇三〇年には二・八対一へと、二〇一〇年からの二〇年間でさらに二分の一になると予測された。[124] 自分がいた頃のタイは、二〇〇一年に六五歳以降の人口が七パーセントを超えた高齢社会で、その合計特殊出生率（一人の女性が一生の間に出産すると予想される子どもの平均数）も一・五と、すでに人口置換水準（人口が増減せずに維持されるための出生率）を大きく下回っていた。[125]

こうした大泉氏の分析およびデータは、故郷の町のかつての中心街が急速にシャッター商店街になり、子どもの数がどんどん減っていく状況を目の当たりにした自分には、強く訴えるものがあった。そしてその分析は、自分の仕事である子どもと社会との関係にとっても非常に重要であると考えた。

タイを含む開発途上国の人口動態が急速に変化した背景には、かつては非常に高かった子どもの死亡率および出生率の急速な低下がある。これは、これらの国々の開発の最も大きな成果の一つであり、それ自体ネガティブに捉えられるべきものではもちろんない。しかし、人間の人生と同じように、開発の一段階における成功は、次の段階でのチャレンジを生むことがある。タイに求められているのは、人口に関するそうした展開をいかに早く意識し、ポスト人口ボーナス期の新しい状況に国として対応していくかということである。しかし、日本の例を見てもわかるように、人口の変化に社会の意識の変化がついていく、あるいはそれを先取りしていくことは、容易ではない。[126] しかも、タイを含む中所得国および低所得国は、日本よりも一人当たりの所得が格段に低い段階で、本質的に日本が高所得国になってから直面したのと同じ問題に取り組むことが必要になる。この問題に対し、より意識的かつ早期の取り組みが必要となるゆえんである。

こうした全体的状況認識をもとに、タイの開発の課題の一つとして、人間開発への投資の低さがあると考えた。自分がタイで働いていた時期の二〇〇七年から二〇〇九年、同国の政府教育支出がGDPに占める割合は、三パーセント台であった。[127] これは、一九九〇年の「すべての人に教育を」世界会議（World Conference on Education for All）で国際的な目標とされていた五パーセントと比べても、同じ時期の世界平均の四・六パーセントから四・七パーセントと比べても、非常に低かった。社会開発に対する政府の投資を引き上げるよう説得するのは、ユニセフの国際的なアドボカシーの論点の一つであるが、タイではそこに、少子高齢化の視点を組み入れた。前記のような急激な人口動態の変化は、大きな社会的・経済的インパクトを持つ。それへの対応として必要なものは多々あるが、いずれの場合にも将来世代の生産性の向上は必須であり、そのためにも政府の教育への投資は引き上げられる必要がある。またそれは、多くの国が陥っている「中所得国の罠」（middle-income trap）[128] から逃れるためにも重要である。しかし現実には、タイの公教育に対する投資は低く、[129] また経済協力開発機構（Organization for Economic Co-operation and Development［ＯＥＣＤ］）の「学習到達度国際調査」（Programme for International Student Assessment［ＰＩＳＡ］）の結果にも見られるように、生徒の学習到達度に見られる教育の質も低い ― そうした指摘である。[130] このときは、分析の要点や関係のデータをグラフ化したものを個人的にパワーポイント・プレゼンテーションとしてまとめ、教育に関する会議や会合などで使っていただけだった。しかし後述するように、その後の任地であるネパールとバングラデシュでは、関係の政府カウンターパートとともに、この問題に関する正式の報告書を出すことになる。その前段階として、タイでのこの経験は、自分にとって重要なものとなった。

児童手当の導入

教育とともに、社会開発分野での投資増加の必要性に関してタイで強調したもう一つのイシューは、児童手当の導入である。

タイは、その経済成長とともに社会サービスを向上させ、社会保障制度の整備を進めてきた。しかし、社会における格差は顕著であり、子どもの貧困や不平等も依然と深刻な問題として残っていた。ユニセフはこれを、二〇〇五年から二〇〇六年にタイで最初に行われた多指標クラスター調査の頃から、エビデンスをもって指摘してきた。次にあげるのは、その最初の多指標クラスター調査のデータを使った格差の例のグラフである。

図6は、二〇〇五年から二〇〇六年に、五歳以下で発育阻害の状態にあった子どもの割合である。そして図7は、同じ時期のヨード添加塩へのアクセスのレベルである。一見してわかるように、どちらも居住地域（都市部か農村部か、あるいはどの地域か）や所得のレベル、母語などにおいて大きな格差がある。これは、全国平均を見ただけでは、わからない。

ヨード欠乏症の影響、特に子どもの認知・学習能力に対する深刻な影響とそれを防ぐためのヨード添加塩の重要性については、第2章、第4章およびこの章で既述のとおりである。発育阻害

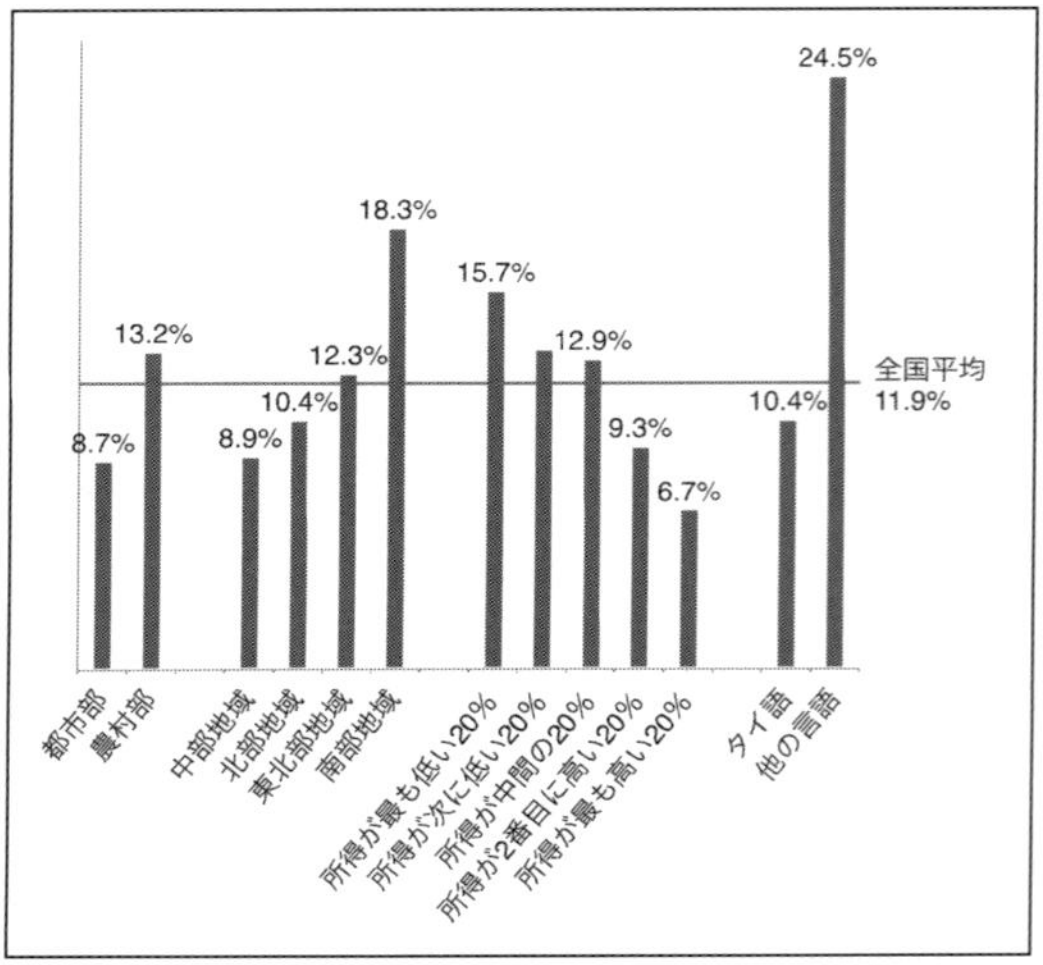

図６　タイの５歳以下の子どもの発育阻害（stunting）（2005年から2006年）[131]

（stunting）とは、身長がＷＨＯ児童成長基準の当該年齢の中央値よりも二標準偏差以上低い状態で、慢性の栄養不良に起因する。しかし、それはただ単に「背が低い」ということではない。その影響は、子ども期の認知能力や学業成績の低下、成人期の賃金の低さ、生産性の損失など広範にわたり、一生涯続く。特に、妊娠から生後二歳までの、人生の最初の一〇〇〇日間における発育阻害は、子どもの人生全体に重大な影響を及ぼす。[133] 幼少期に長期の発育阻害を経験した子どもは、そうでない子どもに比べて、認知能力が統計的に有意に低い。[134] そしてそれは、当然就学後の学業成績にも影響する。[135] これらの有害な影響は成人期まで続き、成人期の収入を大幅に減少させ、国の経済全体に負の影響を与える。[136] さらに、児童期の前期における発育阻害に後期に

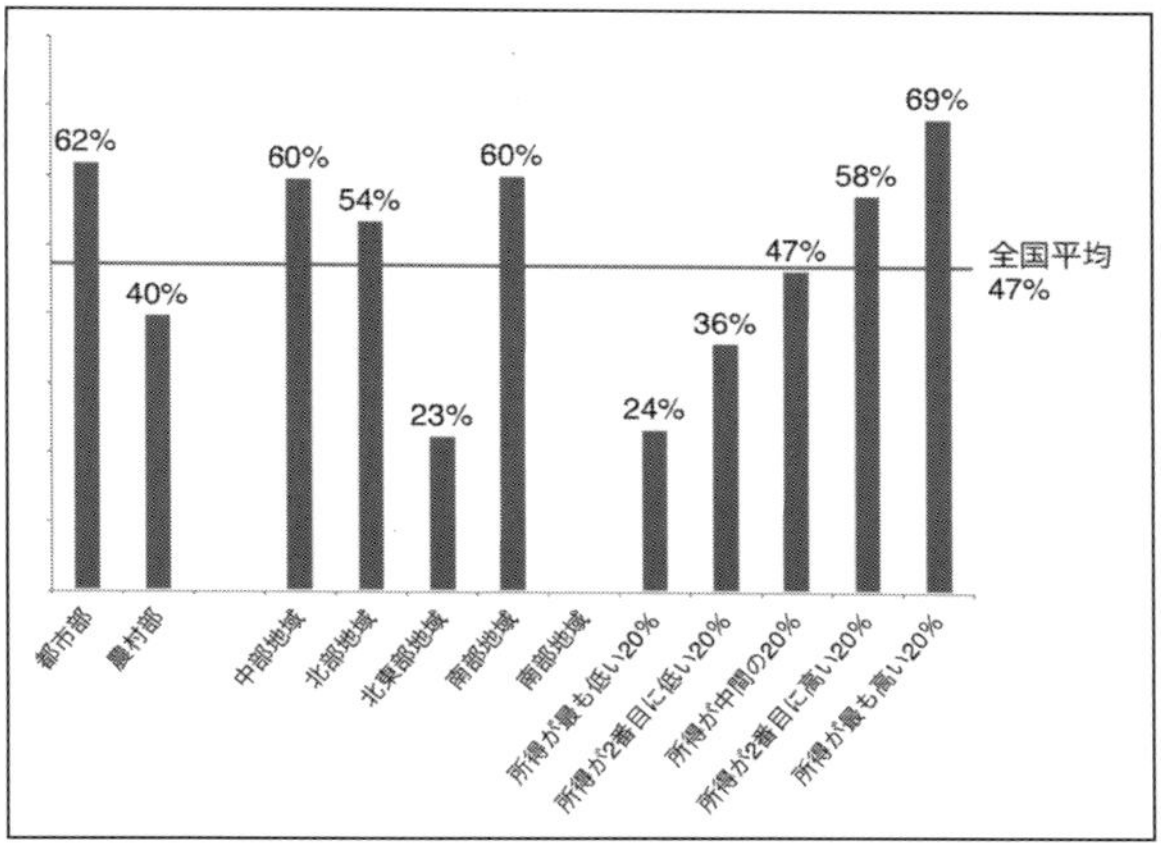

図７　タイにおけるヨード添加塩へのアクセス格差（2005年から2006年）[132]

おける過度な体重増加が伴った場合、成人期における栄養関連の慢性疾患のリスクが増加する。

発育阻害もヨード欠乏も、個人、家庭、社会のすべてのレベルで悪影響を及ぼす。しかし、一番大きな被害を受けるのは、社会的な弱者である。両親が貧しい家庭の子ども（あるいは経済的発展が遅れた地域に住んでいる家庭の子ども）は、栄養や教育面などでの制約からその可能性をフルに伸ばせず、そうでない家庭の子どもたちと比べて、自分たち自身も貧困に陥る確率がはるかに高い。そしてそれは、最終的には、貧困と栄養不良の世代をまたいだ再生産につながる。

こうした状況に鑑みてユニセフは、タイにおいて貧困下に生まれ育った子どもたちの権利を実現し、貧困の世代間連鎖問題を断ち切るための政策の一つとして、児童手当の導入を提案した。

そのために採ったアクションの一つは、タイ政府の関係官僚の南アフリカへの視察訪問であった。南アフリカは、一九九八年に子ども支援給付金(Child Support Grant)を導入した。導入当初のターゲット・グループは七歳未満の子どもを持つ貧困家庭の養育者が対象であったが、それが九歳未満(二〇〇三年)、一一歳未満(二〇〇四年)、一四歳未満(二〇〇五年)、一五歳未満(二〇〇九年)と段階的に、しかも速やかに引き上げられ、二〇一〇年にはついに一八歳未満の子どもを持つすべての貧困家庭をカバーするようになった。[137] そして、二〇一二年に第三者機関によって行われたインパクト評価では、その非常にポジティブな影響が定量的に立証され、子ども支援給付金は南アフリカの貧困削減と社会的支援の重要な手段として、国内だけでなく世界にも認識されるようになった。[138] ユニセフは、南アフリカでこの子ども支援給付金に、最初の政策立案や制度設計の段階から関わっており、その後もパイロット・プロジェクト実施とその評価、関係人員の研修、資金調達と財政支援、モニタリングと評価など、一貫して支援を続けてきた。そしてこの時期、国際的に児童手当のモデルとされるようになったこの南アフリカの子ども支援給付金が、同じ中所得国であるタイにとって大いに参考になると思われたのである。この件の主たる担当スタッフは、社会政策・モニタリング・評価セクションのチーフであったアンドリュー・クレイポールという英国人であった。彼は、前述の二〇〇五/二〇〇六年の多指標クラスター調査やその他の調査の結果の分析などから、タイにおける格差の存在とその深刻さを懸念し、児童手当導入の必要性を関係の政府カウンターパートと話し合ってきた。そして、当時南アフリカの子ども支援給付金と同じく国際的なモデルとされていたブラジルの「家族手当」(Bolsa Familia)の担当者をタイに招待し、タイ政府の政策決定者との経験共有を促進したりした。南アフリカへの視察訪問は、そうした児童手当導入のための努力の次のステップとして計画された。

一般的に、この手のいわゆる「視察旅行」には、物見遊山（英語で"junket"という）に終わってしまう危険性がある。日本でも、政府や自治体の視察旅行について、そうした報道がなされているのは周知の事実である。それを避けるために、この視察訪問では、計画時からシステマティックなアプローチが採られた。事前学習はもちろんのこと、帰ってからのフォローアップの在り方も話し合われた。

この視察訪問は当初二〇一一年に計画されたが、政府関係者の都合の変化から二〇一二年五月に延期された。自分は二〇一二年四月にタイを去り、次の任地のフィリピンに向かったため、残念ながらこの視察訪問の結果を直に見届けることはできなかった。しかし、その後の報告によると、視察訪問は大きな成功を収めたようである。視察団には、タイ政府高官らとアンドリュー・クレイポールらユニセフ職員が参加した。タイ側の参加者には、政府の計画機関（国家経済社会開発庁／National Economic and Social Development Board［NESDB］）とタイでこうしたプログラムの計画・実施に責任を持ついくつかの省庁からの参加者のほかに、同国で非常に影響力のある経済学者、ヴァラコーン・サマコーセス博士が含まれていた。視察中、参加者とユニセフ職員は、同じ中所得国で子ども支援給付金とその支払いのシステムが具体的にどのように機能しているかを実際に見ることができ、また関係の諸問題を熱心に議論した。そして帰国後、サマコーセス博士は、タイにおける同様の児童給付金制度導入の重要な支持者となった。彼はメディアで関係の記事を書き、彼自身がホストを務める週刊ラジオ番組で児童手当計画を推奨した。こうして、政府の内外でタイ版児童手当導入支持のネットワークが広がった。[139] そして、さらなるフォローアップを経て、三年後の二〇一五年に子ども支援給付金（南アフリカのものと同じく英語では“Child Support Grant”と呼ばれる）がタイで始まった。導入時の対象グループは、貧困下にある家庭の新生児で、約一二万八〇〇〇人の新生児に一人当たり月額四〇〇バーツ（二〇一五年の年間平均為替レートで約一三〇〇円）が支給された。制度は、二〇一六年と二〇一九年の二度にわたって段階的に、しかし速やかに拡大・拡充された。[140] そして、直近の二〇一九年の拡大と同じ頃に始まったコロナ禍時の厳しい状況も含めて、子ども支援給付金は、タイの六歳未満の子どもたちにとっての、事実上の「社会保障フロア」となった。[141] 二〇一九年に行われたインパクト評価でも、子どもの健康、栄養、発育、教育、成人した後の収入、家計の内容などの指標で、受給者／受給家庭が非受給者／非受給家庭に比べて良い状態にあることが定量的に証明された。[142] ユニセフ・タイ事務所は、制度の導入後も引き続きアドボカシーを続けている。特に、いわゆる資力調査に基づく貧困ターゲッティング（means-tested poverty targeting）の抱える諸問題に鑑みて、家庭の経済状況に関係なく六歳までのすべての子どもに対して支援給付金が導入されるべきであるという「普遍的アプローチ」（universal approach）を公的に提案している。[143] この章の初めで述べた、子どもの権利の「漸進的実現」のプロセスは、いまだ続いているのである。

「南南協力」（South-South cooperation）という言葉がある。いわゆる「南」の国々（＝開発途上国）

が、同じ問題に対処あるいはそれを克服した国々の経験・教訓から学び、それに基づいて政策やプログラムを策定・実施することをいう。他のすべてのことと同じように、南南協力にも成功例・失敗例はいろいろあるが、このタイの児童手当導入は、成功例の一つとしてあげても良いと思う。そして、それを中心になって進めたタイ政府関係者、ヴァラコーン・サマコーセス博士のようなオピニオンリーダー、また戦略的かつ緊密にそれを支援したアンドリュー・クレイポールや、自分の後任も含む他のユニセフ・タイ事務所スタッフの努力を讃えたい。[144]

タイでの経験

この章で書いたものも含めて、タイでの勤務中は、次のようなさまざまなイシューを扱った。

- ヨード欠乏症対策
- 格差に関するエビデンスの収集・分析とその是正のためのアドボカシー
- 教育を含めた人的資源開発のための投資に関するエビデンスの収集・分析とアドボカシー
- 社会保障（特に子ども支援給付金）
- タイ最南部における軍とムスリム反政府組織との戦闘とその子どもへの影響
- 国内移民（特に貧しい北東部からバンコクへ）と田舎に残された子どもたち、および国外からの移民（特にミャンマーやカンボジアから）の子どもたちの置かれた状況[145]
- 無国籍状態（stateless）にある子どもたち（少数民族の子どもたち、難民や移民の子どもた

ち、親が出生届をしなかった子どもたちなど）[146]

- 人身売買（カンボジア、ミャンマーなどからタイへ、およびタイから国外へ）
- 難民（ミャンマーおよびラオスから）
- 少年司法
- ＨＩＶ／ＡＩＤＳ
- 国内募金活動

また、自分がタイで勤務していた時期は、国内で緊急事態が頻発した時期でもあった。二〇一〇年五月には、首都バンコクの中心地で、政府軍と反政府抗議デモ隊の戦闘が起きた。中心部の商業ビルが焼き払われ、国中が騒然とした雰囲気になった。さらに、二〇一一年には大洪水が起き、バンコクの二〇パーセントから三〇パーセントが浸水するという未曾有の事態も起きた。いずれの場合にも、アドボカシーやプログラム関係の活動とともに、オフィスとしてかなりの数のスタッフを避難させたり、支援したりすることが必要となった。

こうしたさまざまなイシューの存在や状況は、いずれもタイに赴任するまでの自分が意識的あるいは無意識的に抱いていた、「中所得国になったらもうそれほど深刻な問題はないだろう」というような印象とはかなり違ったものであった。そして、それらについてユニセフが取ったアクションとその成果のいくつかは、中所得国におけるユニセフのような組織の存在意義を裏打ちするものであると思う。

最初の国事務所代表職、それもこれまで経験したことのなかった中所得国、「事務所消滅」の可能性と一転継続、政情不安などいろいろあったが、タイでの勤務も五年を過ぎ、ローテーションの時期となった。前回、カンボジアからタイに移動した際には、プログラムからマネジメントへのシフトに関して思い悩んだが、今回は同じ国事務所代表職に就きたいということで、迷いはなかった。キャリアの最初から、本部でなく地域事務所でもなく、できる限りフィールドに近い国レベルで仕事がしたいと考えてユニセフに就職したが、その気持ちは変わらなかった。中東、アフリカ、アジアの三つの地域の国事務所代表ポストでの勤務希望を出したが、最終的に同じ地域のフィリピンが次の勤務地となった。

第6章　フィリピン（二〇一二〜二〇一四年）

災害大国

フィリピンは、総面積二九万八一七〇平方キロメートル（日本から北海道を除いた広さ）、七六四一の島々からなる島嶼国《とうしょこく》である。二〇一二年に自分が赴任したときの一人当たりの国民総所得は二五〇〇ドルで、そのときも現在も低中所得国である。開発の面から見ると、その特徴の一つは、災害の多さである。台風、地震、火山の噴火などが多く、二〇二三年の世界リスクレポート（World Risk Report 2023）では、データが入手可能な一九三カ国中、一位である。[147] 加えて、国内に長年の紛争も抱えていて（ミンダナオのイスラム反政府組織や新人民軍［フィリピン共産党の軍事組織］など）、武力衝突も頻発していた。本格的な緊急事態への対応は、これまでの任地ではあまり経験していなかったため、それが個人的には新たな挑戦であった。

災害の中でも、頻度と被害の大きさ両面で特筆すべきは、台風である。日本も台風の多い国だが、フィリピンの場合、上陸する台風の数が日本よりもずっと多い。自分が赴任した前年の二〇一一年には全部で一九の熱帯低気圧がフィリピン管区に入り、そのうち一二が上陸した。これに対して日本の場合、一九五一年から二〇一七年までの期間で見ると、日本管区に入ってくる台風の数自体は年二六回だが、上陸するのは平均で年三回ほどである。[148]

タイ国事務所代表のポストはP－5レベルであり、フィリピンのそれはD－1であった。Pとは専門職（Professional）の頭文字で、Dとは管理職（Director）の頭文字である。後者は上級管理職となり、D－1とD－2の二つのレベルがある。職員数では、タイ事務所は四〇人弱の大きさだったが、フィリピン事務所では一四〇人以上が勤務していた。中所得国であり、ユニセフも国内での募金活動を数年来展開していて、その意味では任地としてタイと似たところがあった。しかし、中所得国となってすでに長い期間を経ていて、ユニセフも長く国内での募金活動を行っていたタイと比べると、フィリピンでの国内募金活動はまだ始まって間もなく、規模も小さかった。また、中所得国であることから、国へのODA供与額やユニセフ内での通常資金の配分は低所得国よりも相対的に少ない。そのため、オフィスの財政状況は楽ではなかった。同時に、平均すると数年に一度起こる大規模な災害となると、一時的にかなりの規模の資金が国際緊急募金アピールを通じて入り、追加の人員の採用や、場合によっては追加の臨時事務所の開設も必要となる。このように、振子のように規模や構成が揺れるオフィスのマネジメントも、自分にとっては一つのチャレンジであった。

フィリピンでも、タイの場合と同じように、中所得国としてのさまざまなイシューを扱った。しかし、ここでは紙面の都合上、緊急事態支援と対応のみに焦点を当てたい。なぜなら、自分が赴任していた時期のフィリピンは緊急事態が特に多く、それへの対応の合間に通常の国プログラムを実施しているような状況だったからである。

台風ボーファ

フィリピンに赴任して八カ月後の二〇一二年一二月四日早朝、フィリピン南部ミンダナオ島のダバオ東部州バガンガに台風ボーファ（Bopha）が上陸した。ボーファの中心気圧は九二五ヘクトパスカル、最大風速は一七五マイル毎時（時速二八二キロメートル）にのぼり、その規模と被害から、二〇一二年の世界最悪の嵐であった。ミンダナオは前年の二〇一一年一二月にも台風ワシ（Washi）に襲われ、北部を中心に二五四六人の犠牲者を出しており、二年続けての大災害となった。ボーファはミンダナオ島の北東部を東から西に抜け、特に島の東部のダバオ東部州、コンポステラ・バレー州、アグサン・デル・スル州に甚大な被害をもたらした。家屋の破壊、洪水、土砂崩れなどにより、最終的に犠牲者の公式総数は二七三五人（死者一九〇一人、行方不明者八三四人）となった。また、家屋六万三〇〇〇棟以上が全壊、九万五〇〇〇棟以上が半壊、一七万人が避難所に避難し、九二万五四一二人が住む家を失った。被災者総数は、六二〇万人以上にのぼった。家屋以外にも、インフラや農業、私有財産に広範かつ甚大な被害が生じ、被害総額は一一億六〇〇〇万ドル（二〇一二年の年間平均為替レートで九二六億円）と計算された。これは、その時点でフィリピン史上二番目に大きな台風被害額であった。[149]

自分は一二月七日にミンダナオ南部の都市ダバオに飛び、被災地を視察、またダバオで開かれた政府主催の災害対応会議に出席した。

訪れた被災地の一つ、コンポステラ・バレー州ニュー・バターン市のアンダップという地区は、この台風で最も深刻な被害を受けた場所の一つだった。一二月三日の深夜から四日の早朝にかけて、台風の影響で激しい雨が地区近くのメイヨ川流域に降り、それが川の峡谷に沿って大規模な土石流を引き起こした。土石流が地区に到達したとき、その先頭は一六メートルもの高さであったという。地区の一部は、九メートルものがれきに埋もれていた。巨石や大木が混じった土石流が流れた後は河原のようで、かつてそこにあった家々の残骸すらもほとんど残っていなかった（写真7）。訪問時には八六人の死亡が確認され、三四三人が行方不明だったが、その後最終的に死者数は五六六人まで増えた。後の研

写真7　台風ボーファによる土石流のあと ― ミンダナオ島コンポステラ・バレー州ニュー・バターン市アンダップ地区（2012年12月）　著者撮影

究によれば、土石流が運んだ堆積物の乾燥体積は三〇〇〇万立方メートルで、これは歴史的に世界で七番目に大きな規模であったという。[150]

アンダップ地区を含むニュー・バターン市は、一九六八年に設立された。これは、当時のフィリピンの急激な人口増加に対処するために、新たな居住地が開発されなければならなかったからである。その後の研究によって、その土地は古代の土石流堆積物の上にあったことが明らかになったが、行政も住民もその危険性を理解していなかったという。ボーファが接近したときも同様で、行政当局はアンダップ地区の比較的高い土地で洪水（鉄砲水）を避けるように指示したが、それは誤っていた。なぜなら、そこはメイヨ川の扇状地に位置しており、そこに土石流が押し寄せたからである。鉄砲水（flash flood）からの避難は、一般的に高い場所に移動することが呼びかけられるが、土石流（debris flow）の場合は、地形的により特定の避難経路や安全な場所への移動が求められる。それが理解されていなかった。人口増加で、特に貧しい人々が災害に脆弱な場所に住まざるを得なくなるのは、フィリピン全体における災害リスク削減上の大きな課題の一つであるが、他の開発途上国でも同じような状況がある。また、この土地が昔の土石流堆積物の上にあることが一般に広く知られるようになったのは災害後であったということは、東北地方に巨大な貞観津波（八六九年）があったことが、二〇一一年の東日本大震災の後にようやく広く一般に知られるようになった日本の状況を思い起こさせる。

ニュー・バターンを訪ねた後、内陸からミンダナオ島の東海岸に出て、海岸線を南下した。ミンダナオは農業が盛んで、バナナやココナッツの広大なプランテーションが多い。海岸沿いにはそうしたプランテーションがずっと続いていたが、どれだけ車で走っても植物がまともに立っているところがなく、バナナやココナッツの木が死屍累々《しし》という感じで倒れていた。それどころか、プランテーション以外の山の木々までが、立っている方が例外であるほどなぎ倒されていた（写真8）。

この光景にせよニュー・バターンでの土石流にせよ、自分がそれまでの人生で見たことのないものだった。改めて、自然の破壊力のすさまじさを感じた。

緊急事態へのユニセフの対応

ユニセフは、関係の政府機関、国連機関、NGOらとともに、被害発生後すぐに救援活

写真8　台風ボーファによって木々がなぎ倒されたプランテーション ― ミンダナオ島東海岸（2012年12月）　著者撮影

動と対応を開始した。ここではその概要を、関係のシステムやプロセスも含めて、少々詳しく説明する。この章と後のネパールおよびバングラデシュの章では、緊急事態関連の記述が続くが、世界中で緊急事態時にユニセフのような組織が何をするか（what）は、かなりの程度スタンダード化されている。違いがあるのは、主としてそれをどう実施するか（how）である。それで、同じ説明の繰り返しを防ぐため、少々煩雑だが、ここで前者（what）についての全体像を示すというのが意図である。

自然災害にせよ、紛争のような人的災害にせよ、こうした大規模災害が発生した場合、関係の国連機関は、目の回るような忙しさになる。なぜなら、次の四つの「車輪」が同時に、しかも最初からトップギアで動く（hit the ground running）ことが必要だからである。

一．緊急支援活動
二．資金集め
三．オペレーションズ[151]
四．組織間／セクター間の調整

以下に、それぞれの概要を説明する。

一．緊急支援活動

ユニセフの場合、緊急時にユニセフがのっとる規範・基本原則・アプローチ、関係のスタッフや組織ユニットの責任、そして個別のプログラムやオペレーションズの領域で具体的に何をどうやって達成するのかは、『人道行動における子どものための中核的誓約』（Core Commitments for

Children in Humanitarian Action［CCC］）という文書として、あらかじめ決まっている。より具体的には、目指すべき大目標（Strategic Result）とその実現のために達成されるべき具体的な成果（Commitments）、そして各成果について最低限達成されるべき目標値（Benchmarks）、そして関係のアクションを取る際に考慮すべきこと（Key Considerations）が前もって規定されている。**表2**にあげるのは、緊急時の保健プログラムの内容の例（一部のみ抜粋）である。[152]

表2　緊急時におけるユニセフの支援の一例―保健の場合（『人道行動における子どもたちのための中核的誓約』より）

戦略的成果		子ども、青少年および女性が、命を救い、インパクトが高く、質の高い医療サービスを利用することができる。
母子保健	コミットメント	女性、思春期の少女および新生児が、命を救い、インパクトが高く、質の高い母子保健サービスに安全かつ公平にアクセスしている。
	ベンチマーク	(1) 少なくとも九〇パーセントの妊婦および思春期の少女が、四回以上の定期産前ケア（ANC）を受けている。 (2) 少なくとも九〇パーセントの妊婦および思春期の少女が、必要な質を備えた基本的新生児ケアを含む専門家の出産介助を受けている。 (3) 少なくとも八〇パーセントの母親と新生児が、出産後二日以内に定期的な産後ケアを受けている。

戦略的成果		子ども、青少年および女性が、命を救い、インパクトが高く、質の高い医療サービスを利用することができる。
母子保健	ベンチマーク	(4) 少なくとも八〇パーセントの未熟児および病気の新生児が、移動時間二時間以内で入院レベル2の特別新生児ケア（inpatient level 2 special newborn care）[153]を利用している。
予防接種	コミットメント	子どもと女性が、定期および追加の予防接種を受けている。
	ベンチマーク	(1) 被災地のすべて（アクセスの困難な地域を含む）で、予防接種の対象となる子どもと女性の少なくとも八〇パーセントが、定期的な予防接種を受けている。 (2) 流行性疾患の発生リスクを軽減するために実施される追加予防接種キャンペーンでは、対象人口の接種率が少なくとも九五パーセントに達している。
子どもと思春期の健康	コミットメント	・・・・・・・・
	ベンチマーク	・・・・・・・・
保健システムとサービスの強化	コミットメント	・・・・・・・・
	ベンチマーク	・・・・・・・・

戦略的成果		子ども、青少年および女性が、命を救い、インパクトが高く、質の高い医療サービスを利用することができる。
行動および社会変革のためのコミュニティの関わり	コミットメント	・・・・・・・
	ベンチマーク	・・・・・・・
セクター内・セクター間の調整とリーダーシップ	コミットメント	・・・・・・・
	ベンチマーク	・・・・・・・

ここでは、母子保健と予防接種の二つの「コミットメント」を、例として詳述している。保健プログラム全体としては、このほかに「子どもと思春期の健康」「保健システムとサービスの強化」「行動および社会変革のためのコミュニティの関わり」「セクター内・セクター間の調整とリーダーシップ」の計六つのコミットメントがあるが、残りの四つのコミットメントの詳細については、注にある『人道行動における子どもたちのための中核的誓約』の元の文書を参照されたい。同文書にはこのほかに、関係のアクションを取るときに考慮すべきこと（例：保健ワーカー・保健サービスユーザーおよび関係施設や資機材の保護、栄養・水と衛生・教育など他のセクターとの調整と協力、人道支援と開発プロセスの連携など）も記述されている。そして、同じことが保健以外の他のプログラム（H

ＩＶ／ＡＩＤＳ、栄養、子どもの保護、教育、水と衛生、社会保障など）やセクター横断的イシュー（ジェンダー、身体障害、早期幼児発育、青少年の発育と参加）、さらにはオペレーションズの諸領域（総務、財務、人事、物資の供給と物流、募金・資源動員、ＩＴサポート、安全管理、コミュニケーションとアドボカシー、政府や市民社会組織とのパートナーシップ）についても決められている。

二．資金集め

緊急事態で発生した救援・支援には、通常の国プログラムの開発関係予算は一部を除いて原則使えず、そのための新たな資金を至急集めなければならなくなる。その主な出所は、ユニセフの場合以下の四つである。

㈠ 通常資金（Regular Resources）の一部 ― 国事務所代表の裁量で、国プログラムへの通常資金年度配分額の三〇パーセントをシフトできる。[154]

㈡ ユニセフ本部にある緊急プログラム資金（Emergency Programme Fund）― これは、災害の規模に応じて関係国事務所が本部に要請額と簡易な支援計画を提出し、それに基づいて貸与される。

㈢ 中央緊急事態対応基金（Central Emergency Relief Fund［ＣＥＲＦ］）― これは、国際連合によって設立された人道支援基金であり、緊急時に迅速かつ効果的に対応するための資金を提供することを目的としている。緊急事態が発生すると、関係の国連国チーム（United Nations Country Team）のリーダーである国連常駐調整官（UN Resident Coordinator／後述）は

ＣＥＲＦ事務局（国連人道問題調整事務所／United Nations Office for the Coordination of Humanitarian Affairs［ＵＮＯＣＨＡ］の一部）とすぐに連絡を取り、どのくらいの支援が中央緊急事態対応基金から期待できるかを話し合う。そして、その時点で入手可能な情報に基づき、期待される資金額がクラスター（後述）の間でどのように配分されるかを暫定的に決め、国連の人道支援カントリー・チーム（国連常駐調整官と関係機関の代表から成る）と共有する。それに基づき、関係するクラスター・リード組織（後述）がクラスターごとに資金の具体的な用途や支援対象人口、期待される結果などの情報を含んだ計画書をつくり、それが国連常駐調整官によりまとめられて、ＣＥＲＦに対する資金申請書となる。その後ＣＥＲＦ事務局が申請を評価し、資金提供の適格性や緊急性を判断する。そして承認が得られれば、ＣＥＲＦから必要な資金が国連現地チームに迅速に提供される。

(四)　国連の統合資金要請プロセス（Consolidated Appeal Process［ＣＡＰ］）を通じて集められた資金――これは、国連の機関間常設委員会（Inter-Agency Standing Committee［ＩＡＳＣ］）[155]のもとで規定・運用されているシステムである。大規模な災害が起こると、国際人道支援コミュニティ側では、当該国の国連チームが中心となり、すぐに被災国政府との協議・調整に入り、七二時間以内に初期ニーズ評価が行われる。そしてそれに基づき、各人道支援クラスター（後述）がクラスターごとの資金要請を作成し、それが合わされて、災害発生後一週間を目処に統合資金要請書がつくられる（緊急災害の場合は「フラッシュ・アピール」［Flash Appeal］、継続的な危機の場合は「人道対応計画」［Humanitarian Response Plan］と呼ばれる）。前者の作業は各クラスター・リード組織、後者の作業は国連常駐調整官が国連人道問題調整事務所スタッフのサポートを受けて行う。統合資金要請書では、各人道支援セクターで必要な活動内容、そのコスト、期待される結果が説明され、さらにそれらを詳述した関係人道支援アクターの個別のプロジェクト提案書が別添として加えられる。完成後、統合資金要請書は、国内（首都か被災地に近い比較的大きな都市）と国外（通常国際緊急支援関連のグローバル・ハブである国連ジュネーブ事務局［Palais des Nations］）で、政府、ドナー、市民社会および国際社会に対して公式に発表される。発表後、関係ドナーは、その統合資金要請書に対して資金を拠出する。そして国連常駐調整官は、状況報告書（Situation Report）を定期的に発行する。これは国連人道問題調整事務所および他の関係国連組織のサポートを得て作成され、被災者の状況、人道支援活動の進展や成果、チャレンジ、および資金要請書で表明されたニーズがどの程度満たされたかなどが報告される。[156] また、状況に応じて資金要請書を随時更新する。

このうち、㈠と㈡はユニセフ独自、㈢と㈣は国連組織一般に開かれている。人道支援に四種類の資金源があるというのは、組織別の状況としては多い方であり、それがユニセフの緊急対応における初動の速さを助けている。特に、組織内で処理できる㈠と㈡による資金捻出・利用開始のスピードは速く、災害後すぐにアクションを取ることを可能にしてくれる。さらに、㈣への資金提供に、政府ドナーだけでなく、各国の国内委員会を通してプライベート・セクターからスピーディーに多額の募金があるのも、ユニセフの強みである。しかし同時に、国事務所内や組織内で調達できる㈠と㈡の資金は、「使いっぱなし」「もらいっぱなし」ではなく、㈣のもとで集めた資金から「返済」することが必要なので、全体として資金動員に使わなければならない時間と労力はかなりのものになる。

三．オペレーションズ

資金がなければ緊急支援活動は始められないが、それだけでは足りない。オペレーションズの諸領域（総務、財務、人事、物資の供給と物流、ＩＴサポート、安全管理、コミュニケーションとアドボカシー、政府や市民社会組織とのパートナーシップ）でも総力を上げることが必要となる。特に緊急事態下でチャレンジとなるのは、物流および人的資源である。

物流に関しては、緊急事態下では道路や鉄道が寸断されたり、空港や港湾施設が被害を受けて使えなくなったりすることがよくある。それに加えて、フィリピンや後に勤務することになるネパールなどでは、もともとある交通ネットワークの少なさに、島嶼国、山国という条件が加わる。そのため、どのようにして必要なものを速やかに被災地に運び入れ、配布するかは大きなチャレンジとなる。

また、災害の規模が一定レベルを超えると、既存の事務所の人員およびセットアップでは対応しきれなくなる。そのため、素早く追加の人員を臨時職員あるいはコンサルタントとして雇うことが必要になる。また、相対的に被災地の近くにあるが交通および物流的にアクセスできる場所に、緊急支援のための臨時事務所を早急に確立する必要も出てくる。そのために、人事や総務、ＩＴサポート、安全管理の担当者も、大車輪で働く必要がある。

四．組織内／組織間／クラスターレベルでの調整

これまで、大規模な緊急事態に対する対応を、総じてユニセフの国事務所の視点から説明してきた。しかしそれは、そのレベルのみにとどまるものではない。

まず組織内の他の部局の関わりについてであるが、ユニセフの場合それは、「緊急事態レベルシステム」(Emergency Level System) によって決められている。ユニセフは、大規模な災害や人道的危機に対して、その深刻さや困難の度合いに応じ、明確な優先順位をもって迅速かつ効果的に対応できるように、緊急事態レベルシステムというものを持っている。個々の緊急事態のレベルは、その規模、緊急性、複雑さ、および危機によって影響を受ける国事務所および地域事務所の対応能力に基づいて判定され、次の三つのレベルがある。

(一) レベル1緊急事態 ― 独立した子どものための人道支援資金要請 (Humanitarian Action for Children［HAC］Appeal) がある緊急事態で、レベル3またはレベル2ではないもの。HACは、個別組織としてのユニセフが世界で発生する大規模な人道的危機に対応するために行う支援活動の計画および資金調達のための文書を指す。[157] この計画には、ユニセフが支援を行う国ごとに具体的な活動内容や目標が示されており、それをもとに算定された必要予算額への支援を、年間を通じて国際社会に訴える。

(二) レベル2緊急事態 ― 国事務所が危機に対応して活動規模を拡大するために、組織の他の部門(本部、地域事務所、他の国事務所) からの追加支援が必要な場合。地域事務所長がリーダー

シップを発揮し、地域事務所からの支援が強化される。

㈢　レベル3緊急事態 — 組織全体の動員が必要とされる場合。事務局長がレベル3を宣言し、関係の緊急事態にグローバル緊急調整官（Global Emergency Coordinator）が任命される。また、地域事務所から国事務所への支援がさらに強化される。

台風ボーファはレベル2の緊急事態で、地域事務所および本部と、かなりのレベルの協議と支援があった。[158]

また、大規模な緊急事態での救援・対応は、各機関内で完結しているわけではない。それは、当該国の国連チームおよび国際人道支援コミュニティ全体としてなされる。そのためのフレームワークとなるのが、前述した統合資金要請書（CAP）とその中にある対応計画およびその予算であり、その策定・実施の中心となるのが、国連常駐調整官（UN Resident Coordinator）および人道支援クラスター調整システム（Cluster coordination system）である。

国連常駐調整官とは、当該国に常駐する国連機関の国事務所代表から成る国連の国チームのリーダーで、国連事務総長によって任命される。受入国政府に対して国連全体を代表し、またそこにおける国連システム全体の開発活動のマクロ・レベルでの調整を行う。突発的な自然災害や緊急事態が発生した場合、国連常駐調整官は、受入国政府、国連機関の国事務所代表、ドナーおよびその他の人道支援アクターと協議・連携し、国際社会側からの災害支援を調整する。[159]

人道支援クラスター調整システムとは、人道支援活動において効果的な対応を実現するために、国際的に使用される枠組みである。特定のセクター／活動領域／イシューごとに「クラスター」と呼ばれるグループが存在し、人道支援が必要な状況ができた場合、クラスター全体としての状況分析、対応計画および予算の作成、活動の実施、モニタリングなどが行われる。これにより、組織間の活動の無駄な重複を避け、リソースの最適な配分を図り、相乗効果を引き上げ、支援を必要とする人々に迅速かつ効率的に援助を届けることを意図する。

人道支援クラスターには、現在、**表3**にあげた一三が存在する。そして、その一つ一つに「クラスター・リード組織」（Cluster Lead agency）が特定されている。クラスター・リード組織は、クラスター全体としての活動（支援の必要性の評価、クラスターとしての対応計画策定、支援活動の関係組織への地理的・機能的割り当て、モニタリング、評価、政府カウンターパートとの協議・協力・折衝など）の調整を行い、国連チームおよび国際人道支援コミュニティ全体に対しては、クラスターの代表として機能する。

このように、大規模な緊急事態が起こった場合、ユニセフの国事務所代表は、国事務所の「内」では緊急支援活動、資金集め、オペレーションズを全体として統括する。そして、国事務所の「外」に対しては、組織としてのユニセフ、関係のクラスター、あるいはユニセフ国事務所を代表して、政府カウンターパートや国連常駐調整官、他機関の代表、地域事務所や本部との調整・話し合い・折衝にあたり、またメディアとのインタビューなどをこなす必要がある。そのため、その仕事量は、短期間で雪だるま式に膨大なものとなる。さらに、特に災害対応の初期にあっては、本部と緊急事態対応

表3　人道支援クラスター（Humanitarian Clusters）[160]

クラスター	クラスター・リード
保健（Health）	ＷＨＯ
栄養（Nutrition）	ＵＮＩＣＥＦ
水と衛生（Water, Sanitation and Hygiene）	ＵＮＩＣＥＦ
教育（Education）	ＵＮＩＣＥＦ
保護（Protection） ・子どもの保護（Child Protection） ・ジェンダーに基づく暴力（Gender-Based Violence）	ＵＮＨＣＲ ・ＵＮＩＣＥＦ ・ＵＮＦＰＡ
住宅、土地および財産（Housing, Land and Property）	Norwegian Refugee Council ＋ UN-Habitat
地雷（Mine Action）	ＵＮＭＡＳ ＋ Danish Refugee Council
食料安全保障（Food Security）	ＷＦＰ
住居および非食料品必需品（Shelter and Non-Food Items［ＮＦＩ］）	ＩＦＲＣ（災害起因）／ＵＮＨＣＲ（紛争起因）
キャンプ調整およびキャンプ管理 （Camp Coordination and Camp Management［ＣＣＣＭ］）	ＩＯＭ（災害起因）／ＵＮＨＣＲ（紛争起因）

クラスター	クラスター・リード
物流（Logistics）	ＷＦＰ
緊急時の通信（Emergency Telecommunications）	ＷＦＰ
早期復興（Early Recovery）	ＵＮＤＰ

のグローバル・ハブ（ニューヨーク、ジュネーブ、コペンハーゲン）および地域事務所への報告、調整のための電話会議が毎日あるが、時差のためにそれが開かれるのは往々にしてアジア時間の夜になり、寝不足に拍車をかけることになる。

台風ボーファ緊急事態救援に対し、国連は国チーム全体として六カ月で七五七〇万二五三七ドル（二〇一二年の年間平均為替レートで六〇億円）の資金要請を出した。そのうちユニセフは、一七パーセントに当たる一二九七万七〇〇〇ドル（一〇億円）の資金要請をした。この額は、世界食糧計画（ＷＦＰ）の二〇七一万三一二六ドル（一六億五〇〇〇万円／全体の二七パーセント）に次いで二番目に大きなものであった。そして、関係プログラム領域で、**表4**にあげられたような緊急支援活動を、関係政府カウンターパートおよびＮＧＯパートナーとともに行った。[161]

被災地での救援活動を実際に実施するために、政府カウンターパートへの支援のほか、多数のＮＧＯと事業協力協定を結んだ。さらに、支援の全般的な調整のために、コンポステラ・バレー州のナブントランとアグサン・デル・スル州のトレントに臨時事務所を開設し、スタッフが派遣された。しかし、続く二〇一三年に控えていたのは、それらさえも小規模スケールのオペレーションと見せてしまうほどの多方面かつ大規模な緊急事態であった。

表４　台風ボーファの際のユニセフの主たる緊急支援活動

セクター	主たる活動
保健	①　定期的な移動保健サービスの実施 ②　必須医薬品の供給 ③　影響を受けた保健機関への医療機材の供給 ④　経口補水塩（oral rehydration salt［ＯＲＳ］）の供給 ⑤　麻疹の追加予防接種 ⑥　妊娠あるいは授乳期にある女性のための性と生殖に関する健康（reproductive health）関連サービスの提供 ⑦　女性と青少年への生徒生殖に関する健康関連情報の提供 ⑧　尊厳と衛生のためのキット（dignity and hygiene kit）の配布[162] ⑨　性暴力のケースの臨床管理ができる指定病院の確立 ⑩　性と生殖に関する健康のための緊急時最低限初期サービスパッケージ（Minimum Initial Service Package［ＭＩＳＰ］の提供（産科救急、新生児ケア、家族計画その他の関連サービス）の提供

セクター	主たる活動
保健	⑪ 単位人口あたりの保健サービス基準の達成（保健施設一般、産科救急サービス、帝王切開、指定病院など／「スフィア基準［Sphere Standards］」に基づく）[163]
栄養	① 被災した市における急性栄養不良に関する監視サイト（sentinel surveillance sites）の確立 ② 被災した市における栄養および身体測定調査の実施 ③ 急性栄養不良を発見するための五歳以下の子どものスクリーニング ④ 「授乳に優しい安全なスペース」の確立（性暴力［ＧＢＶ］サブ・クラスターが運営する「女性にやさしい空間」との連携）（後述） ⑤ 授乳支援グループ（breastfeeding support groups）の設立 ⑥ 乳幼児への食事に関する統合的カウンセリング（教育クラスターが運営するデイケア・センターや暫定的学習スペースとの連携、また子どもの保護サブ・クラスターが運営する「子どもにやさしいスペース」との連携）（後述） ⑦ 緊急時の乳幼児の食事に関する保健・栄養ワーカーへのトレーニング ⑧ 乳児用ミルク、粉ミルクなどの母乳代替製品の販売と配布に関する国際規約および法律違反のモニタリング、報告とそれを防ぐアクション[164] ⑨ 重度の急性栄養不良（ＳＡＭ）の子どもへの治療食・補助食提供と保健ケア支援[165] ⑩ 五歳以下の子どもへのビタミンＡ剤投与 ⑪ 五歳以下の子どもへの駆虫剤投与

セクター	主たる活動
水と衛生	①家庭用緊急飲料水キット（バケツ、飲料水用ポリタンク、石鹸、浄水剤などがセットになったもの）の配布 ②衛生キット（石鹸、タオル、歯磨き粉、生理用品、おむつなど）の配布 ③飲料水の消毒液（Hyposol）の供給 ④仮設トイレの設置（暫定的学習スペース、避難所、暫定的移住地などで） ⑤学校への水と衛生関連資機材の供与／施設の復旧
教育	①暫定的学習スペース（Temporary Learning Space）設置への支援 ②影響を受けた教師への心理社会的支援（psycho-social support［ＰＳＳ］）セッション ③教師や教育関係者への「緊急事態下の教育」（Education in Emergency［Ｅ－Ｅ］）トレーニング（生徒への心理社会的支援のトレーニングを含む）[166] ④影響を受けた生徒への心理社会的支援セッション ⑤生徒への補助的食事の供与 ⑥スポーツ、リクリエーション、遊戯および幼児発達とケアのためのキットの供給 ⑦学校への水と衛生資機材の供与と施設の復旧 ⑧新しい教科書や図書館セットの供与 ⑨教材および学習キットの配布 ⑩災害リスクを減らすための学校改善計画の作成

セクター	主たる活動
子どもの保護	①出生証明書（birth certificate）の発行支援 ②影響を受けた子どもの心理社会的回復を助ける活動 ③親をなくした／親とはぐれた子どものケアおよび家族との再会への支援 ④子どもの保護および性暴力の予防、情報、被害者のケアおよびフォローアップ・アクションのためのシステムの確立 ⑤「子どもにやさしい空間」（Child-Friendly Space）の開設[167] ⑥「女性にやさしい空間」（Woman-Friendly Space）の開設[168] ⑦リクリエーションキット（子どもたちの心のケアとして、日常の感覚を取り戻すために大切な遊びを促す）

サンボアンガ武力衝突

二〇一三年九月九日、ミンダナオ島西部のサンボアンガ市で、フィリピン政府軍と五〇〇人以上のモロ民族解放戦線（Moro National Liberation Front［ＭＮＬＦ］）兵士の軍事衝突が発生した。両者の戦闘は二〇日間続き、九月二八日に終結したが、その間約二〇〇人の一般市民がＭＮＬＦにより人質にされ、「人間の盾」として使われた。最終的には戦闘で二〇〇人以上が死亡、一五万八〇〇〇人が影響を受け、一万以上の家屋が破壊された。死亡者のほとんどはＭＮＬＦの戦闘員か政府軍の兵士だったが、被害は広く一般市民に及んだ。サンボアンガ市では一〇万九〇〇〇人が自宅を離れ避難をし、島嶼部のバシラン州でもおよそ一万九〇〇〇人が避難した。被害総額は、七三二〇万ドル（二〇一三年の年間平均為替レートで七一億円）と見積もられた。[169]

フィリピンには、政府と共産ゲリラ（New People's Army［ＮＰＡ］／全国で一九六九年以降）やイスラム分離・自治主義者（ミンダナオで二〇世紀初頭以降／直近では一九六九年以降）との間の長い対立と戦いの歴史がある。サンボアンガ市の軍事衝突を引き起こしたモロ民族解放戦線は後者のグループの一つで、衝突の直接の原因は、政府が別のグループであるモロイスラム解放戦線（Moro Islamic Liberation Front［ＭＩＬＦ］）とミンダナオのイスラム教徒が多い地域の自治を話し合っていることを、以前に自派と結んだ一九九六年の和平合意を蔑ろにしていると見なしたためであった。

自分も数日後にサンボアンガに飛び、現地の状況を視察した。戦闘の最も激しかった場所にあった建物は壁に無数の弾痕があり、まさに「蜂の巣」状態であった。戦闘の被害を避けるために自宅を離れた人々の大半は、サンボアンガ市のスタジアムに避難し、その数は七万人にのぼった。極端な人口過密状態でトイレが不足し、衛生状況の悪化から、感染症の流行が懸念された。食料や飲料水、保健サービス、調理道具、テント、その他の生活必需品も不足していた。

この事態に国連は、総額一二七九万五八八二ドル（二〇一三年の年間平均為替レートで約一二億五〇〇〇万円）の資金要請を出した。うちユニセフの要請額は、二五パーセントに当たる三二〇万九九一四ドル（三億円／関係機関の中で二番目に大きな予算）であった。[170]関係の活動の種類は、前述した台風ボーファの場合と同じである。特に、市内のスタジアムに集まった七万人以上の避難民のために、パートナーのNGOと五〇〇以上のトイレを突貫工事でつくったことが思い出に残っている。これらの活動の実施のために、サンボアンガに臨時事務所を開いた。

ボホール島地震

サンボアンガ武力衝突から五週間後の二〇一三年一〇月一五日、フィリピン中部のボホール島でマグニチュード七・二の地震が発生した。震源付近では長さ五キロメートル以上、高さ三メートルに及ぶ断層崖が現れるほどの大地震であった。これにより二二二人が死亡、九七六人が負傷、八人が行方不明となった。七万三〇〇〇棟以上の家々が損壊し、うち一万四五〇〇棟は全壊であった。三四万人以上の人々が避難し、そのうち八割は損傷した家屋の近くに建てられた仮のシェルターに住むことを余儀なくされた。また、地震は地滑りを引き起こし、家屋だけでなく病院、学校、生活インフラに大きな損害を引き起こした。これは、フィリピンで、それまでの二三年間で最大の地震であった[171]。

自分は一〇月一九日にボホール島に飛び、現地を視察、また州都タグビラランで開かれた政府主催の災害対策会議に出席した。ボホール島は、その西隣に位置するセブ島ほどは有名でないが、青い海と白い砂浜、またカルスト地形の一種の「チョコレートヒルズ」で知られるフィリピンの観光名所の一つである。また自然のほかにも、サンゴ石と石灰石でできた美しい白壁の教会の建物が数多くある。その多くが、周りの住居とともに無残に崩れ落ちていたのが痛々しかった（写真9）。また、州庁舎で災害対策会議に出席していたときや飛行場でマニラ行きの飛行機を待っていたときなど、周囲でどよめきや悲鳴が上がるような大きな余震が頻繁にあり（一〇月だけで余震は五〇〇回に及んだ）、この状況下で生活しなければならない人々の不安と困難が思いやられた。

この災害に対し、国連は六カ月間で四六七五万八九六六ドル（二〇一三年の年間平均為替レートで約四六億円）の国際資金要請を出した。うちユニセフの要請額は、二六パーセントに当たる一二一七万九八八二ドル（一二億円／関係機関の中で最大の予算）であった。ユニセフが展開した活動は、台風ボーファ対応の場合と同じく、保健、栄養、水と衛生、教育、子どもの保護である。[172] これらの活動の実施のために、タグビラランに臨時事務所を開いた。

台風ハイエン

ボホール島地震から二五日後の二〇一三年

写真9　地震で破壊された教会の跡 ― ボホール島サグバヤン市（2013年10月）

一一月八日、フィリピン中部のサマール島に台風が上陸し、同島とレイテ島、パナイ島などを含むビサヤ諸島を横断した。ハイエンと名付けられたこの台風は、一一月七日から八日にかけて一分間の平均風速が時速三一五キロに達し、台風キップ（一九七九年に西太平洋上で発生）の時速三〇五キロを抜いて、史上最強となった。そして、この風速を記録したのとちょうど同じ頃、台風ハイエンはフィリピンのサマール島およびレイテ島に上陸し、それらの土地に甚大な被害をもたらした。[173]

それによって最も甚大な被害を受けた場所の一つが、レイテ島東部のタクロバン市である。タクロバンは人口二二万人の都市で、太平洋に面したレイテ湾の最奥部にあるサンファニーコ海峡（レイテ島とサマール島の間）の南の入り口に位置している。良港を持ち、フィリピン中部のビサヤ地域における物流のハブとなっている。しかし、市の利点であるこの地形が、台風ハイエンの場合には最悪の形に機能した。サンファニーコ海峡は二つの島の間の非常に狭い水域である。そして、それにつながっているレイテ湾はV字型をしており、タクロバンはその湾の最奥部に位置している。このため、吹子《ふいご》の風の吹き出し口のように、レイテ湾の風がタクロバンのあたりに集中的に集まり、それによって風と波の強さが増幅された。また、湾内に押し寄せた波が最も集中する地点であるため、波の高さが高くなり、破壊力が増した。タクロバン市が海抜が低く、平坦な地形が広がっていた場所であったこと、また多くの貧しい人々が海岸近くの建築禁止区域（no-built zone）に家を建てて住んでいたことも、被害を大きくした要因であった。[174]

これらの複合的な要因の結果、台風ハイエンの上陸とともに、タクロバンは猛烈な風圧と高潮

（storm surge）に襲われた。ハイエンの異常な低気圧（八九五ヘクトパスカル）は海面を吸い上げ、水位を極端に上昇させた。また、強風が海岸に向かって吹くことで、海水が陸地に押し寄せた。その結果、高潮の高さは一部では四メートル以上に達し、凄まじい勢いで市街地を襲い、広範囲にわたって浸水や洪水を引き起こした。その様子は、我々が「高潮」という言葉によって通常想像するようなものではなく、まさに津波のようであった。これにより、タクロバン市だけでも二〇〇〇人以上が死亡した。そして、被災地全体では最低でも六三五二人が死亡、一七七一人が行方不明となり、二九億八〇〇〇万ドル（二〇一三年の年間平均為替レートで二九〇八億円）の被害を出した。

島嶼国であるフィリピンでは、通常でも島と島の間の交通は時間がかかる。それに加え、この猛烈な台風で、被災地では陸（道路）も海（港湾施設）も空（空港施設）も寸断あるいは深刻な被害を受け、それが一層困難になった。特にタクロバン市は陸の孤島となり、台風襲来後実質二日間は、軍でも大規模な救助活動を展開するだけの人員を送ることができなかった。災害では、被災後の七二時間が人命救助に大きな意味を持つ。タクロバンになんとかして人を送り込もうとあらゆる交通路を探したが、最初にスタッフが現地に到達できたのは、一一月一一日だった。そのうちの一人、ノノイというフィリピン人スタッフと衛星回線を通じて電話会議をしたときの様子は、今でも覚えている。ノノイは、災害対応については百戦錬磨のプロであった。その彼が空港から市の中心部に行くときに目にした光景は、どこまでも続くがれきの山とあちこちに横たわる死体、そしてそこをあてどもなくさまよっているように見える人々だった。「彼らがどこに行こうとしているのかわからない……どこも行くところがないのに……」と、いつもは冷静な彼が、受話器の向こうで涙声になっていた。

それでも、初動支援は使える手段すべてを使ってなされた。フィリピンにおいてユニセフは、緊急救援の初動時期に必要な物質（浄水剤、衛生キット、簡易トイレ、医療キット、必須医薬品、急性栄養不良治療食、微量栄養素パウダー、ターポリン、毛布、臨時学習スペースのための教材、リクリエーションのための遊具など）二万五〇〇〇人分を、国の北部・中部・南部（マニラ、セブ、ダバオ）に前もってストックしておいてある（pre-positioned materials）。まずはそれを被災地に送り、同時にユニセフの国際的な物流ハブであるコペンハーゲンの物資供給センターに連絡を取って、追加の物資を緊急発注した。また、ノノイと一緒に先遣隊としてタクロバン市に入ったフィリピン人のマイケル・グニロという水と衛生プログラムのスタッフは、台風により止まっていた同市の水道をどうにかして再稼働しようとした。そのため市のあちこちを自身が駆けずり回り、フィリピン軍やアメリカ合衆国国際開発庁［ＵＳＡＩＤ］などから協力を得て水処理施設を動かすために必要な燃料を確保し、一一月一八日についに再稼働させた。これにより、タクロバン市とその周辺の約二〇万人に清潔な飲料水が供給されるようになり、下痢や他の水媒介性疾患の大規模発生を防ぐことに貢献した。

自分がタクロバン市を訪れたのは、一一月一五日だった。飛行機が空港に着陸する直前、市の上空を一周したが、一見して被害がとてつもないものであることは明らかだった。空港から市の中心部に車を走らせた間も、まるで爆心地（ground zero）のような風景がずっと続いていた。そこここに見られる黒く細長いビニールバッグは、死体袋（body bag）であった。市内のどこにも、無傷の建物はなかった。ユニセフ・チームは半壊したホテルを見つけ、そこを拠点としてタクロバンでの救援活動を行っていた。被害の甚大さから、フィリピンで災害対応に関わっている他の国連組織やＮＧＯの多くも、タクロバンその他の主要被災地にプレゼンスを確保した。

この事態に対応するために国連は、当初一一月一二日に、二〇一三年一一月から二〇一四年五月の六カ月間の期間で三億八六万五四九六ドル（二〇一三年の年間平均為替レートで二九四億円）の国際資金要請を出した。このうち、ユニセフの要請額は一一パーセントに当たる三四三二万ドル（三三億円）であった。しかし、被害の全容が明らかになるにつれて、これらの額では到底ニーズを満たすことができないことが明らかになり、資金要請額は短期間に二度にわたって引き上げられた。まず一一月二二日には、三億四七六二万六九〇二ドル（三三九億円）に引き上げられ、うちユニセフの要請額は四七八二万ドル（四七億円／一四パーセント）となった。次いで一二月二七日には、計画の期間が緊急救援期だけでなく回復期（recovery period）も含む一二カ月（二〇一三年一一月から二〇一四年一一月）となり、総額七億八八〇三万五〇八五ドル（七六九億円）、うちユニセフの要請額は一億一九〇〇万五六九ドル（一一六億円／一五パーセント／関係機関の中で最大）となった[175]。

こうして、二〇一三年九月九日以降のサンボアンガ市危機、一〇月一五日のボホール島地震、そして一一月八日の台風ハイエンと、種類と場所は異なるが非常に深刻な大規模災害が、二カ月で三つも続いた。そして、そのそれぞれについて、前述した緊急支援活動、資金集め、オペレーションズ、組織間／セクター間の調整という「四つの車輪」が回ることになった。加えてそのいずれにおいても、ユニセフの資金要請規模は国連機関中一番か二番の大きさであり、フィリピン在住のスタッフだけで対応を進めるのは不可能であった。そのため、地域事務所および本部との電話会議で、追加のスタッフを他の国事務所や地域事務所から借り、また臨時のスタッフを緊急に採用することにした。台風ハイエンで被害を受けたレイテ島、サマール島を含むビサヤ諸島というのは、フィリピンの中でも最も島が多い地域で、被災地も広い範囲にわたっている。それをカバーするために、レイテ島のタクロバンとオルモック、サマール島のグイアン、イロイロ島のロハス、セブ島のセブの五カ所に臨時事務所を開設することになった。このうち、タクロバン、オルモック、グイアン、ロハスは緊急支援活動のための事務所、そしてセブは支援物資の受け入れおよび発送のための事務所である。しかし、初動の期間を超えてそれを現実のものとするためには、非常に短期間のうちに追加の事務所およびポストのニーズを組織内の関係者と話し合い、新しい組織図、個々のポストの職務記述書（job description）、そして全体的な予算を含む臨時の国別プログラム提案書を作成し、地域事務所と本部の了承を得なければならない。そして、それが承認された後は、その実施のための素早いアクションが必要となる。また、短期間の間に急激に増大した人員の管理や、臨時事務所とマニラ事務所の調整も大きな仕事であった。これらは対内的なものだが、それに加えてハイエン級の災害になると、対外的な折衝やメディア対応の仕事も増加する。日々の仕事量は、あっという間に膨大なものとなった。

また台風ハイエンは、前述したユニセフの緊急事態レベルシステムで、レベル3に分類された。レベル3は最大規模の緊急事態で、全組織的な支援体制が敷かれ、迅速かつ大規模な対応が求められ

写真10　台風ハイエンの被害 ― レイテ島タクロバン市（2013年11月）　　著者撮影

タクロバン市から空路脱出する市民

台風後のタクロバン市街

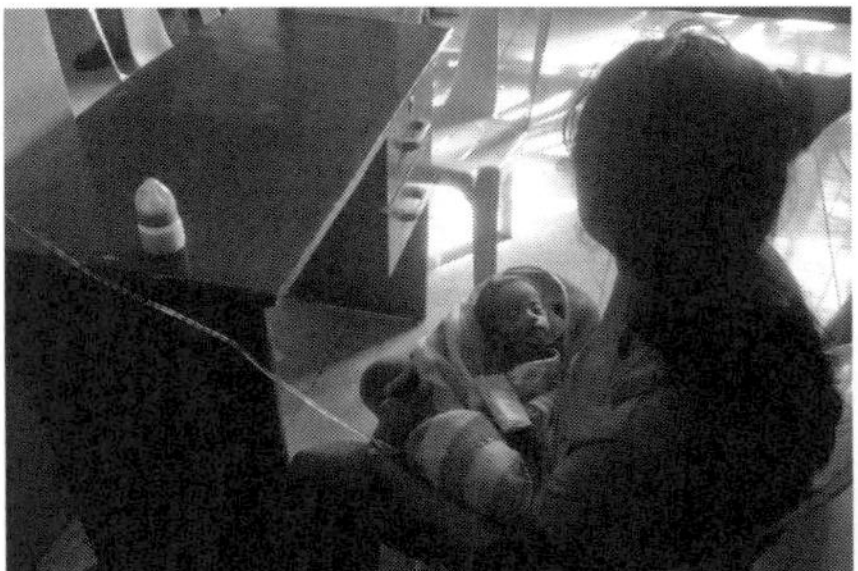

急性栄養不良の赤ん坊と母親

行方不明になった子どもの尋ね人掲示

る。被害の規模と深刻さからしてこれは当然必要なことであったが、同時にそのための組織内の話し合い・調整・折衝の仕事も増大した。

当時のフィリピンのもともとの国別プログラム（開発支援のための通常プログラム）は、二〇一二年から二〇一六年の五年間で八五四九万五〇〇〇ドル（二〇一三年の年間平均為替レートで八三億円）の予算規模であったが、そこに九月のサンボアンガ市危機、一〇月のボホール島地震でそれぞれ三二〇万九九一四ドル（三億円）と一二一七万九八八二ドル（一二億円）が追加された。そしてさらに、台風ハイエン対応のための一億一九〇〇万五六九ドル（一一六億円）が加わった。通常プログラムと緊急プログラムの違いおよび計画期間の違いがあるとはいえ、総額が元の五年間の予算の二・六倍（八五四九万五〇〇〇ドル［八三億円］に対して二億一九八八万五三六五ドル［二一五億円］）という状況は、国別プログラム全体の規模と性格を変えた。しかし、こうした状況でも、もともとの国別プログラムは継続して実施されなければならない。そのため事務所の機能を、①〈通常開発プログラム＋サンボアンガ市危機対応＋ボホール島地震対応〉と②台風ハイエン対応に二分し、後者の方は他の事務所から借りたスタッフと臨時スタッフを中心にして実施する体制を確立した。

うつ病の発症

二〇一三年一二月の末に前記の国別プログラム提案書改訂版の提出を終える頃、心身にこれまでにない疲れを覚えた。実はそれ以前、タイで勤務しているときに、一度うつ病の症状を経験していた。

幸いそのときは、非常に信頼できるタイ人の医師と出会い、薬のおかげもあって、仕事を休むことなくその状況から脱することができた。いや、正確にいえば、脱したと思っていた。うつ病には「治癒」はなく、あるのは「寛解」（症状が一時的に軽減または消失すること）である、そして再発の可能性も残されているということを頭では理解していた。しかし、フィリピンに転勤した後は、忙しさもあって通院もせず、薬の服用も医師に相談せずにやめていた。これが良くなかった。九月のサンボアンガ市危機、一〇月のボホール島地震、そして一一月の台風ハイエンの初期対応は、問題なくこなした。しかし、台風ハイエンの桁違いの規模の被害と国際的な注目のために仕事量が加速度的に増加し、同時にそれまでの緊急事態のジェットコースターのような生活で積み上がってきた心身の疲れのツケが徐々に出てきた。そして、台風ハイエン緊急事態勃発後、二カ月近く経った二〇一三年一二月の末に至り、それまでは多少の疲れを覚えつつもこなしていた仕事の一つ一つが、とてつもなく大きなエネルギーを必要とするものとなった。毎日、精も根も尽き果てるほど疲弊するようになり、自分がこれまでと同じように機能していく自信がなくなった。そして、そうした状況の中で何か深刻な過ちを犯す前に自ら退くべきだと思い、上司のアメリカ人、ダニエル（ダン）トゥール・ユニセフ東アジアおよび太平洋地域事務所長と連絡を取った。自分の状況を説明し、職を辞したい旨を伝えたが、話し合いの中で、退職ではなく健康上の理由からの休職を勧められた。そして、自分が休職に入った後には、正式の後任が決まるまで、ユニセフ・インドネシア事務所の代表で、台風ハイエンの現地指揮を臨時でしていてくれたニュージーランド人のアンジェラ・カーニーが入ってくれるよう必要な措置を取ってくれた。そして、その後三人で会い、数日かけて懸案の最終化および仕事の引き継ぎを行った。

二〇一四年一月のフィリピンを去る前日、住んでいたコンドミニアムの一室で帰国の準備をしていると、同僚の一人であるシエラレオネ人の業務管理官、アンセルム・モチョから電話があった。彼と一緒に事務所のスタッフが一階のロビーに来ていて、自分が出国する前に会いたいという。フィリピン国事務所のスタッフとは、それより前に全体集会を持ち、以前からの健康問題がぶり返したためこのまま職務を続行することができず、療養のため休職することになったと伝えていた（うつ病とは特定していなかったが）。ただ、それだけでは素っ気なさすぎると考えてくれた人々がいたらしい。少々気恥ずかしかったが、階下に行ってみると、忙しい最中にもかかわらず大勢の同僚が来てくれていた。職員協会（staff association）の代表が送る言葉を述べ、自分が在職中の写真が貼ってある手づくりのアルバムを贈ってくれた。他の任地と比べると短い間ではあったが、多くの緊急事態対応や、中所得国ならではの難しいプログラム、財政上の話し合いを一緒にしてきた。その思い出が脳裏によみがえり、胸が熱くなった。

翌日、フィリピンを出国し、うつ病の主治医がいるタイのバンコクに向かった。

第7章　ネパール（二〇一四～二〇一九年）

寛解と復帰に向けて

フィリピンを出国したときの自分の状況を言葉で表すとすれば、疲労困憊《こんぱい》、挫折感、屈辱感、不安、焦燥感、無気力というようなものであったと思う。出国する前に、全精力を振り絞って（うつ病の最悪のときにはそういう感じになる）バンコクの主治医とのアポイントメントを取り、病院の近くにウィークリーマンションを借り、バンコク到着後そこに転がり込んだ。そして、翌日に主治医と面会し、カウンセリングと服薬による治療を始めた。一週間ほど滞在する間に何度かのカウンセリングを受け、ある程度心の安定を得ることができた。それで彼に紹介状を書いてもらい、二〇一四年一月中旬に日本に帰国した。

帰国後は東京で新たな主治医を探し、休養を取りながらカウンセリングと服薬を続けた。幸いバンコクのときと同じように、ここでも良い先生に恵まれ、家族の存在もあって、徐々にではあるが心の平安を取り戻していった。

この間ユニセフ側は、深い理解をもって自分の回復を待ってくれた。振り返ってみると、まずは前述したように、自分に退職ではなく休職を勧めてくれた上司のダンに感謝しなければならない。うつの状態にあるときには、物事を過度に悲観的に捉えやすい。よって、そうした中で重要な決定はするべきではない。彼はそう言い、退職ではなく休職を強く勧めてくれた。また、そのほかにも自分自身の体験に基づいて、数多くの有用なアドバイスをくれた。休職後のユニセフ本部の人事部とのやり取りでも、いたずらに復職を急がせられるようなことは一切なかった。

日本に帰って三カ月ほど経った二〇一四年の四月、当時ユニセフ南アジア地域事務所長であったカリン・ハルショフから、オンラインで話がしたいとのメールがあった。オランダ人の彼女とは、以前組織内のトレーニング・コースで一、二度会っているだけで、特に深くお互いを知っているわけではなかった。用件は、その年の国事務所代表ポストのローテーションで南アジア地域ではネパールおよびバングラデシュのポストが空席になるのだが、そのうちのどちらかに応募する気があるかということであった。オンライン電話で話をしてみると、自分のこれまでの仕事を人づてに知っており、かつ困難な状況下にあるスタッフへの組織のサポートというものを非常に重要と考えているようであった。

うつ病に関する社会的な関心や理解は、昔に比べて格段に高まってきているとは思う。しかし現在でも、うつ病になり休職までするると、組織のマネジメントとしては、同じあるいはそれ以上の職責をその人間に考える（ネパールの国事務所代表のポストはフィリピンのそれと同じD－1レベル、バングラデシュのそれはD－2レベル）ことは、躊躇《ちゅうちょ》しがちであると思う。それを、それではいつまでたっても組織は変わらない、そういうときこそ組織はできる限りのサポートをしなければならないと信じ、なおかつそれを実行に移すのは、シニア・マネージャーとして非常に勇気のいることである。そのことを当然のごとくした彼女には、感謝してもしきれない。しばらく考える猶予をもらった後、最終的にフィリピンと同じレベルであるネパールのポストを受けることにした。これは、回復が進んだとはいえ、病後間もない時期にこれまでよりも上級のポストにトライすることに自分でも慎重になっていたこと、[176] またフィリピンでのD－1レベルでの仕事の期間が予定よりも短かったので、そのレベルでまだやり足りないこと、学び足りないことがあると感じていたためであった。

二〇一四年五月にネパール国事務所代表のポストを正式にオファーされ、それを受けた。その後、ユニセフ東京事務所の平林国彦所長のご厚意で、同事務所で三カ月ほどお手伝いの仕事をし、職場環境へのリハビリを進めていった。そうしたプロセスを経て、最終的に二〇一四年八月、ネパール・カトマンズに赴任した。休職してから四カ月後に仮の職場にリハビリ復帰、そして七カ月後に新たな正式ポストに赴任したことになる。それを可能としてくれたユニセフという組織および関係の上司や同僚には、心から感謝している。

その後ユニセフの中で、スタッフの“burn-out syndrome”(燃え尽き症候群）が、人事管理のアジェンダとして話し合われるようになった。また、その防止のために、ワーク・ライフ・バランスの促進やメンタルヘルス・サポート（スタッフ・カウンセリングの充実や他のメンタルヘルス・リソースの提供）を積極的に進めるようになった。さらに、セクハラやパワハラというような問題にも、“zero tolerance”（ゼロ容認）をもって臨むことをそれまで以上に明確にした。自分も、これらの面でのスタッフの健康、福祉、保護には、意識的かつ積極的に取り組んだ。うつのときには「なぜ自分がこんなことに……」と思い、当然二度とそうなりたくないと考える。同時に、自分自身が一度「燃え尽きた」からこそ、見えてきたこともあったと思う。

ネパールには、二〇一四年八月に赴任した。オフィスの規模はスタッフ総勢一八九人で、カトマンズの国事務所のほかに、国の南部に三つの国内事務所（南西部のネパールガンジ、南部のジャナクプール、南東部のビラトナガール）を持つ。国事務所代表のポストは、フィリピンと同じD－1レベルである。中所得国任地を二つ経験した後の久しぶりの低所得国任地、そしてブータン以来二度目の後発開発途上国（least developed country［LDC］）への赴任であった。久々に、より「従来型」の開発イシューおよび活動に携わるのが新鮮だった。しかし、それも就任後一年足らずで起こった国家的大災害によって、大幅に変わることになる。

ネパール大地震

二〇一五年四月二五日は、土曜日で休日だった。出張でネパールに来ていたニューヨーク本部からの同僚一人をもてなすため、同じカトマンズに位置する地域事務所の同僚二人（うち一人は前述した地域事務所長のカリン・ハルショフで自分の上司）と一緒に、四人でカトマンズ近郊のシバプリ丘にハイキングに出かけた。[177] 幸い天気に恵まれ、頂上に近づくにしたがって、カトマンズ盆地全体を見渡すことができた。久々のハイキングで気分が高揚し、自分はグループの先頭を意気揚々と歩いていた。頂上への途中、本部からの同僚に、カトマンズのランドマークの一つであるダラハラ・タワーという六二メートルの高さの塔を指差し、説明した。そして再び歩き出してしばらくしたとき、突然目の前がぐらつき始めた。踏みとどまろうとしたが、立っていられない。経験したことはないが、脳卒中でも起こったのかと思い、座り込んで後続の同僚に助けを求めようと考えた。ところが、振り返ってみると、彼らも自分と同じように地べたにへたり込んでいる。そのとき初めて、自分たちが立っていられないほど大きな地震に襲われているのだと悟った。自分の立っていた山が、今にも割れるのではないかと思うほど激しく揺れていた。記録によると、激しい揺れが続いたのは五〇秒ほどだったが、そのときはそれがもっと長く感じた。本震が終わった後、ようやく立ち上がってカトマンズを眺めると、市内のあちこち、十数箇所から巨大な土煙が昇っているのが見えた。また、盆地を囲む山々を見ると、一つの山の斜面から雲のように大きな土煙が舞い上がっていた。前者は多くの建物の倒壊があった場所、後者は大規模な地すべりがあった場所であった。目を凝らしてみたが、一〇分前に自分が指差したダラハラ・タワーはどこにも見当たらなかった。倒壊したのだ。あまりのことに、呆然とした。後日知ったことだが、このダラハラ・タワーの倒壊だけで、一八〇人以上が死亡した。

記録によると、この地震の規模はマグニチュード七・八で、震央はカトマンズの北西七七キロメートルにあるラムジュン郡であった。しかし、震源の断層は、首都のカトマンズを含む周辺一帯東西一五〇キロメートル、南北一二〇キロメートルに及んだ。この地震で、地下では断層が最大四メートル以上すべり、地表では土地が最大一・二メートル隆起した。ある計算によれば、この地震のエネル

写真11　ネパール地震（2015年4月から7月に撮影）　著者撮影

倒壊した家屋 — カトマンズ市

余震を恐れ戸外にいる人々 — バクタプル市

倒壊したダラハラ・タワー — カトマンズ市
（本文参照）

ギーは、兵庫県南部地震（阪神・淡路大震災）のそれの三〇倍近くに及んだ。ネパール国内で発生した地震としては、一九三四年のビハール・ネパール地震（M八・一）に次いで、国の観測史上二番目の規模となった。

ネパールは、インド亜大陸を含むインド・プレートがユーラシア・プレートに衝突し、沈み込んでいく収束型境界の真上にある。それは、造山活動を通じてかつて海の底であったヒマラヤを数千メートルの高さに押し上げるとともに、活発なプレート境界型の地震活動をもたらす。にもかかわらず、ネパールの建物は伝統的にレンガ積みで耐震性のない脆弱なものが多い。また、山岳地帯では地すべりや土砂崩れも発生しやすいので、被害が大きくなりやすい。さらに、人口が集中しているカトマンズ盆地は、かつては巨大な湖の底にあった土地で、平均の深さが数百メートルになる湖底堆積物および河川堆積物で形成されているため、地盤が極めて軟弱である。この組み合わせは危険この上なく、地震の被害は甚大なものとなった。四月二五日の本震の後数日は、マグニチュード六以上の地震二つを含む余震が何度もあった。そして、本震から一七日後の五月一二日には、カトマンズの北東七六キロメートルにあるシンドパルチョーク郡を震央とするマグニチュード七・三の大余震があり、再び大きな被害が出た。最終的に、この地震による死者は八九六四人、二万六〇〇〇人以上が家を失い、二八〇万人が影響を受けた（二〇一五年当時のネパールの人口二七六一万人の一〇パーセント）。経済的な損失は七〇億ドル（二〇一五年の年間平均為替レートで八四七四億円）以上にものぼり、七〇万から九八万人の人々が、地震での被災によって新たに国際的な貧困ライン（当時は一日一

・二五ドル）以下の生活に突き落とされた。[178] 子どもへの影響も深刻で、一一〇万人以上の子どもが影響を受け、三万五〇〇〇の教室および七五六の保健施設、三八万八〇〇〇のトイレが全壊あるいは深刻な被害を受けた。[179]

地震当日の話に戻ると、山上から眼下のカトマンズ市内の惨状を目の当たりにしたすぐ後、同僚と山の中腹まで足早に下り、車に乗ってそれぞれの事務所に向かった。上司のカリンとは、普段は同じカトマンズ市内でも別々の場所にある事務所で働いている。当日たまたま一緒だったことは不幸中の幸いで、別れる前に短いながらも当初の救援・対応計画や本部との連絡、地域事務所からの支援などを話し合うことができた。山から市内に戻る途中、道端に半壊や全壊した家をいくつも見た。自分の借りていた家は、盆地の底部に当たるカトマンズ市内ではなく、それを取り囲む丘を少し上ったところにあり、地盤が強固で家も頑丈であった。そのため被害といえば、棚から落ちた本や飾り物、瓶などが床に散乱している程度であった。しかし、それは例外的な幸運であり、市内の状況はそれとはまったく異なることが、事務所への途上見て取れた。

カトマンズでは、ユニセフはUNDPやWHO、FAOなどとともに、UNハウスという共同ビルに事務所を構えている。しかし、財務・総務・調達に関わる部署はそこに入り切らず、UNハウスから道路を挟んで建つ商業ビルに入っていた。その商業ビルは、倒壊はしなかったが地震で大きな被害を受け、人が中に入って仕事をすることはできなかった。また、UNハウスのビル自体は重大な被害は受けなかったが、大きな余震が頻繁に続いていたため、すぐにそこに入って仕事をするのは危険であった。そのため、事前の防災プランに基づいて、まずは近くにあった国際スタッフの業務管理官の家を臨時の事務所とし、その日から災害対応を始めた。そして、地震後四八時間以内には、テントやタープ、浄水剤、救急キット、衛生キットなどを含む救援物資二九トンを、空路ネパールに運び入れた。[180]

本震の翌日の四月二六日、カトマンズ市街から一五キロほど離れた古都バクタプルの被災状況の視察に向かった。その五カ月前の二〇一四年の年末、日本から来た家族と一緒にバクタプルの古寺や仏塔などを楽しく巡ったが、それらのいくつかは全壊あるいは半壊し、家屋も多数損壊していた。人々は家を壊され、あるいは余震を恐れて、屋外でプラスチック・シートを屋根にした簡易シェルターの下で暮らしていた。すでに子どもの下痢などの症例が報告されていると聞き、震災前に災害準備のために倉庫にストックしておいた衛生キットを早急に送り、パートナーNGO団体とともに給水車による水の供給を始めた。

本震から六日後の五月一日には、被災地の一つでありカトマンズから西に八〇キロほど離れたダディン郡に、現状調査に行った。郡庁のあるダディン・ベシは、カトマンズと同じくらい全壊・半壊の家があったが、それでも同郡の中では最も被害が少なかったところだと聞いた。ダディン郡の北部の方（車道がなく、徒歩で通常でも二日から三日かかる）では、村落の建物すべてが全壊した場所がいくつもあるとも聞いた。郡病院に行くと、建物の中は負傷者でいっぱいで、入りきれない人々が、病院敷地内に張られたターポリンの下に布団を敷いて寝かせられていた。また、そこにいた三〇分ほどの間、四件もの救急患者が搬送されてきた。そのうちの一人は三歳くらいの男の子で、左足大腿部に骨折した部位を支える添え木がなされており、火がついたように泣き叫んでいた。また、もう一人は七歳くらいの女の子で、左足下部のひどい傷が完全に化膿し、臭いを放っていた。いずれの場合も、最低限の応急処置はなされていたが、早急に本格的な治療が必要なことは明らかだった。二件とも、四月二五日の本震のときの怪我人が、六日目の五月一日にようやく郡レベルでの病院にたどり着いたものだった。このこと一つを見ても、被災地の地理的に困難な状況がわかる。当時のネパールでは、人口の四〇パーセントが一八歳以下の子どもで、年齢グループとしては最大であった。よってこの災害は、「子どもの緊急事態」でもあった。

本震直後からユニセフは、政府、他の開発機関およびNGOと協力して、まず①被災者への安全な水の供給と衛生の確保、②医療施設への必須医薬品、ワクチン、テントなどの供給、③子どもたちが安全に遊べ、彼らの精神的外傷からの回復を助ける安全なスペースの確保、④地震で親を失った子どもたちが性暴力や人身売買などの被害者になるのを防ぐために、交通の要所に専用のチェックポイントを設置し、必要な人材を配置すること、などを行った。世界各地、ユニセフ内外から緊急サポート・スタッフを募集・採用し、ネパール国事務所スタッフと合わせて、被災直後一週間で二〇〇人、その後は二五〇人体制でプログラムを実施した。また、関係のプログラム必需品を、ユニセフの供給基地のあるコペンハーゲンやドバイから空路で、またインドやバングラデシュから陸路で、継続的に輸入・配布した。

ネパールでは普段でも子どもの栄養失調率が高い。当時、通常でも五歳以下の子どもの三〇パーセントが低体重、三七パーセントが発育阻害（低身長／慢性栄養不良）、一一パーセントが中度・重度の急性栄養不良の状態にあった。それがさらに悪化して死に至ることを防ぐため、補助食、急性栄養不良治療食、ビタミン剤などを大量に供給し、関係の活動を支援した。さらに、母乳による育児や補助食の正しい与え方、下痢症を防ぐための安全な水の供給と最低限の衛生の確保を、特に小さな子どもたちのために徹底させる支援をした。[181]

また、こうした危急の支援・対応とともに、ユニセフが重視したのは、学校の再開であった。ネパールでのこの時期は、本来であれば新学期に当たる。できる限り早く、学校が再開される必要があった。これは、教育の継続とともに、子どもたちの「日常」を少しでも早く回復し、彼らの被った精神的外傷を和らげ、また彼らが暴力・人身売買などのリスクにさらされることを防ぐ。そして、子どもたちが学校に行っている間、親が働くことに専心でき、生活を再建することも助ける。政府や関係NGOパートナーの奮闘およびドナーの協力もあり、竹やトタン板でつくられた仮設校舎が多数建設され、震災から八三日経った七月一七日に学校が再開された。[182]

この緊急事態とフィリピンで経験した緊急事態の違いの一つは、ユニセフのスタッフの多くが、家族や親戚とともに被災し、深刻な被害を受けたことである。彼ら自身も家族を守り、生活を回復しなければならず、緊急対応を行う中で、それも考慮に入れる必要があった。しかし彼らは、早急に家族が生活できるめどをつけた後はすぐに職場に戻り、救援活動にフルに従事してくれた。

最終的に、ネパール大地震でユニセフは、総額一億二〇〇〇万ドル（二〇一五年の年間平均為替レートで一四五億円）の緊急事態支援要請を出した。そして、それまでのカトマンズ国事務所と南部の三つの国内事務所に加えて、国の中部の地震被災地に四つの臨時国内事務所（ゴルカ、シンドパルチョーク、ドラカ、ヌワコット）を設けた。また、スタッフも最終的に一八九人から二九二人へと、一〇三人を追加で新規採用し、緊急事態対応にあたることとなった。[183]

この震災は、その甚大さのために、ユニセフの緊急事態レベルシステムで最大のレベル3に分類された。[184] その一年半前にフィリピンで経験した台風ハイエンと同じレベルであり、被害の規模や緊急支援プログラムの予算額では、それを上回る。フィリピンで災害のジェットコースターに疲弊し、今度はそれとは違うタイプの任地と考えてネパールを選んだが、皮肉な巡り合わせだった。しかし同時に、すでに一度レベル3の緊急事態への対応を経験していたこともあり、そのときよりもずっと余裕を持って事態に対処することができた。また、うつ病がぶり返す気配もまったくなかった。

ネパールでこの緊急事態に対応するにあたっては、前にも述べたように多数のスタッフの献身的な仕事があった。加えて自分の仕事を楽にしてくれたのは、有能な副官がいたことである。プログラム担当の上級プログラム調整官としてバングラデシュ人のローナック・カーン、業務管理官としてガーナ人のジズラ・マシク、緊急プログラム担当の上級プログラム・オフィサーとしてカナダ人のシャイローズ・マウジら事務所の「三本柱」が、各々の所掌領域での仕事を迅速かつ効果的にこなしてくれた。そして、それが自分を、プログラムおよび事務所全体のマネジメント、外部との折衝、そして次にあげる緊急事態下での現金給付のような新しいイニシアティブに専念することを可能にしてくれた。

緊急事態下での現金給付

伝統的に緊急事態下では、通常の場合のプログラム活動に比べても、支援全体に占める物品や資材、すなわち「サプライ」の割合が高い。そしてそれは、コペンハーゲンの物資供給センターを中心として、世界規模のサプライ・ネットワークを持つユニセフの強みの一つでもある。ネパール大地震への対応においても、ユニセフはその能力をフルに使って、テント、ワクチン、医療・医薬品、救急キット、石鹸、浄水剤、バケツ、衛生キット、ビタミンや急性栄養不良治療食、蚊帳、教育やリクリエーションのための教材キット、毛布や衣服などを大量に供給した。その量は、震災約一年後の二〇一六年四月には、三四七五万ドル（二〇一五年の年間平均為替レートで四二億円超）に達した。そして、そうした物資が迅速かつ正確に被災者に届くように、輸送・配布プロセスの全体でリアルタイムのモニタリングができる携帯電話とバーコードを使ったアプリケーションを試験的に導入したりした。

しかし、国内外での物資の大規模な調達と輸送は、それ自体大きなチャレンジとなる。特にネパールのように陸封国で地形が険しく、交通網が十分に発達しておらず、国内に目立った産業基盤がない国で、限られた既存の交通インフラが災害でさらに被害を受けている場合はなおさらである。そのうえ、通常時の貧困・格差対策としても、非常時の緊急支援策としても、一定の条件が満たされれば、物品の代わりに現金を給付する方がより速く、効率的かつ有効で、受益者が自分が置かれた状況下でのプライオリティを自主性をもって判断・決定・行動できることが、数々の研究で明らかになっている。[185] またそれは、被災者が尊厳を保ち、地元経済を助けることにもつながる。そのため最近では、緊急事態下で支援を行う際、地元のマーケットが十分に機能していれば、専門性や品質管理の観点からどうしてもアウトサイダーが供給することが必要なもの以外は、現金給付によって被災者の生活を支援しようという動きが活発になってきている。この件について当時使われ始めていた"Why not cash?"という言葉が、それを端的に表している。[186]

二〇一五年のネパール地震への対応では、ユニセフもそれを採用した。地域事務所長で自分の上司でもあったカリン・ハルショフは自分とまったく同じ考えで、それをフルにサポートしてくれた。また、事務所の担当部署（社会政策・経済分析・調査セクション）に有能なスタッフがいたこと（チーフのアムジャッド・ラビおよびその後任のマリカ・ガルデ、プログラム・オフィサーのニック・メザーズ、タクール・ダカル、アントニオ・フランコ・ガルシアなど）も、非常に幸運であった。そして、二〇一五年七月から一〇月にかけてと二〇一六年六月から一一月にかけての二度にわたり、大規模な現金給付を支援した。第一ラウンドは地震による被害を受けた一九の郡で実施され、対象となったのは①五歳以下の不可触賤民《せんみん》（ダリット［Dalit］）の子どもたち、②未亡人および六〇歳以上の独身女性、③身体障害者、④七〇歳以上の高齢者（不可触賤民の場合六〇歳以上）、⑤非常に不利な状況にある少数民族（highly marginalized indigenous ethnic groups／政府による定義あり）の五つのグループの人々であった。これらの人々は、すでに既存の政府の現金給付プログラムの対象者で、少額ではあるが月三〇〇ネパール・ルピーから一〇〇〇ネパール・ルピー（二〇一五年の年間平均為替レートで三〇〇円から一〇〇〇円）を定期的に受け取っていた。ユニセフの支援は、その既存のプログラムのシステムを、緊急事態対応に利用するものであった。一人当たり三〇〇〇ネパール・ルピー（三〇〇〇円）が追加の緊急現金給付として与えられ、受益者の総数は四三万四〇〇〇人にのぼった。これに対し第二ラウンドは、地震により特に深刻な被害を受けた一一の郡で実施された。対象となったのは五歳以下の子どものいる家庭で、一人当たり四〇〇〇ネパール・ルピー(四〇〇〇円)が三一万七〇〇〇人の子どもに与えられた。それぞれのラウンドで支給された総現金額はいずれも一二〇〇万ドルで、総額二四〇〇万ドル（二九億円）であった。[187]もちろん、お金は単にばらまくのではなく、対象とされている人々にきちんと渡り、利用されなければならない。そのため、携帯電話を使って受益者がフィードバックを送れるシステムを立ち上げた。また、お金が意図された受益者に渡り、どのように使われたかをチェックするための評価も、第三者機関を雇い、無作為にサンプル家庭を抽出して行った。これにより、第一ラウンドの緊急現金給付の評価では、意図された受給者のうち九三パーセントが現金を受給し、また受給額も正しかったことが確認された。評価が行われたのは、緊急現金給付が始まってから三カ月後以降であった（現金給付が二〇一五年六月から一一月にかけて行われたのに対し、評価は同年九月から一一月にかけて行われた）が、その頃までにサンプル家庭の九〇パーセントが、すべてかほとんどすべての受給額を使い終わっていた。その主たる使い道は、食料（八一パーセント）、医薬品（四五パーセント）、生活必需品（三七パーセント）、衣料（三二パーセント）などであった。受益家庭の七九パーセントは貧しい自給自足の農民で、支援のニーズは大きかった。また、第一ラウンドの緊急現金給付では、子どもへの直接のフォーカスはそれほど強くなかったが、受給家庭の三分の二には一八歳以下の子どもが最低一人、また三分の一には五歳以下の子どもが最低一人おり、家族の枠内で裨益《ひえき》したと推定される子どもの数は多かった。実施のスピードをより速くする必要性など当然の指摘もあったが、ネパールで緊急時の現金給付がこれほどの規模でなされるのは初めてのことであり、今後の課題としてポジティブに受け止めることができた。[188]

これにより弾みがついたこともあり、ネパールでの子どもを対象とした現金給付プログラムの拡大は、通常時と非常時を問わず、その後も同国におけるユニセフの政策提言の一部となった。ネパールでは、子ども現金給付（Child Grant）と呼ばれるプログラムが、ユニセフも関わって二〇〇九年に導入されていた。これは重要な一歩であったが、その実施地域は国の中でも特に開発が立ち遅れている国の北西部のカルナリ地域と他の地域の貧しい不可触賤民の五歳以下の子どもに限られており、カバレッジはネパールの五歳以下の子ども全体の一六パーセントにとどまっていた。ユニセフは、この子ども現金給付プログラムを全国的に、そしてすべての子どもを対象として拡大することを政策として提言し（普遍的アプローチ）、そのための政策提言と関係のエビデンス、費用見積りなどの情報を、政策提言書（policy brief）その他の形で発信・共有した。[189]

この政策提言は、その後徐々に実現されていく。ユニセフを含む関係アクターの活発な政策提言とネパール政府の理解により、まず二〇一六年に、子ども現金給付プログラムを国の全七七郡のうち二五郡（および国のすべての不可触賎民）の五歳以下の子どもに拡大し、また給付レベルを二倍にする決定がなされた。[190] 自分は二〇一九年にネパールを去ったが、その後も子ども現金給付を拡大するアドボカシーは組織を超えて行われ、NGOも多数参加するようになった。[191] そして最終的に二〇二四年五月一日、ネパール政府は、子ども現金給付プログラムを国の五歳以下のすべての子どもに拡大することを、公式に発表した。[192] その決定に至るまでのアドボカシーや政策協議の中で、ユニセフが二〇一六年頃から提唱し続けた政策提案やエビデンスが使われたことは、個人的に非常に喜ばしい。

この普遍的アプローチに基づく子ども現金給付プログラムにより、平時だけでなく、洪水や地震などの天災の際も、政府は同じ登録簿（registry）を使って被災者にすぐに現金支援を行うことが可能となる。これは、“shock-responsive social transfer”（災害に強い社会保障支援）として、ユニセフが二〇一六年以降ネパールで政策提言してきたことでもある。また、ユニセフを含む開発アクターと政府は、緊急時の現金給付の実施体制強化についても引き続き努力を続け、最近ではブロックチェーンを利用したパイロット・プロジェクトなども行われている。[193]

人口動態の変化と子ども

「ネパールは、日本とほぼ同じスピードで少子高齢化しつつある」――ちょっと信じられないかもしれないが、関係のデータに基づくと、確かにそうである。後発開発途上国であるネパールも、アジアの他の国々と同じように、非常に速い人口動態の変化に直面している。そしてそれは、国の老齢人口に対する政策だけでなく、現在および将来にわたる子どもに対する政策にも重要なインプリケーションを持つ。筆者は、ネパールのユニセフ国事務所代表であったときに、前記の子ども現金給付拡大を含む社会開発分野への政府投資の増加を呼びかけるアドボカシーに関わったが、これはその際に強調した点であった。第5章で述べた、タイで始めた人口動態の分析とそれに基づくアドボカシーを、ネパールという新しい任地で本格的に展開したのである。その要旨は、以下のようなものである。

人口動態の変化は、開発・発展に大きな影響を及ぼす。近代以降人類は、世界の多くの場所で、多産多死から多産少死、そして少産少死という人口のダイナミクスの変化と、それに基づく人口増加率および年齢構成の変化を経験してきた。ここ数十年の間に、開発途上国の多くも、多産多死から多産少死の段階を経て、少産少死の段階に入ってきている。そしてそのことが、年齢別人口構成の急速な変化につながっている。国によっては、その変化のスピードは、急激に人口構成を変化させたことで国際的にも有名な日本よりも速い。そして、後発開発途上国であるネパールもそうした国々の一つであることが、関係データを分析・比較・検証することによって明らかにされた。

具体的にはそれは、一．年齢別人口構成の変化、二．高齢化社会から高齢社会への移行のスピード、三．人口ボーナス期の長さ、四．老年潜在扶養指数の変化、の四つを見れば明らかである。ユニセフは、ネパール政府の国家計画委員会（National Planning Commission）とニューヨークの人口評議会（Population Council）と協力して、二〇一七年に国家計画委員会が、『ネパールの人口動態変化

―そのトレンドと政策的意味』（Demographic Changes of Nepal：Trends and Policy Implications）と題した報告書を発表することを助けた。[194] その分析の要旨は、次のとおりである。

一．年齢別人口構成の変化 ― 図8は、ネパールの年齢別人口構成の変化と日本のそれとを比較したものである。一九八〇年頃、ネパールの年齢別人口構成は、「人口ピラミッド」の名のとおり、基本的にピラミッド型であった。それが二〇一五年頃には、誕生する子どもの絶対数が減り始め、ピラミッドの基部に「へこみ」が出てきた。さらに、二〇五〇年になると、人口の絶対数が一番大きな年齢グループは四五歳から四九歳となり、六五歳以上の高齢人口のサイズも、一九八〇年や二〇一五年に比べ大きくなる。エコノミスト誌は、日本の年齢別人口構成の全体像の変化を、「ピラミッド型から凧《たこ》型へ」（from pyramid to kite）と形容したが、ネパールも本質的にそれと同じ変化を経験することになる。[195]

二．高齢化社会から高齢社会への移行のスピード ― 国際的に、六五歳以上の人口を「高齢従属人口」（senior dependent population）と呼び、その割合が全人口の七パーセント以上になった社会を「高齢化社会」（aging society）、一四パーセント以上となった社会を「高齢社会」（aged society）と呼ぶ。そして、高齢化社会から高齢社会の移行に何年かかったかを計算することにより、人口構成の高齢化のスピードを測ることができる（倍化年数）。人々の健康寿命（平均寿命から寝たきりや認知症などによる介護状態の期間を差し引いた期間）が伸びている社会では、「老い」の意味も時期も変化しており、六五歳を超えた人口を一概に「従属人口」とする

Figure 2. Nepal age pyramids for 1980, 2015, and 2050

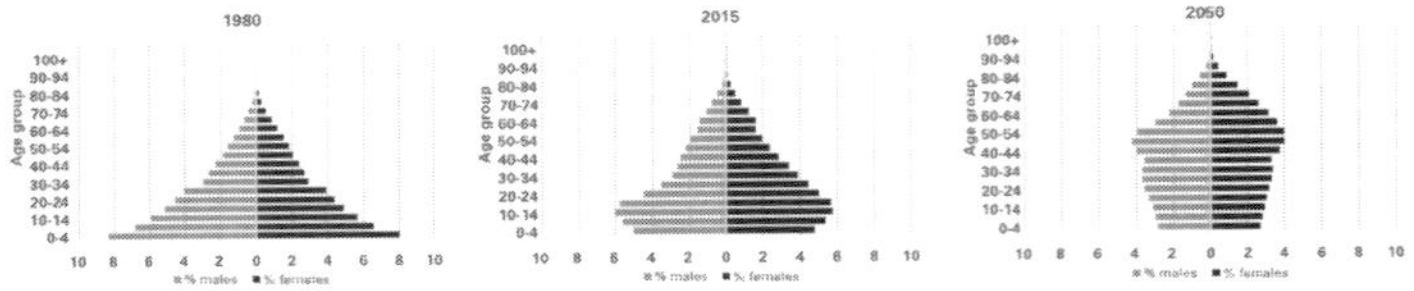

Sources:
1. WPP 2015, POP/7-2: Male population by five-year age group, major area, region and country, 1950-2100 (thousands).
2. WPP 2015, POP/7-3: Female population by five-year age group, major area, region and country, 1950-2100 (thousands).

Figure 3. Japan age pyramids for 1950, 1960, and 2055

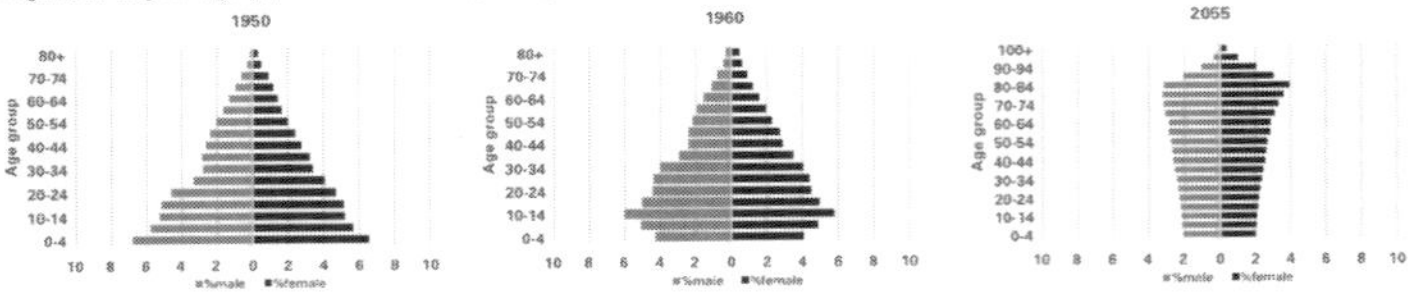

Sources:
1. WPP 2015, POP/7-2: Male population by five-year age group, major area, region and country, 1950-2100 (thousands).
2. WPP 2015, POP/7-3: Female population by five-year age group, major area, region and country, 1950-2100 (thousands).

出典：National Planning Commission (2017), *Demographic Changes of Nepal: Trends and Policy Implications,* p. 6 (https://www.npc.gov.np/images/category/Demographic_Dividend_Report_May_2017_final_for_circulation1.pdf).

図８　ネパールと日本の人口ピラミッドの変化

ことは現実にそぐわないであろう。しかし、老化とともに個人が自力でできることが徐々に減っていき、生活のために何らかの世代間の支援あるいは所得移転が必要となることは事実であり、その意味では「高齢従属人口」の変化に注意を払うことは意味がある。この報告書の計算によれば、ネパールは二〇二八年に高齢化社会の閾値である七パーセントに達し、二〇五四年には高齢社会の閾値である一四パーセントを超える。その間の年数は二六年であり、これはフランス（一一五年）、スウェーデン（八五年）、イギリス（四七年）、ドイツ（四〇年）など今日の先進国の歴史的軌跡と比べてずっと短く、

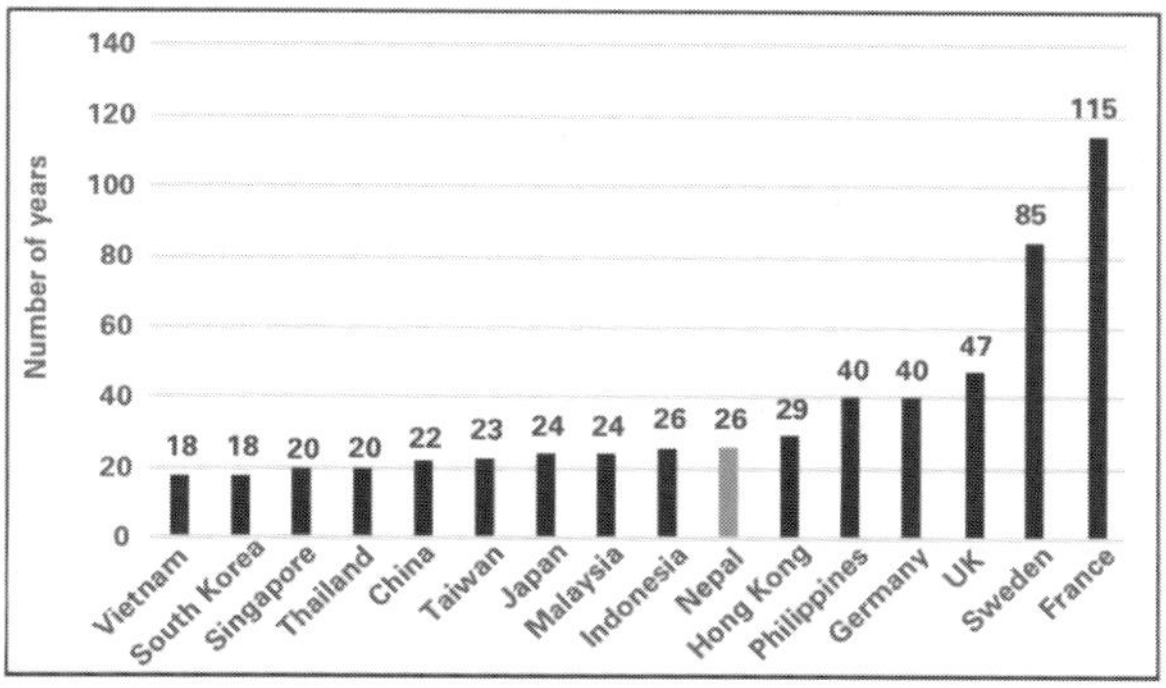

Source:
WPP 2015 POP/8-1: Total population (both sexes combined) by broad age group, major area, region and country, 1950-2100 (thousands); 2020-2070 uses medium variant and Oizumi (2013).

出典：National Planning Commission (2017), *Demographic Changes of Nepal: Trends and Policy Implications*, p. 7 (https://www.npc.gov.np/images/category/Demographic_Dividend_Report_May_2017_final_for_circulation1.pdf).

図９　高齢化社会から高齢社会に移行するのにかかった年数

高齢化のスピードの速い日本（二四年）と比べてもさほど変わりはない（図９）。

三．「人口ボーナス期」の長さ ― 国際的に、一五歳から六四歳の人口を「生産年齢人口」と呼ぶ。この人口の全人口に対する割合が大きければ、いわゆる「働き手」（労働投入量）や国内貯蓄率が上昇することになり、当該国がそれらの好条件を意識的かつ積極的に利用する政策を取る限り、国の発展に寄与することになる。[196] 発展におけるいわゆる「人口ボーナス」（demographic dividend）期である。人口ボーナスの時期・期間については、一致した見解、定義はない。ネパール国家計画委員会の報告書では、大泉啓一郎氏がそ

表5　人口ボーナス期（demographic window of opportunity）の長さ

	Year		
Country	Start	End	Length
Thailand	1966	2010	44
China	1968	2012	44
Singapore	1966	2012	46
Hong Kong	1964	2011	47
South Korea	1968	2016	48
Taiwan	1963	2014	51
Indonesia	1973	2025	52
Malaysia	1966	2021	55
Nepal	1992	2047	55
Japan	1930–35	1992	59.5
Philippines	1966	2055	89

Sources:
1. WPP 2015 POP/2: Average annual rate of population change by major area, region and country, 1950-2100 (percentage).
2. WPP 2015 POP/8-1: Total population (both sexes combined) by broad age group, major area, region and country, 1950-2100 (thousands)
2020-2070 uses medium variant.
3. Average exponential rate of growth of the population over a given period is calculated as ln(Pt/P0)/t where t is the length of the period.
4. Japan and Taiwan estimates from Oizumi (2013).

出典：National Planning Commission (2017), *Demographic Changes of Nepal: Trends and Policy Implications*, p. 11 (https://www.npc.gov.np/images/category/Demographic_Dividend_Report_May_2017_final_for_circulation1.pdf).

の著書、『老いていくアジア―反映の構図が変わるとき』（二〇〇七年）で用いた計算方法、すなわち総人口に対して生産年齢人口の割合が増え始めた年を人口ボーナス期の始点、減り始めた年を人口ボーナス期の終点（あるいは「終わりの始まり」）と定義し、人口ボーナス期全体の長さを年数で計算する方法を踏襲している。それによれば、ネパールの人口ボーナス期の始点は一九九二年、終点は二〇四七年で、その間五五年である。これは日本の五九・五年と比べて短く、東アジア、東南ア

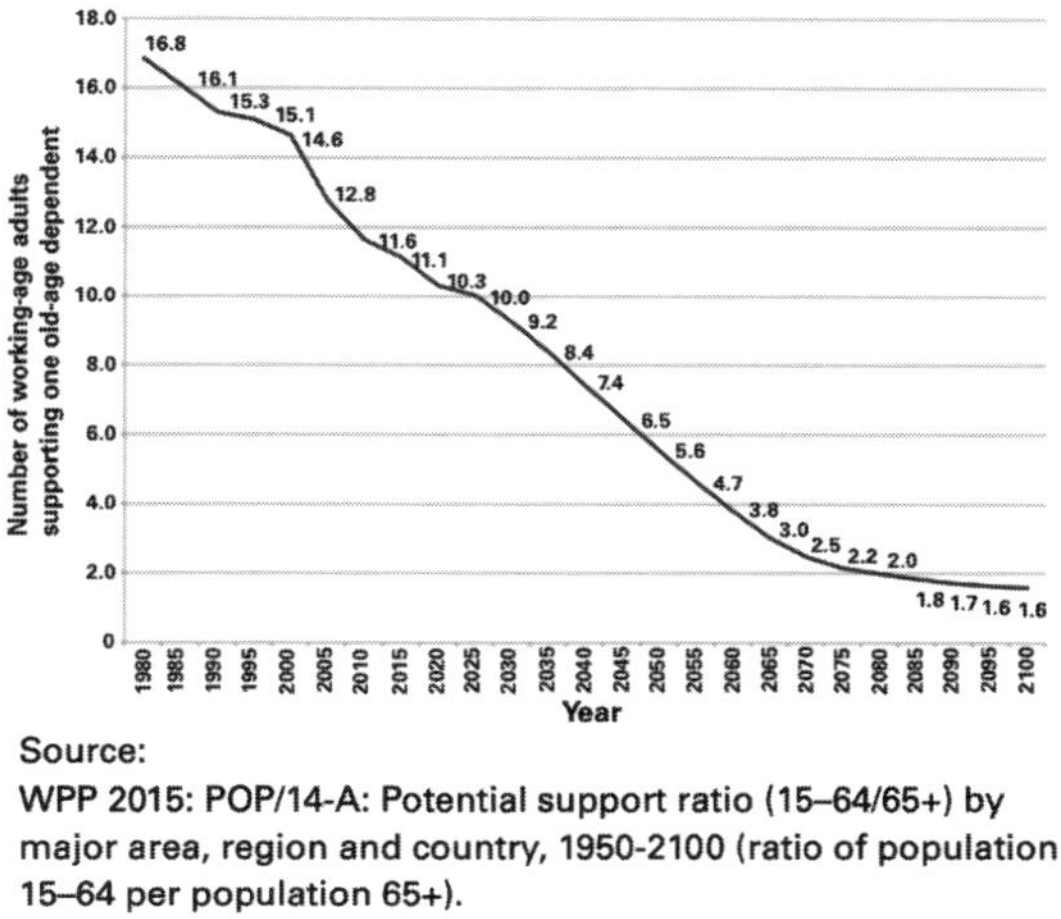

Source:
WPP 2015: POP/14-A: Potential support ratio (15–64/65+) by major area, region and country, 1950-2100 (ratio of population 15–64 per population 65+).

出典：National Planning Commission (2017), *Demographic Changes of Nepal: Trends and Policy Implications*, p. 8 (https://www.npc.gov.np/images/category/Demographic_Dividend_Report_May_2017_final_for_circulation1.pdf).

図10　ネパールの老年潜在扶養指数の変化

ジアの中所得国と比べても取り立てて長いとはいえない（**表5**）。そして、二〇一七年現在（国家計画委員会の報告書が発表された年）、人口ボーナス期の四五パーセントが過ぎたことになる。

四．老年潜在扶養指数の変化 ―「老年潜在扶養指数」は、「生産年齢人口」と「高齢人口」の比率である。より具体的には、高齢者（老年人口［六五歳以上］）一人を支える働き手（生産年齢人口［一五歳から六四歳］）の数で、日本でも少子高齢化の指標としてよく使われる。[197] 前記のような人口動態の急速な変化は、老年潜在扶養指数にも当然反映される。ネパール政府国家計画委員会／ユニセフ／人口評議会の報告書によれば、一九八〇年、ネパールには高齢人口一人当たり一六・八人の生産年齢人口がいた。それが二〇一五年には一一・一人（一九八〇年の六六パーセント）、二〇四〇年には七・四人（同四四パーセント）、そして二〇六〇年には三・八人（同二二パーセント）となると予測される（図10）。これは、図8の“from pyramid to kite”の推移からも想像できるであろう。

ネパールを含む開発途上国は、子どもの死亡率、出生率を低下させることにより、現在の先進国の歴史的経験と比べて相対的に短い期間内に、多産多死社会から少産少死社会へと移行した。これは、開発のアジェンダにおいて最大のチャレンジの一つとされてきた、いわゆる「人口爆発」（population explosion）のシナリオの真逆であり、その開発の最も重要かつ根本的な成功と考えて良いであろう。

と同時に、このように「人口転換」（demographic transition）のプロセスが加速化したことにより、前述のとおり人口動態の他の側面も速く進展することになり、それに対応することが喫緊の課題となる。いわば、「成功は次のチャレンジを生む」のである。その意味するところと必要とされるアクションは多岐にわたるが、ネパールのような人間開発指標（Human Development Index）のいまだに低い国にとって特に重要なのは、保健、栄養、教育など人的資源開発への優先的な投資であろう。どのような開発戦略を取るにせよ、そうした投資を通じて若い世代の労働生産性を上げることは、より高い付加価値を生む産業構造への転換になくてはならないものである。また、高齢者が安心して生活を送るためには、医療保険や所得保障などの形で社会がそれ相応の負担をすることが必要である。そしてそれらを支えるためにも、将来世代の教育と労働生産性の向上は欠くことができない。この分析では、経済発展と比べると「ソフト」な問題として扱われがちな社会開発や人間開発を開発の最も根本的な課題として捉え、現在社会を担っている世代が次の世代の健康や教育のために投資することは単なる利他的な「チャリティー」ではなく、自分たち自身が将来社会による世話や保護を受けるための当然の行為、いわば「前払い」であると形容した。そのための重要な投資の一つの形が前述した子ども現金給付であり、また保健、栄養、水と衛生、教育などへの投資でもあると論じた。

この分析の原型は、当初ユニセフ事務所内の議論から始まった。それがまとまった頃、非常にタイミングの良いことに、ギータ・バクタ・ジョシ博士という素晴らしく理解のある方がネパール政府の国家計画委員会のメンバーの一人として任命され、この件に関する我々のカウンターパートとなった。そして、彼との話し合いをもとに、人口関係の研究では世界でもトップクラスのアメリカ・ニューヨークの人口協議会を巻き込み、それまで事務所内で行ったデータや計算、基本的な分析の精査を行った。そしてその成果文書は、最終的に国家計画委員会のレビューを経て、政府の公式文書として発表された。関係文書は現在でもネパール政府のウェブサイトに上がっており、またその要点は、現在でもユニセフ・ネパール事務所が関わる政策提言に使われている。[198]

連邦制化と政策提言

ネパール在任中の二〇一五年九月二〇日、連邦制が発足し、国が七つの州に分けられた。そして、新憲法に基づき、二〇一七年一一月と一二月には地方選挙が実施された。これにより、七州それぞれに州政府ができ、一定の権限が与えられた。この新憲法下における連邦制の地方分権化の度合いは、権能的に見ると、国際的に比較的大きい方に分類される。州は独自の法律を制定し、教育、保健、農業、交通など多くの分野で自治を行うことができる。また、州だけでなく、その下にある地方自治体（村や町のレベル）も、地域の開発、インフラ整備、公共サービスの提供に関与している。州および地方自治体には、中央政府からの財政移転のほかに、自主財源を確保するための税収権が与えられている。この財政的な分権化により、地方政府は独自の予算を組むこともできる。割合で見ると、二〇二四／二〇二五年では、全政府予算の三〇・五パーセントが州政府のコントロール下にある。これは、同年のインドの四〇パーセント、パキスタンの四三パーセント、ＯＥＣＤ諸国平均の四〇パーセントから五〇パーセントに比べると相対的に低いが、国際的に見て低すぎる値ではない（ちなみに日本は約三五パーセント）。

ネパールの単一国家（unitary state）から連邦制国家（federal state）への移行は、一〇年間続いた政府とマオイスト（毛沢東主義者共産ゲリラ）との激しい内戦を終わらせた二〇〇六年の和平合意の一部であった。よってそれは、政治的なスケジュールとしては、いつかは来るべきものであった。連邦制の開始が、関係のシステムの構築や必要な人材の育成などの観点から時期尚早ではないかという見方は、国内にも国外にもあった。しかし、最終的に決定権を持つのは当然のことながら政権与党であり、それも左右両方の政党が関係のプロセスに関わった（連邦制を明記した二〇一五年の新憲法発布時の政権与党はネパール国民議会／二〇一八年の州政府成立後の政権与党は共産党連合）。

ネパールが連邦制に向かう二〇一五年九月から二〇一七年一二月までの間に、連邦制化とそれへの支援に関して、ネパールで活動していた国際機関とドナーの間で活発な議論がなされた。ユニセフ内でも同じようなプロセスがあり、自分もそれに積極的に関与した。そして、政治・行政システムの分権化に関する国際的なエビデンスを調べ、その政策的な教訓に関して、以下の結論に達した。

一．分権化（decentralization）には、二つの目標がある。一つは政治的なもの、もう一つは行政的なものである。

二．政治的な目標というのは、基本的に「草の根の民意がより良く反映されるシステムかどうか」ということである。これは、その国の人々の判断と選択の問題であり、通常ユニセフのような国際組織の関与しない問題である。

三．これに対して行政的な目標は「分権化の結果、関係のシステムが行政サービスの提供などにおいて良い結果をもたらすことができるか」ということである。これは、必要となるシステムの構築、それを運営する能力育成の必要性、そしてその結果が人々（ユニセフの場合には特に子ども）に及ぼす影響などの点において、ユニセフのような組織にも関係がある。

四．国際的に見て、分権化が行政サービス提供のパフォーマンスに及ぼした影響は具体的な状況に高度に依存しており（context-specific）、「分権化すれば何でもうまくいく」（あるいはその逆）というようなものではない。事実、ユニセフにとって重要な保健や教育の分野でも、①全国的に達成されるべきスタンダードの設定（国全体としての公平さの実現のために重要）、②「規模の経済」（scale of economy）の実現（リソースの効果的な利用のために重要）、③高度の技術的専門性が必要なイシューでは、分権化が効率的なサービスの提供に負の影響を及ぼしたことがあった。

四．の例としては、予防接種があげられる。ソ連邦崩壊後、それまで高度に中央集権化されていた同地の予防接種システムは、ワクチンの購入を含め各共和国（後に独立国家）で一挙に分権化されたが、それは大きな混乱と接種率の激減を招いた。またより最近では、同様のことが、文脈は違うがパキスタンでも起こった。パキスタンはそもそも連邦制国家として樹立されたが、長い間中央政府が大きな権限を持っていた。それが二〇一〇年の第一八回憲法改正により、多くの権限が州政府に移譲された。これには保健分野も含まれ、それまで中央政府が行っていたワクチンの購入、配布、および接種プログラムの計画・管理が州政府の責任となった。しかし、州レベルで関係のインフラや能力が十分に整っておらず、必要物資の購入にあたって規模の経済が国として実現できなくなったため、ワクチン購入や予防接種プログラムの実施に問題・混乱が生じ、麻疹やポリオが大流行した。中でもポリオは、二〇一四年にＷＨＯが同国での流行を理由に、「国際的に懸念される公衆衛生上の緊急事態」(Public Health Emergency of International Concern［ＰＨＥＩＣ］）の宣言を出さなければならなくなったほど、深刻な事態を招いた。

ネパールの連邦制でも、保健は分権化の度合いの大きな政策イシューのリストに入っており、それはワクチンの購入を含む予防接種必需品や必須医薬品の購入などの領域にも及んでいた。しかしこれは、前記のような国際的な経験と教訓からして憂慮すべきことであり、避けられるべきであった。

この認識に基づき、ユニセフは、ＷＨＯや関係のドナー（特に当時のイギリス国際開発庁／Department for International Development［ＤＦＩＤ］やＥＵ）との話し合いを重ね、最終的に予防接種を含む保健の基本政策やワクチンを含む必須医薬品の購入に関しては、中央政府が引き続き責任を持って事にあたることを、共同で提言した。そして、そのために自分も含め関係機関・関係国の代表・大使が連名で署名した共同書簡を保健大臣や計画省、財務省、連邦問題および地方開発省あてに送り、彼らの幾人かには対面でそれを進言した。こうした活動のかいもあり、また合理的な説明に対して「聞く耳」を持った非常に良いカウンターパートの存在もあって、最終的に前記のイシューは中央政府の管轄下にとどまることとなった。そしてそれにより、かつて同様の状況下でソ連邦やパキスタンで起きたような混乱を、避けることができた。

前述したように、分権化の政治的な側面に関する決定はまごうことなき主権の一部であり、民主主義の原則に反する深刻な状況でもない限り、国際社会の関知するところではない。しかし、地方分権化の行政的側面に関しては、保健や教育などの重要な公共サービスが問題なく提供され続けるかどうかという問題が関わっており、それには国際機関やドナーも支援に関わっている。また、その点に関する国際的な経験や教訓も存在する。同時に、中央によるコントロールの継続を求めたといってでも、それは基本的な政策や基準、システム構築、必須医薬品の購入、能力開発などの側面においてであり、その他の側面（例：全国プログラムを各州の置かれた状況の中でいかにベストな形で計画・実施するか、州の特異性を考慮した特別プログラムの策定など）については、当然分権化の必要性がある。この活動は、分権化についてそうした論点を明らかにし、かつそれらについて正しい情報に裏打ちされた決定（informed decision-making）を援助の受入国が行うことを助けようとしたものであった。

こうした政策レベルでの支援や提言というものは、他のより具体的（tangible）な支援と比べ、あまり目立たない。しかしそれは、後者と同様、あるいはその影響の大きさから、場合によってはより大きな影響を、その国の人々と子どもたちに対して持ちうる。組織としてのユニセフの強みは、その両方を、信頼性（credibility）をもってできることであると思う。

第８章　バングラデシュ（二〇一九～二〇二一年）

バングラデシュへ

ネパールでの勤務は、五年に及んだ。大規模緊急事態への対応のようなスピードと規模が重要な仕事や、人口動態の変化と社会発展、連邦制に関する政策提言のような分析的な仕事の両方に関わることができ、プロフェッショナルとして非常にやりがいのある国であった。また山好きの自分にとって、日々ヒマラヤの山々を眺めながらの生活は、この上なく心を和ませてくれた。

二〇一八年に再びローテーションの時期になったときには、同じ南アジアでもう少し大きな事務所ということで、バングラデシュ国事務所のポスト（D－2、職員数約三七〇人、ダッカ事務所のほかに八つのフィールド・オフィス、[199] 二〇二一年度の予算一億七一一四万九七六四ドル［二〇二一年の年間平均為替レートで約一八二億円］）に応募し、幸運にもそれを得ることができた。

ロヒンギャ難民支援

二〇一九年五月に自分がバングラデシュに赴任したとき（そしてそれは現在もそうだが）、ユニセフのバングラデシュにおけるプログラム活動には、大きく分けて、バングラデシュの国全体への支援と、同国コックスバザール郡におけるロヒンギャ難民支援の二つがあった。

二〇一七年八月二五日、ミャンマー軍による無差別の武力弾圧を逃れ、大量のロヒンギャの人々が難民としてミャンマーからバングラデシュのコックスバザール郡に流入し始めた。それより先、バングラデシュには、すでに二八万人のロヒンギャ難民がいたが、同日から一カ月間の間に、さらに五〇万九〇〇〇人のロヒンギャ人が、難民としてバングラデシュにたどり着いた。日本でいえば、二〇二四年現在の栃木県の宇都宮市とほぼ同じ人口である。国連人権高等弁務官であったザイード・ラード・アル・フセインは、二〇一七年九月一一日、ミャンマーの行動を「典型的な民族浄化」であるとして非難した。二〇二四年六月三〇日現在、バングラデシュには一〇〇万人を超えるロヒンギャの人々がおり、うち九八万九五八五人が難民として登録されている。そして、その五二パーセントが一八歳以下の子どもである。ロヒンギャの人々は、世界で最も迫害されている民族の一つである。

ロヒンギャは、バングラデシュに隣接しているミャンマーのラカイン州に居住しているイスラム教中心の少数民族である。一五世紀以降、現在のバングラデシュとミャンマーが位置する地域の間には、歴史的に複雑な人の流れがあった。しかし、当初はイスラム教徒と仏教徒との間に、宗教的・政治的な対立は特になかった。

だが、それは一九世紀以降のイギリスによるラカイン併合、そしてビルマ全土の英領インドへの併合と関連の政策や社会変化によって、変わり始める。イギリスの統治下で、特に労働力確保の一環として、インドのベンガル地方から多くのイスラム教徒が移住した。これにより、現地の人口構成が変化し、仏教徒との間に緊張が生まれ始めた。また植民地支配者は、多くの場合、特定の集団を統治に利用し、他の集団との間に意図的に摩擦を生じさせる「分割統治」（divide and rule）政策を採用したが、それがビルマでも行われた。具体的には、プランテーションや行政職へのイスラム教徒の優先的採用、インド・ビルマ国境地帯における特定の民族集団への行政や警察の役割の付与などである。そのため、地元の仏教徒は、外部から来たイスラム教徒労働者を「侵略者」や「特権を与えられた者」と見なし始め、対立が高まった。また、イギリスは移民労働者を主にプランテーション農業やインフラ整備に従事させたが、この経済活動の拡大は、現地住民との競争を激化させた。特に仏教徒の農民層にとって、外部からの移民は経済的機会を奪う脅威と映り、それに関する不満が宗教的対立に結びついた。

一九世紀後半になると、仏教徒とイスラム教徒の間で民族的・宗教的なアイデンティティが強まったが、これがさらなる対立の火種となった。仏教徒のビルマ人は、植民地支配者であるイギリスとその協力者であるイスラム教徒移民をともに敵と見なし、宗教的対立は次第に政治的運動へと発展していった。また太平洋戦争中に、アラカン人など仏教徒は日本軍、ムスリムはイギリス軍とともに戦うことになり、それが両者の対立に一層拍車をかけた。これらの時期に形成された対立構造が、現在のロヒンギャ問題にもつながっている。[200]

このようにして高まってきた両者の対立は、一九六二年のミャンマーの軍事クーデター以降のビルマ民族中心主義の強まりによって、決定的なものとなった。ロヒンギャの人々はバングラデシュからの不法移民と見なされるようになり、ラカイン州の仏教徒であるアラカン人およびミャンマー政府の双方によって抑圧・迫害された。その結果、一九七八年には二〇万人以上のロヒンギャの人々が、難民として隣国バングラデシュに流出している。ミャンマー側でのロヒンギャ抑圧は、一九八二年の立法による国籍剥奪、一九八八年以降の民主化運動を支持したロヒンギャの人々の財産差し押さえ、身柄の拘束、インフラ建設などの重労働の強制などと続いた。また、二〇一二年にはラカイン州で仏教徒とムスリム教徒の衝突が発生して、ロヒンギャ人を中心に約一四万人が国内のキャンプに強制収容された。さらに二〇一五年には参政権を剥奪され、事実上ロヒンギャ・ムスリムを標的とした産児制限法も制定された。また、不法滞在者として移動の自由は認められず、就学も就職も厳しく制限された。こうした状況および物理的迫害、武力襲撃などの激化により、ロヒンギャの人々の難民化と大規模流出も、一九九一年から一九九二年、一九九七年などと数次にわたり起こった。これに対しバングラデシュも、ロヒンギャを自国民とは認めず、「ビルマの民族集団」であるとして、国連難民高等弁務官事務所（ＵＮＨＣＲ）の仲介によりミャンマーに再帰還させた。[201] バングラデシュだけでなく、マレーシア、インドネシア、タイなどの周辺国にもロヒンギャは流出したが、これらの国々の政府は、ロヒンギャは経済的理由による不法移民であるという立場を取り、受け入れを拒んでいる。

二〇一六年一〇月から、ラカイン州ではミャンマー軍によって、反政府組織掃討作戦を口実としたロヒンギャ攻撃が激化した。二〇一七年三月、状況を懸念した国連人権委員会は、ラカイン州などでの人権侵害疑惑の実態解明に向け、国際調査団を同国に早急に派遣する内容の決議を採択したが、アウン・サン・スーチー氏を含むミャンマー政府高官は、その受け入れを拒否した。そして、二〇一七年八月二五日、反政府組織による警察署襲撃を口実に、ミャンマー軍によるロヒンギャ一般市民に対する無差別攻撃、殺りく、性暴力などを伴う残虐行為が大規模に始まった。前述した同日以降の史上最大規模のロヒンギャ難民の流出は、こうした状況を背景としたものであった。

筆者が二〇一九年にバングラデシュに赴任した当時、ロヒンギャ難民は、同国の東の端でミャンマーに接しているコックスバザール郡の大小三四の難民キャンプで暮らしていた。一番大きなキャンプはクタパロンという場所にあるもので、八八万人のロヒンギャの人々が暮らし

写真12　ロヒンギャ難民キャンプ。写真中央の遠くに見えるのが、ミャンマー側のラカイン山脈の山並み（2019年）　著者撮影

ている世界最大の難民キャンプである。キャンプ全体の人口密度は一キロメートル四方当たり六万人で、世界で最も人口密度が高い都市であるフィリピン・マニラ（四万三〇六四人／㎢）の一・四倍、首都ダッカ（二万九〇六九人／㎢）の二倍、東京二三区（一万五六九六人／㎢）の四倍である。この巨大かつ人口密度の極端に高い難民キャンプに、着の身着のまま、命からがら故郷を逃げ出し、その過程で多くの家族や親族を失った一〇〇万人の人々が暮らしている。バングラデシュにおいて、彼らは正式に職を得ることができず、非公式の働き口も限られており、移動の自由もない。よって、彼らの衣食住のほとんどの部分が外からの援助によらざるを得ず、そのためのシステムがつくられた。

国際社会側からは、国連が対応の中心となっており、その組織体制はダッカ・レベルとコックスバザール・レベルに分かれる。首都ダッカ・レベルには、戦略的執行グループ（Strategic Executive Group［ＳＥＧ］）があり、国連常駐調整官、ＵＮＨＣＲ国代表、国連移住機関（ＩＯＭ）国代表の三者が共同議長を務める。ユニセフを含む関係の国連組織の国代表のほかに、国際・国内ＮＧＯおよびドナーのコミュニティから選出された代表がメンバーである。ＳＥＧはロヒンギャ難民支援に関する国際社会側からの全体的な方針を話し合い、合意し、それをもとに議長および関係国連組織の国代表がバングラデシュ政府と協議する。そして、支援の概要を共同対応計画（Joint Response Plan）として毎年まとめ、それに基づいて国際社会に支援を求める。[202] これに対し、現地コックスバザール・レベルには、セクター間調整グループ（Inter-Sector Coordination Group［ＩＳＣＧ］）があり、ＳＥＧ共同議長の指示を仰ぐ主任調整官（Principal Coordinator）がそれを束ねる。この場合の「セクター」は、第6章で説明した「クラスター」と同じである。主任調整官の下には、二つの調整会議、すなわち①関係組織の現地フィールド事務所の所長がメンバーである難民支援調整チーム（Refugee Operation and Coordination Team［ＲＯＣＴ］／機関間の調整のため）、および②各セクターの代表（後述）がメンバーとなるセクター間ミーティング（Inter-Sector Meeting／セクター間の調整のため）があり、主任調査官が議長を務める。そして、後者の下に次のような難民の生活の諸側面をカバーする個別のセクター調整グループがあり、セクター調整官（Sector Coordinators）のもと、関係組織のプログラム・レベルの代表が参加する。セクター調整官の任命および監督は、前述したクラスター・システムにおける国連内の世界規模での役割分担に基づいて、かっこ内に表示されているように関係の国連機関・組織に割り当てられている。全部で九つのセクターのうち、ユニセフは教育、栄養、子どもの保護、水と衛生の四つのセクターの調整を担当し、保健など他のセクターにも活発に参加・貢献している。

- 教育（Education／ユニセフとセーブ・ザ・チルドレン）
- テレコミュニケーション（Emergency Telecommunications／ＷＦＰ）
- 食糧（Food Security／ＷＦＰ）
- 保健（Health／ＷＨＯ）
- 生業のための技能向上支援（Livelihoods & Skills Development／ＵＮＨＣＲ）
- 栄養（Nutrition／ユニセフ）

・保護／子どもの保護／性別に基づく暴力（Protection［ＵＮＨＣＲ］／Child Protection［ユニセフ］／Gender-Based Violence［ＵＮＦＰＡ］）
・住居・キャンプ調整マネジメント（Shelter-Camp Coordination and Camp Management／ＩＯＭとＵＮＨＣＲ）
・水と衛生（Water, Sanitation and Hygiene／ユニセフ）

難民受入国であるバングラデシュ側には、ダッカ・レベルに外務省事務次官が議長を務める関係省庁間の調整会議があり、政策的な議論・決定を行う。コックスバザールには、この件に関する実務レベルでの担当省である災害対応救援省（Ministry of Disaster Management and Relief）に所属する難民救援帰還コミッショナー（Refugee Relief and Repatriation Commissioner［ＲＲＲＣ］）がおり、キャンプ・レベルでの全体的な行政・調整を行う。そしてその下には、各キャンプに配置されるキャンプ責任者（Camp-in-Charge）がいる。また国境地帯ということもあり、バングラデシュ国軍も、食料や非食料品支援物資の配布の監督、道路その他のインフラの建設や保全、難民の登録、キャンプ間の人の移動、そしてセキュリティ全般に、大きな役割と権限を持つ。

ロヒンギャ難民キャンプでは、非公式のコミュニティ・リーダー（マジ［Majhi］）が、人道支援の調整（食料や物資の配布に関して関係世帯のニーズを把握し支援機関との橋渡し役を務める）、問題解決（紛争や地域内の問題が発生した際に仲裁者としての役割を果たし日常的なトラブルの解決にあたる）、情報伝達（人道支援機関やキャンプ運営側からの指示や情報をコミュニティに伝える）などに携わっている。マジは通常、キャンプの一区域（block／平均すると一〇〇家族で五〇〇人ほどの人口）に一人おり、その多くは四〇代から五〇代の男性である。彼らは、二〇一七年にロヒンギャ難民の大流入があったときに、その事態への初動対応者（first responder）であったバングラデシュ軍が、難民の中から非公式に選び任命した。マジの選出プロセスは明文化されておらず、特定の規則も存在しない。そのため、マジに基づくガバナンスの構造は、透明性や説明責任において課題がある。例えば、一部のマジはその立場を悪用し、支援の配布を操作したり賄賂を要求したりして、人道支援の効果を損なうことがあった。そのため、いくつかのキャンプでは、より明示的かつ民主的なプロセスに基づいて選ばれた代表によるガバナンス構造が、キャンプ委員会やブロック委員会（ＵＮＨＣＲによって管理されている難民キャンプにおいて）、あるいは地区開発委員会（ロヒンギャ難民が既存のバングラデシュ人コミュニティの近くにキャンプのような状況で生活している場所において）という名称で実施あるいは試行されている。[203]

以上、大きく複雑なセットアップであるが、一〇〇万人という大都市クラスの人口（二〇二四年現在の千葉市の人口とほぼ同じ）を対象に、彼らの生活のすべての側面を支援していくためには、そうならざるを得ない。このセットアップの中で、ユニセフでは、自分がユニセフ国代表としてダッカ・レベルで戦略的執行グループに参加し、コックスバザール・レベルで難民支援調整チームに参加する現地事務所長と緊密に連携して仕事を進めた。また、世界レベルでの合意に基づいてユニセフが調整する責任を持つ栄養、水と衛生、教育、子どもの保護に関する各セクターにセクター調整官を任命し、現地事務所長が彼女ら・彼らを監督することにより、関係諸機関・組織の協力と責任分担に基づく支援体制の確立・維持に貢献した。[204]

難民と教育

ロヒンギャ難民支援は、その規模、複雑さ、関係するアクターの数、イシューの政治性などから、一筋縄ではいかない仕事であった。バングラデシュにおける二年半の赴任中も多くのチャレンジがあったが、中でも一番大きかったのが、ロヒンギャ難民の子どもの教育であった。

自分が赴任していた当時、ロヒンギャ難民キャンプには四〇万人を超える学齢期の子どもがいた。そして、そのうち約三〇万人が、ユニセフおよび教育セクターの他の援助組織が支援・運営する学習センター（learning centres）で学んでいた。キャンプにある学習センターの総数は三四〇〇で、うち二八〇〇はユニセフと関係のNGOにより支援されていた。当時、これらの子どもの教育は、学習コンピテンシー・フレームワーク・アプローチ（Learning Competency Framework Approach［LCFA］）というカリキュラムに基づき行われていた。LCFAは四歳から一四歳の子どものためのもので、四つのレベル（学年に相当する）から成る。このカリキュラムは、二〇一七年八月以降、バングラデシュに避難してきたロヒンギャ難民の子どものために急遽《きゅうきょ》つくられた。それは、その当時の状況ではベストの方策だったものの、カバーする年齢が限られ、またどの国の政府カリキュラムとも直接にはつながっていないため、それを終えても学歴的に「次」につながらないというううらみがあった。

後者の点について、最も論理的な選択肢は、ミャンマーの公式カリキュラムとのリンケージである。最終的にロヒンギャの人々が住みたい場所はミャンマーの故郷であり、そこに帰ったときに（それがいつになるのかは残念ながらわからないが）、学校システムおよび社会にできる限りスムースに再統合されるためには、ミャンマーの公式カリキュラムによる教育が不可欠となる。しかし、当時のカリキュラムに基づくバングラデシュ政府側には、正規のカリキュラムに基づく「教育」というと、それがミャンマー・カリキュラムに基づくものであっても、そのサービスが難民にキャンプにいつまでも住み続けたいというインセンティブを与え、バングラデシュにとっての難民問題の解決をより遅らせるものだと考える人々がいた。そこには、自らもいまだ貧しいバングラデシュがどうして一〇〇万人規模の難民

写真13　ロヒンギャ難民キャンプの学習センター（2019年）　著者撮影

を受け入れ続けなければならないのか、国際社会はこの問題を解決するためにミャンマーと真剣に対峙しているのか、自分たちが最初に国境を開いて彼らを受け入れた「善意」が当たり前のことと考えられ、悪用されているのではないかというような思いも垣間見える。そのフラストレーションは理解できるものの、その結果がこうまで迫害されているロヒンギャの子どもの教育の否定に行き着くのであれば、それは悲劇の拡大再生産にほかならない。こうした状況から、難民キャンプのロヒンギャの子どもたちにミャンマーのカリキュラムによる教育を受けさせることに関して、バングラデシュ政府の合意を得ることが、二〇一九年から二〇二〇年にかけてのユニセフの主要なアドボカシー論点の一つとなった。幸いバングラデシュ政府側にも理解のある人々がおり、ミャンマーのカリキュラムによる教育は、最終的に難民とその子どもたちが母国に帰還した際に定住を助ける、あるいはその必要不可欠な条件であるという我々の主張を聞いてくれた。その話し合いのかいあって、最終的に二〇二〇年の初め、バングラデシュ政府によって、ミャンマーのカリキュラムを使ったロヒンギャ難民教育のパイロット・プロジェクトが認められた。プロジェクトは、六年生から九年生（Grade 6 to Grade 9／一一歳から一四歳を対象とし中学校レベルに相当）の学年を編成し、それに参加した子ども一万人にミャンマーのカリキュラムに基づく教育を一年間施すというものであった。そして、そこで得た経験や教訓をもとにして、ミャンマーのカリキュラムに基づく教育を、できる限り迅速にすべてのレベル（すでに存在していた幼稚園から中学校レベルに加えて高校レベルにまで）のすべての子どもに導入する予定であった。このポジティブな展開に、我々も他の関係組織やドナーも大いに喜んだ。

しかし、そうした喜びを感じていたまさにその頃、世界はコロナ禍に突入した。そして、ロヒンギャ難民キャンプでも、このプロジェクトを含めた多くの活動が、実質的な停止状態に追い込まれることになる。

バングラデシュにおけるコロナ禍

二〇一九年一二月初旬、中国の武漢市で最初の症例が報告された新型コロナウイルス感染症（COVID－19）は、わずか数カ月の間に、パンデミックとして野火のように世界に広がった。バングラデシュでは、二〇二〇年三月八日に最初の感染者がダッカで報告された後、感染が急速に拡大し、二〇二〇年七月一日に一日四〇一九症例を報告して、第一波のピークを迎えた。そしてその後、二〇二一年四月六日の一日七六二六症例（第二波のピーク）、二〇二一年七月二七日の一日一万六二三〇症例（第三波のピーク）、二〇二二年一月二四日の一日一万六〇三三症例（第四波のピーク）、二〇二二年七月三日の一日二二八五症例（第五波のピーク）を経て、二年後にようやく収束に向かった。[205] 報告されているコロナ総死者数は、二万九五〇〇人である。

バングラデシュの保健・医療状況は、過去数十年の間に進歩した。しかし、保健を含む社会セクター一般への投資のレベルは、他の開発途上国と比べても低かった。保健への公的支出レベルは伝統的に非常に少なく、個人による自己負担医療費（out-of-pocket expenditure）の割合は、世界でもトップレベルの高さであった。[206] また、バングラデシュは世界で一〇番目に人口密度の高い国でもあった。そこに、このコロナ患者の激増である。バングラデシュの医療システムは、文字通り崩壊の危機に直面した。特に二〇二〇年から二〇二一年にかけては、感染者数が急増し、医療施設の受け入れ能力を超えたことにより、状況は逼迫《ひっぱく》した。マスク、ワクチン、検査キット、パルスオキシメーター、医薬品、医療従事者、病床、集中治療室、人工呼吸器・酸素供給装置、医療用酸素、防護用品、救急車などありとあらゆるものが不足し、重症患者の治療が遅れたり、医療機関に受け入れられなかったりする事態も多発した。また、地方の医療施設は特に影響を受け、都市部以外の地域では医療サービスへのアクセスが困難になった。さらに前述したように、コックスバザールには、一〇〇万人のロヒンギャの人々が、バングラデシュの平均をもはるかに超える人口密度の難民キャンプ

写真14　ロックダウンで車と人が消えた通り — ダッカ市内（2020年3月）　著者撮影

に住んでいる。そして、保健、栄養、水の供給、衛生状態の維持などを、外からの支援に一〇〇パーセント依存している。最悪の事態を想像すると、掛け値なしに背筋が寒くなる思いだった。

コロナ感染拡大防止および感染者ケアへの支援

前述した保健・医療物資は世界的にも需要超過・供給不足となり、特に資金力の限られた開発途上国は、それらの供給をまったく得られない恐れがあった。そこで国連は、他の関係機関とともに、国際的にそれらの物資・機材のニーズ特定と調達・供給、そしてファイナンシング（援助を含む）をマッチさせるメカニズムを立ち上げた。そのうちワクチンに関しては、ＣＯＶＡＸ（COVID-19 Vaccines Global Access）ファシリティが二〇二〇年四月に設立された。ＣＯＶＡＸは、新型コロナウイルスワクチンを共同購入し、できる限り公平に分配するための国際的な枠組みである。世界の脆弱な国々や地域の子どもたちにワクチン接種の機会を提供することを目的とした国際組織であるＧａｖｉワクチンアライアンス、世界保健機関（ＷＨＯ）、感染症流行対策イノベーション連合（ＣＥＰＩ）の主導のもとに運営された。そして、高所得国および高中所得国には、それぞれが代金を払って一定量の自国用ワクチンを購入するスキームを、また開発途上国には、援助国や他の組織からの拠出金によりワクチン供給を支援するスキームを用意した。ＣＯＶＡＸには、世界のほぼすべての国々が参加した。この仕組みのもとで、ユニセフは、ＣＯＶＩＤ－19ワクチンの調達および輸送の手配を担い、保管および分配への支援を行った。汎米保健機構（PAHO）ワクチン調達のための回転基金（PAHO

Revolving Fund)、ワクチン製造業者その他のパートナーと協力して、九二の低・中所得国のためのワクチン調達と輸送の手配を主導するとともに、九七の高所得国・高中所得国による調達を支援した。対象国の人口の合計は、世界人口の五分の四以上にのぼる。ユニセフは、長年にわたり世界の子どもの予防接種を支援し、すべてのレベル（世界レベル、国レベル、地方レベル、草の根レベル）における実務に通暁している。また、通常時でも世界最大のワクチン調達組織であり、関係の経験とノウハウを持っている。それは単なるワクチンの購入にとどまらず、それを世界レベルから国レベルへ、そして国レベルから最終的にワクチン接種所まで有効（potent）なまま送り届けるのに必要なコールドチェーンに関するアドバイスや、その他の関係の活動への支援にも及んでいる。COVAXの中でユニセフに割り当てられた役割は、そうした歴史的立ち位置とキャパシティに基づくものであった。[207]

これも含めてユニセフは、バングラデシュにおいて、COVID－19の感染拡大防止および感染者ケアのために、次のような支援に関わった。

一．COVAXを通じてのワクチンの調達と供給

ユニセフは、二〇二一年六月一日、アメリカ政府の拠出金によって購入されたCOVAXからの最初のコロナウイルスワクチン一万六〇〇ドーズの引き渡しを皮切りに、次々とワクチンをバングラデシュに届けた。二〇二一年七月二四日には、日本政府の拠出金によって、COVAXのもとで二四万五二〇〇ドーズのワクチンがユニセフによって引き渡された。自分は二〇二一年一〇月初め

にバングラデシュを去ったが、ユニセフはその後もＣＯＶＡＸのもとでワクチンをバングラデシュに供給し続け、二〇二二年五月までに一億九〇〇〇万ドーズのワクチンを引き渡した。これによりバングラデシュは、この時点でＣＯＶＡＸからの世界最大のワクチン受取国となった。ＣＯＶＡＸによりユニセフを通じてバングラデシュに供給されたワクチンは、二〇二二年六月までに同国が受け取ったワクチンの六二パーセントを占めた。二〇二一年六月に、最初のワクチンを受け取った際には、四パーセントでしかなかったコロナワクチンの接種率は、二〇二二年六月には六九パーセント（一億一七〇〇万人）にまで増加した。そして、これによりバングラデシュは、二〇二二年五月には、世界ＣＯＶＩＤ回復指標（global COVID recovery index）で一二一カ国中五位に

写真15　コロナワクチンの到着 ― ダッカ国際空港（2021 年８月）　著者撮影

浮上した。[208]二〇二四年六月一一日現在、バングラデシュにおける初回のコロナワクチン接種率は、人口比で八九パーセント、二回目の接種率は八三パーセントとなっている。[209]世界全体でも、COVAXは一四六カ国に二〇億ドーズ近くのコロナワクチンを供給し、ユニセフは他の関係パートナーとともにそれに貢献した。これは、史上最も大きなワクチンに関するオペレーションであった。COVAXは、全世界で推定二七〇万人の死亡を予防し、二〇二三年一二月三一日にその幕を下ろした。[210]

二．コールドチェーン機材の調達と供給

バングラデシュが受け取ったコロナワクチンのうち、ファイザー社製とモデルナ社製のものは、超低温での保管が必要である。そのため、それらのワクチンを使って予防接種を行うには、ウルトラ・コールドチェーン（超低温でワクチンを保管・輸送する物流システム）を急遽構築・拡大することが必須であった。[211]ユニセフは二〇二一年八月、バングラデシュに、COVAXにより支援された二六のウルトラ・コールドチェーン機材を供給し、それらが同国でのコロナワクチン予防接種拡大のために活用された。

三．医療用酸素の調達と利用への支援

重症化したコロナ感染に対処し、人命を救うのに酸素吸入は必須であった。しかし、コロナ禍以前には、開発途上国の多くの小さな町や農村部では、医療用酸素へのアクセスは「贅沢」と見なされており、非常に限られていた。そしてコロナ禍では、医療用酸素や資機材の不足はもとより、そもそものニーズの見積もりや計画の不在、必要な人材や予算の不足が明らかになり、医療崩壊の大きな要因の一つとなった。ユニセフは、肺炎にかかって重症化した子どもや産科救急のために、コロナ禍前から開発途上国における酸素吸入施設の設立、関係資機材の確保と人材の育成を助けていたが、それらの活動をコロナ禍では大幅に拡大・強化した。具体的には、世界規模で以下のようなアクションが取られた。[212]

① 「酸素システム計画ツール」を使った医療用酸素需要の見積もりと計画
② 医療用酸素関連の資機材の供給（パルスオキシメーター、酸素濃縮器、鼻カニューレ、フェイスマスク、子ども専用の酸素関係アクセサリーなど）
③ 酸素療法と関係資機材の使用・メンテナンスのためのガイドライン作成や医師、看護婦、関係の技師のトレーニング
④ 酸素の調達、分配、利用のための計画とその実施への支援
⑤ 医療用酸素関連資機材調達の透明性の確保
⑥ 迅速に展開・使用できる医療用酸素供給システムキットや厳しい環境でも機能する酸素濃縮器など関係機器の開発

バングラデシュでも、⑥以外のすべてのアクションが取られた。②に関しては、バングラデシュ全国の三〇の中核病院に、液体酸素供給器の設置を行った。

四．行動変化のためのコミュニケーション

感染症とその流行は、生物学的問題であるとともに、人間の行動パターンの問題でもある。コロ

ナの場合、中でも重要なのはいわゆる「三密」(密閉空間、密集場所、密接場面)を避けることであるが、バングラデシュはそもそも人口密度が高い上、人々が頻繁に集団でモスクで礼拝する(特に毎週金曜日)ため、それを守るのが非常に難しい。しかし、そうした状況の中でも、どうにかして感染を減少させるための行動が取られなければならない。ユニセフは、保健、栄養、衛生などの分野で、いわゆる行動変化のためのコミュニケーション(Behavioral Change Communication[BCC])あるいは開発のためのコミュニケーション(Communication for Development[C4D])に長年携わってきた。コロナ対応でもその経験が買われ、国連システムの世界規模の役割分担の中で、前記の関係物資・資機材の調達に加えて、行動変化のための公共メッセージの拡散、およびそれに関わっている多数の組織の活動調整役としての役割を果たした。具体的にバングラデシュでは、担当の政府機関(保健局)とともに、三五の関係組織(政府機関、国連機関、二国間援助機関、NGO、研究機関など)をメンバーとする「リスク・コミュニケーションとコミュニティの参加」(Risk Communication and Community Engagement[RCCE])という支援活動調整グループを設立・運営した。RCCEは、共同で関係データの迅速な収集と分析、[213]それに基づいたコミュニケーションのニーズの特定、必要な情報・メッセージやその拡散手法・手段の開発、それらを使った実際のコミュニケーション活動の実施と調整、活動やその結果のモニタリングと評価などのタスクを行った。また、それらを網羅した共同行動計画もつくった。コミュニケーションが必要なイシューとしては、マスクの使用、手洗いの励行、咳をするときのエチケット(cough etiquette)、宗教的指導者のコミュニケーション活動への参加、礼拝の場での行動、コロナ患者の看病、コロナによる死亡者の葬儀、予防接種などがあった。[214]コミュニケーション・チャンネルとしては、ラジオ、テレビ、ビデオ、ソーシャルメディア、リーフレット、ポスター、拡声器（モスク、市場、オート三輪車載など）など、ありとあらゆるものが使われた。そしてその活動の進捗状況は、専用のウェブサイトを通じてモニタリングされた。

このグループの設立と運営には、プログラム担当の副代表（Deputy Representative）であるヴィーラ・メンドンカというインド人国際スタッフに当たってもらった。ヴィーラはもともと開発のためのコミュニケーションの専門家であった上に、良いコーディネーターとしての能力（聞く力も含めたコミュニケーション力、参加促進力、合意形成力）を持っており、この件を含む多くの重要な仕事を迷いなく託すことができる人材であった。ネパールのときもそうであったが、やはり持つべきものは有能な副官ということを強く感じた。

五．データ・マネジメント

コロナ禍の状況は急速に展開・変化し、それへの対応は一刻を争う。そうした状況に有効に対処するためには、関係のデータを迅速かつ有効に収集・分析・拡散・利用しなければならない。またそれは、コロナの拡大予防および感染者ケアのために必要なアクションが取られたかどうか、またその結果はどうだったかについてのアカウンタビリティを明確化し、さらなるアクション推進のためのツールともなる。そのためユニセフは、パンデミックの初期から、コロナへの対応を、いわゆる「データ駆動的」（data-driven）にすることに腐心した。具体的には、コンピューター上でユニセフが管理する全体的な状況に関するモニタリング・ダッシュボードを立ち上げたほか、[215] 政府の保健局がコロナ症例数や死者数、感染テストの数と結果、関係の病院情報（コロナ専用ベッド、集中治療［intensive care］用ベッド、高度治療［high dependency］用ベッド、高流量鼻カニューレ［high-flow nasal cannula］、人工呼吸器［ventilator］、酸素濃縮器［oxygen concentrator］、中央酸素供給システム［central oxygen supply］などの有無・数量とその利用状況）、予防接種状況などを網羅したモニタリング・ダッシュボードを立ち上げ、リアルタイムで更新・監視し、それに基づいて必要なアクションが取られることを支援した。[216] また、アカウンタビリティの観点から、これらのダッシュボードは誰でもアクセスできるものとした。

コロナ禍での社会サービスの維持

コロナ禍が他の災害に比べて特異だったのは、疾病への感染拡大防止や感染者ケアだけでなく、その社会全体への影響が深刻だった点である。コロナ禍の期間全体を通じて、その影響を受けなかった社会セクターは皆無であろう。

バングラデシュでも、数度にわたる広範な外出禁止令（ロックダウン）や公共サービスの一時停止など、コロナ禍は重要な社会サービスの提供に深刻な影響をもたらした。[217] ユニセフが関わる分野では、特に子どもの予防接種、栄養不良、教育が大きなチャレンジとなり、そのために次のようなアクションが取られた。

一．子どものための予防接種

パンデミックの影響により、子どものための予防接種率は、世界で二〇〇八年レベルにまで減少した。二〇一九年から二〇二一年の間に、関係の疾病すべてに対して予防接種を受けた子どもの割合は八六パーセントから八一パーセントに減少し、五人に一人が何らかの疾病の予防接種を受けられなかった。[218] これはそれほどの減少には見えないかもしれないが、それらの疾病が大流行するには十分な規模の感染源をつくる。また、これはあくまでも平均で、国家間および国内でも貧富の差、住む場所（都市部か農村部か）によって、大きな格差が存在する。バングラデシュでも、パンデミックの初期からこの問題に着目し、何とかして予防接種率の減少を食い止めようとした。[219] バングラデシュで最初のコロナ症例が報告された二〇二〇年三月直後、バングラデシュ政府は最初のロックダウンを行い、最終的にそれは二カ月以上続いた。予防接種も、他の公共サービスと同じようにその直撃を受け、その後数カ月、接種率は五〇パーセントを割った。しかし、バングラデシュ政府の保健省とユニセフを含む保健パートナーはそれに協力して対処し、二〇二〇年一〇月までにはパンデミック前の接種率を回復した。一歳までの全ワクチン接種率は、八四パーセントとなった。

二．栄養不良

バングラデシュでは、通常でも貧しい家庭では慢性的な食料不足が存在し、子どもの栄養不良率も高い。子どもの栄養不良の代表的な指標である発育阻害（stunting／慢性的な栄養不良によって引き起こされる成長障害で同年齢・同性別の基準身長に比べて身長が著しく低いこと）で見ると、バングラデシュにおける五歳以下の子どものうち発育阻害の子どもの割合は、二〇一二／二〇一三年の四二パーセントから二〇一九年には二八パーセントに減少したが、それでも非常に高い。さらに、二〇一九年でも消耗症（wasting／身長に対して体重が基準値より著しく低い状態で急性の栄養不良を示す）の子どもは、五歳以下の子どもの一〇人に一人（九・八パーセント）にのぼった。消耗症は、子どもの死亡率と密接な関係がある。世界で亡くなる子どもの五人に一人は、重度の消耗症で亡くなっている。彼らは、健康な子どもの一一倍も死亡率が高い。また、二〇二一年現在、世界の子どもの死の五一パーセントには、栄養不良が何らかの形で関わっている。[220]

二〇二〇年三月に最初のコロナ症例がバングラデシュで報告された後、数度にわたる長期のロックダウンによって仕事ができず、収入も激減したことによって、貧しい人々の家計・食料事情はさらに悪化した。ある研究によれば、パンデミックが始まる前の二〇一九年、バングラデシュの農村部の家庭における中度および重度の食料不足（moderate or severe food insecurity）は、一四・九パーセントであったが、パンデミックが始まった二〇二〇年三月以降急増し、二〇二〇年六月には三倍の四五・一パーセントとなった。二〇二一年一月までには、それはパンデミック以前とほぼ同じレベル（一五・六パーセント）に戻ったが、軽度の食料不足（mild food insecurity）を含めた何らかの食料不足（any food insecurity）にある家庭の割合で見ると、二〇一九年の四五・七パーセントから二〇二〇年六月の八七・八パーセントと二倍近くになり、その後も二〇二一年一月の七〇・九パーセント、二〇二一年九月から一〇月の六八パーセントと高止まりしていた。そして、それとともに食事の量や質の低下、医療費を含む必要経費の削減などのいわゆる「負の対応策」（negative coping strategies）が増大し、食料を購入するために借金する割合も増加した。[221] こうした社会全体の状況は、子どもの栄養状態にも影響を与えずにはいられなかった。重度の急性栄養不良（severe acute malnutrition）の子どもを治療するクリニックへの入院数は、パンデミックがバングラデシュで始まった二〇二〇年三月八日以降まず急減し、二〇二〇年四月にはパンデミック以前の一〇パーセントにまで落ち込んだ。これは、パンデミックやロックダウンによってクリニックへのアクセスや利用率が低下したためであった。そうした状況が数カ月続いた後で、政府やユニセフなどのパートナーの努力でクリニックへのアクセスは元通りになると、今度はパンデミックとそれへの反応（数度にわたる長期のロックダウンとそれによる特に貧しい人々の収入の激減）の結果として重度の急性栄養不良の入院が激増し、二〇二〇年の第４四半期には、入院数は例年の五倍、二〇二一年の第１四半期の終わりには例年の六倍となった。[222] また、栄養不良治療施設を含む大規模な病院を持つ国際下痢症研究所（International Centre for Diarrhoeal Disease Research, Bangladesh）によれば、同院の全入院者数に占める子どもの割合は、コロナ禍前の二〇二〇年二月の六・六九パーセントから二〇二一年二月には三倍の二〇・六パーセントにまで増加した。そして、それらの子どもには、コロナ禍以前よりも脱水症状、敗血症、敗血症ショック、痙攣《けいれん》、高ナトリウム血症、高クレアチニン血症などの重症化の症状が非常に多く見られた。また、生後六カ月未満の乳児およびパンデミック中に生まれた乳児の間では、発育阻害および消耗症が、パンデミック以前の乳児と比べて有意に高かった（それぞれパンデミック以前の一・二八倍と一・三八倍)。[223] これらは、子どもへの栄養・健康に対してパンデミックとそれへの対応が持つ負の影響が、深刻な現実として顕在化したものであった。同じような状況は世界的にも見られたが、バングラデシュでは通常でも子どもの栄養・発育状況が良くないので、問題は一層深刻であった。また、パンデミックだけでなく、その後に起こったウクライナ危機と世界的な食糧不足により、食料品一般に加えて重度の消耗症の治療食の価格も高騰し、危機は本書執筆時も続いている。

こうした保健、栄養状態の悪化を反映してか、二〇二二年、二〇二三年と、バングラデシュの子どもの死亡率は増加した。例えば、生後一カ月未満の子どもの死亡率は、二〇一九年の出生一〇〇〇件中一五人から、二〇二二年の一六人、二〇二三年には二〇人に増加した。一歳未満の子どもの死亡率は、二〇一九年には出生一〇〇〇件中二一人だったが、二〇二二年には二四人、二〇二三年には二七人に増えている。五歳未満の子どもの死亡率も、二〇一九年の出生一〇〇〇件中二八人から、二〇二二年の三一人、そして二〇二三年の三三人へと増加した（図11）。バングラデシュの子どもの死亡率は、一九七一年の独立後以降コロナ禍前まで、一貫して低下してきていた。戦争でもなければ、子どもの死亡率の増加などは、近年では考えられなかったことである。これを見ても、コロナ禍がバングラデシュに与えたインパクトの大きさがわかる。

三．教育

保健、栄養とともに、子どもに関係する分野でパンデミックによる影響を最も深刻に受けたのは、教育であった。バングラデシュ政府は、コロナ対策の一環として、保育園・幼稚園から大学レ

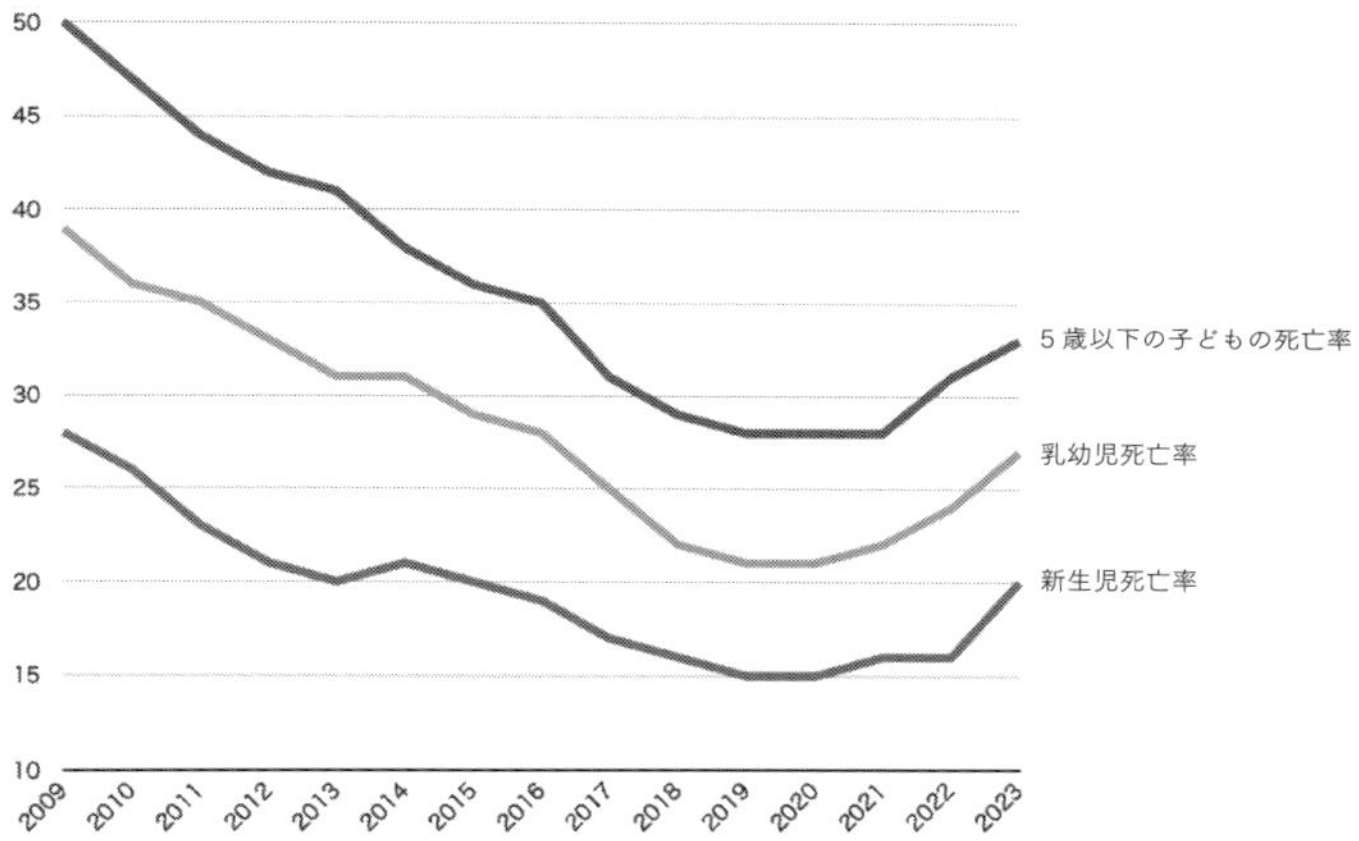

図11　バングラデシュにおける子どもの死亡率の変化
（出生 1,000 件中：2009 年から 2023 年）[224]

ベルまで、すべての教育機関を二〇二〇年の三月一七日から二〇二一年九月一一日まで、一八カ月（五四三日）にわたって完全に閉鎖した。コロナ禍で教育機関を一時閉鎖した国はあったが、バングラデシュのそれは、世界でも一、二を争う長さである。バングラデシュ政府は、子どもたちに補完的な教育を与えるために、テレビやインターネットを使った教育カリキュラムを早急につくり、ユニセフなどのパートナーもそれに協力した。しかし、バングラデシュにおいてテレビはそれなりに普及しているが、その所有は貧富の差によって大きく左右され、またコンピューターやインターネットへのアクセスは、いまだ限られている。エボラ出血熱流行の際も、アフリカの関係国で大規模かつ長期の学校閉鎖が実施されたが、学校再開後も多くの子どもが学校に戻らず、そのままドロップアウトしてしまう子どもたちが急増した。そして、その影響は特に貧しく脆弱な家庭および女児の場合に大きかった。同様の事態が今回も起こりかねないと、ユニセフを含む関係機関は、強い懸念を表明した。

二〇二〇年五月にバングラデシュ農村発展委員会（Bangladesh Rural Advancement Committee［BRAC］）がバングラデシュ全国の農村部と都市部のスラム地域に住む小中学生を対象に行ったサンプル調査によれば、コロナ禍で、授業・補習・自習・家庭教師による教育を含めた総学習時間は、サンプル家庭全体で一日平均一〇時間から二時間へと八〇パーセント減少した。また、両親が教育を受けていない場合、両親が中学校卒かそれ以上の教育レベルの子どもに比べ、一日の平均学習時間は二四パーセント少なかった。実質的にすべての学習（九六パーセント）は自習で、政府が頼みとしていたテレビとインターネットを通じた遠隔教育プログラムについては、利用率はそれぞれ一六パーセントと一パーセントという非常に低いものであった。もともとテレビとインターネットの普及率自体が、それぞれ六二パーセントと三〇パーセントと高くないことに加えて、それらにアクセスできる家庭の子どもでさえ、実際にテレビやインターネットで教育プログラムを視聴したのは、それぞれ二五パーセントと二パーセントという低さであった。母親（二四パーセント）や父親（一二パーセント）による助けも、多くはなかった。子どもの労働時間は家庭の内外で増加し、幸福感の減少と悲嘆・不安の増加が見られた。[225]

二〇二一年一月には世界銀行が報告書を発表し、遠隔教育の手段であるテレビ（五六・七パーセント）やラジオ（〇・五パーセント）、コンピューター（五パーセント）へのアクセスは高くなく、また住む場所（都市部か農村部か）や経済的地位によっても大きな開きがあることを指摘した。そして、パンデミック以前の二〇一七年でさえ、バングラデシュの小学生の五七パーセントが、初等教育の終わりまでに簡単な文章を読んだり理解したりすることができなかったが（低中所得国平均は五九パーセント）、それがコロナ禍を理由とした学校閉鎖によって、最低でも七六パーセントにまで増加するであろうとシミュレーションで推定した。そして、そうした状況の中で平均的なバングラデシュの生徒が労働市場に入った場合、四パーセントから六・八パーセントの賃金減少となり、バングラデシュは国全体として年間八九〇億ドルを失うとした。[226]

ユニセフも、世界規模でコロナ禍における学校閉鎖の頻発と長期化に強く警鐘を鳴らした。[227] バングラデシュでも、コロナの感染自体においては、子どもは主たるハイリスク・グループや媒介グループではないこと、また科学的根拠のない中での学校閉鎖は、ただでさえ低いバングラデシュの子どもたちの学習レベルをさらに悪化させ、彼らおよび国の将来に深刻な負の影響をもたらすことを、マスメディアやソーシャルメディア、教育や保健の関係者、ドナーとの会合、教育相を含む政府高官との会合などを通じて何度も強調した。最終的にバングラデシュ政府は、二〇二一年九月一二日に学校を再開したが、そのときまでにはすでに一年半（五四三日）が経過していた。筆者は二〇二一年の一〇月一日にバングラデシュを去ったが、その前に学校が再開されるのを見ることができたことに、個人的にはホッとした。しかし、残念ながらその後もバングラデシュ政府は、二〇二二年一月二一日から三月一日まで、再びコロナ症例の増加に対応するためという理由で、学校をさらに三九日間閉鎖した。

就学前教育機関（pre-primary education institutions）に至っては、二〇二二年三月二一日まで、二年以上にわたって閉鎖されていた。幼児期の発育へのサポートが子どもの将来と社会にもたらす莫大な利益を考えると、これはとてつもなく大きな損失である。[228]

二〇二二年八月にバングラデシュ農村発展委員会（ＢＲＡＣ）が発表した調査では、二〇二一年九月一二日の学校再開後、週を追うごとに学校に戻ってくる生徒は増えたが、初等教育（クラス１からクラス５）では学校再開後二カ月の間で八〇パーセントから八六パーセントの子どもが出席するようになったのに対し、中等教育（クラス６からクラス10）では、その割合は六六パーセントから六九パーセントにとどまった。[229]最終的に、一年半というとてつもなく長い教育機関の閉鎖は、特に中等レベルで大規模なドロップアウトを引き起こした。バングラデシュ教育情報統計局の報告書によれば、二〇一九年から二〇二三年の間に、バングラデシュの中等教育レベルの生徒は、九二三万四二七人から八一六万六一八八へと、一〇〇万人以上（一一パーセント）減少した。[230]またバングラデシュは、コロナ禍前でも世界で五本の指に入るほど児童婚（child marriage）の割合の高い国であったが、コロナ禍の長期にわたる学校封鎖でそれがさらに悪化した。一八歳以下で結婚する子どもの割合は、二〇二〇年には三一・三パーセントであったものが、二〇二一年には三二・四パーセント、二〇二二年には四〇・九パーセント、二〇二三年には四一・六パーセントと急増した。[231]

残念ながら、こうしたコロナ禍による教育セクターの深刻な問題は、今後のバングラデシュの発展に大きな影響を及ぼすであろう。パンデミック中およびその後に行われた各国での研究により、学校閉鎖が感染拡大の予防に本当に効果的かつ必要であったのかについて、大きな疑問が提起されている。[232] 今回の措置は、世界的にも歴史上最大の学校教育の中断であった。今後同様の事態が起こったときのためにも、取られた措置が本当にエビデンスに合致するものであったのかどうかを世界的に検証し、将来への教訓を引き出すことが重要であろう。

コロナ禍のロヒンギャ難民キャンプの状況

コックスバザール郡のロヒンギャ難民キャンプでいつ最初の症例が出るか、自分も含めた関係者は、必要なアクションを急ピッチで取りながら、固唾を飲んで見守っていた。難民キャンプの極端に高い人口密度と保健・衛生状況を考えた場合、いったん感染が始まればそれが燎原《りょうげん》の火のごとく広がるのは、残念ながら不可避とも思えた。

二〇二〇年三月にバングラデシュの国連チームが得たアメリカ・ジョンズホプキンス大学の研究者チームのシナリオ別シミュレーションによれば、現状のままキャンプにウイルスが入り込めば、最初の三〇日の感染者数は一八人から三七〇人程度であるが、その後ねずみ算式に増加し、一二カ月後には四二万一五〇〇人から五八万九八〇〇人の人々が感染するであろうと予測された。キャンプに現存する三四〇床の入院受け入れ能力は二カ月から四カ月半（五五日から一三六日）で限界に達し、最終的に二〇四〇人から二八八〇人の死者が出る。また、情報が十分ではないので、これらの予測でさえも過小評価かもしれないとされた。[233]

二〇二〇年四月八日、バングラデシュ政府は、コロナ感染を抑えるためとして、人道支援ワーカーの難民キャンプへの出入りを厳しく制限し始めた。具体的には、キャンプでの支援活動を「重大」(critical) なものとそうでないものに分け、コロナ禍においては前者だけを継続し、その実施のための人道支援ワーカーの数をこれまでよりも八〇パーセント削減することを人道支援機関に求めるものであった。キャンプでは、すでに二〇一九年九月から、保安上の理由ということでインターネットへのアクセスが厳しく制限されており、それが人道支援の実施に多くの困難を引き起こしていた。それに加えてのワーカー数の極端な制限は、人道支援を生存のための絶対的な最低限 (absolute minimum) のレベルにまで引き下げることを不可避とし、一層困難なものとする。だが、関係支援機関は、緊急の話し合いの結果、残念ながらそれが不可避であることを認めた。その上で、食糧、栄養、医療、水と衛生などを「重大」なセクターと指定することに合意した。それ以外の重要なサービス—例えばユニセフの場合、教育や子どもの保護、性暴力の予防・対応・ケアなど—は中断を余儀なくされるか、「重大」とされたセクターのワーカーやシステムを通じて細々と続けられるしかなくなった。そうした状況の中で、キャンプでの最初の症例が、二〇二〇年五月一四日に報告された。その前後、ユニセフは、他の関係組織とともに以下のアクションを取った。

一．保健・医療

ユニセフを含む難民キャンプでの支援に関わっている組織は、医療物資・資機材の世界的な不足の中、マスクを含むできる限りの関係物資を供給し、マスクの使用、手洗いの励行、正しい咳の仕方などに関するメッセージの拡散などの予防措置を講じた。それとともに我々が力を入れたのが、難民キャンプにおけるコロナ専用病院の建設と開設であった。パンデミック以前にも、キャンプに保健所と病院はあったが、コロナの感染ケースを扱えるようなものではなかった。また、それら既存の施設はコロナ以外の疾病のために引き続き必要であり、コロナ患者は他の患者と分けて診療・治療されなければならなかった。そのため、治療施設、隔離入院棟、医療用酸素関連資機材と専門の保健スタッフを持つコロナ専用病院（Severe Acute Respiratory Infections Isolation and Treatment Centre［SARI－ITC］／重症急性呼吸器感染症隔離治療センター）が、WHOを調整役として、ユニセフ、IOM、UNHCR、国際赤十字、国境なき医師団、セーブ・ザ・チルドレンなど八つの組織により、キャンプの一二カ所に建設された。ユニセフも含め、これらの組織の大半は、それまでもキャンプでの保健活動に携わっていた。しかし、比較的小規模（当初一二のSARI－ITCで総病床数一〇八〇床）とはいえ、病院を建設する、それも非常に特殊なものを数カ月のうちに建設するということは、そうそうあることではない。[234] 自分にとっても、それまでの三〇年間のキャリアの中で初めてのことであった。それを可能にするためには、まずこうした特殊な病院の運営ができる医療専門のパートナー団体を探さなければならない。そのためにユニセフが接触したのは、ダッカにある国際下痢症研究所（International Centre for Diarrhoeal Disease Research, Bangladesh）であった。

国際下痢症研究所は一九六〇年に設立され、開発途上国における公衆衛生の向上を目的とした研究や活動を行ってきた有名な国際公衆衛生研究機関である。特に、コレラを含む下痢性疾患の研究と治療において世界的に知られており、経口補水療法（ＯＲＳ）の開発に多大な貢献をした。また、下痢性疾患以外の感染症、栄養、保健システムの強化、母子保健、非感染性疾患などについても、数多くの有名な研究を行っている。国際下痢症研究所とユニセフは、それ以前も、難民キャンプでコレラが発生した際のコレラ・下痢症クリニックの開設・運営でパートナーシップを組んでいた。そうした経緯から、コロナにおいて同様の協力関係を同研究所と持つことは、ユニセフにとっては自然な選択であった。ただ、当時国際下痢症研究所は、自ら運営している首都ダッカの病院ですでに独自にコロナ専用病棟を設置し、そのオペレーションを始めていた。そして、この未曾有の非常事態に二方面でのオペレーションを遂行することができるかどうかは、組織として非常に難しい問題であった。しかし、研究所の所長であるジョン・クレメンス博士（John D. Clemens）は、これが彼のような組織のミッションであることを確信しており、その強いリーダーシップで研究所の内部をまとめ、ロヒンギャ難民キャンプにおけるコロナ専用病院設立・運営への参加を承諾してくれた。

コロナ専用病院の建設は、オーストラリア、ドイツ、スウェーデン、世界銀行などからの資金援助を得て、二〇二〇年五月に始まった。並行して、ユニセフによる資機材の調達と、国際下痢症研究所による病院スタッフの採用とトレーニングが進められた。フランス人のコックスバザール現地事務所長ジャン・メテニエおよびその後任のアフガニスタン人のエザトゥラ・マジードは、このプロセスの進捗状況を自らモニターし、できる限り早めてくれた。こうした突貫工事の結果、二〇二〇年八月にＳＡＲＩ－ＩＴＣが完成し、落成式が行われた（写真16）。

写真16　コックスバザール郡におけるコロナ専用病院の建設（2020年）　著者撮影

国際下痢症研究所のコロナ専用病棟がどう機能しているかを学ぶ ― ダッカ市（右は著者）

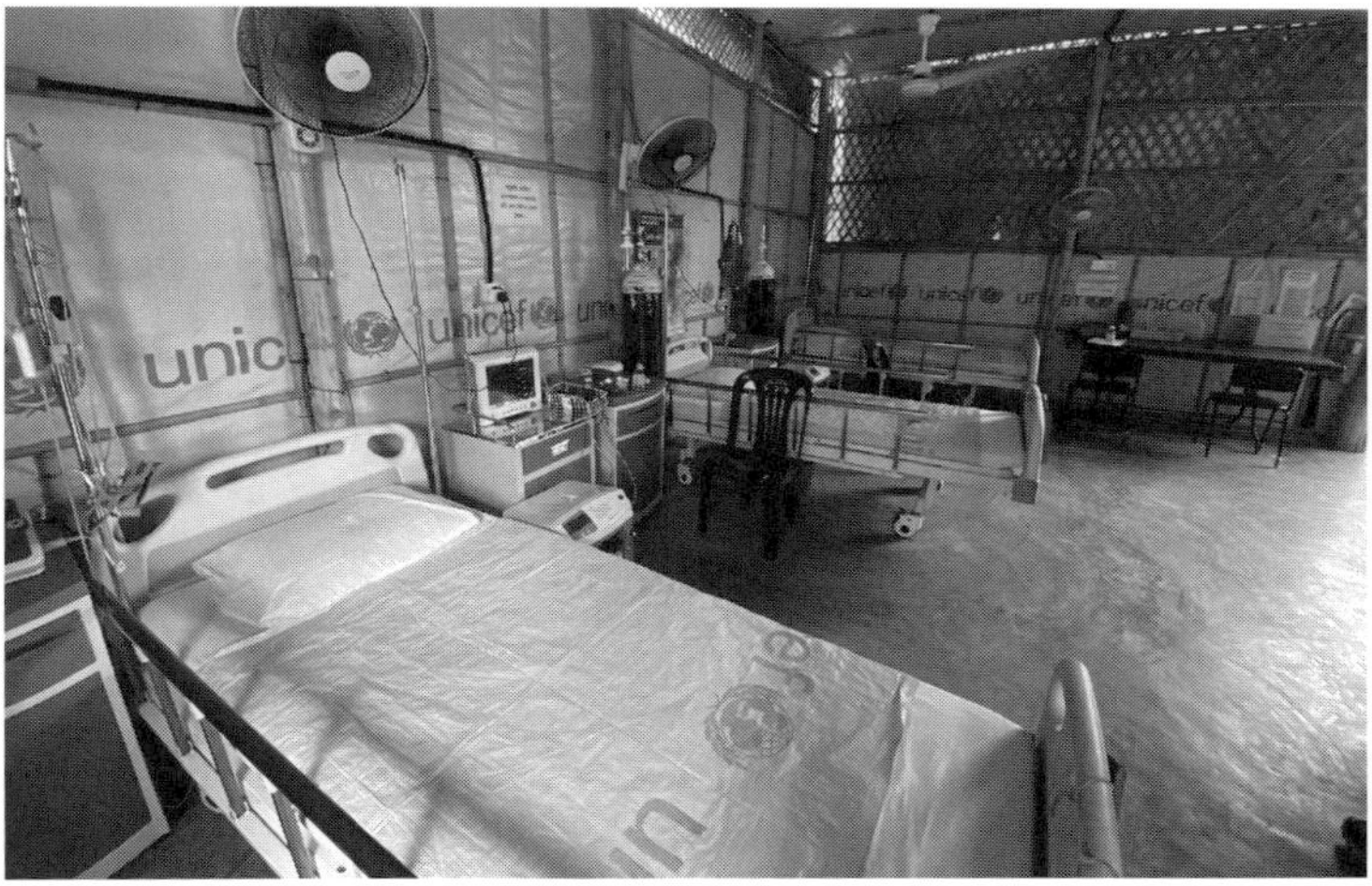

完成したコロナ専用病院の病室 ― コックスバザール郡

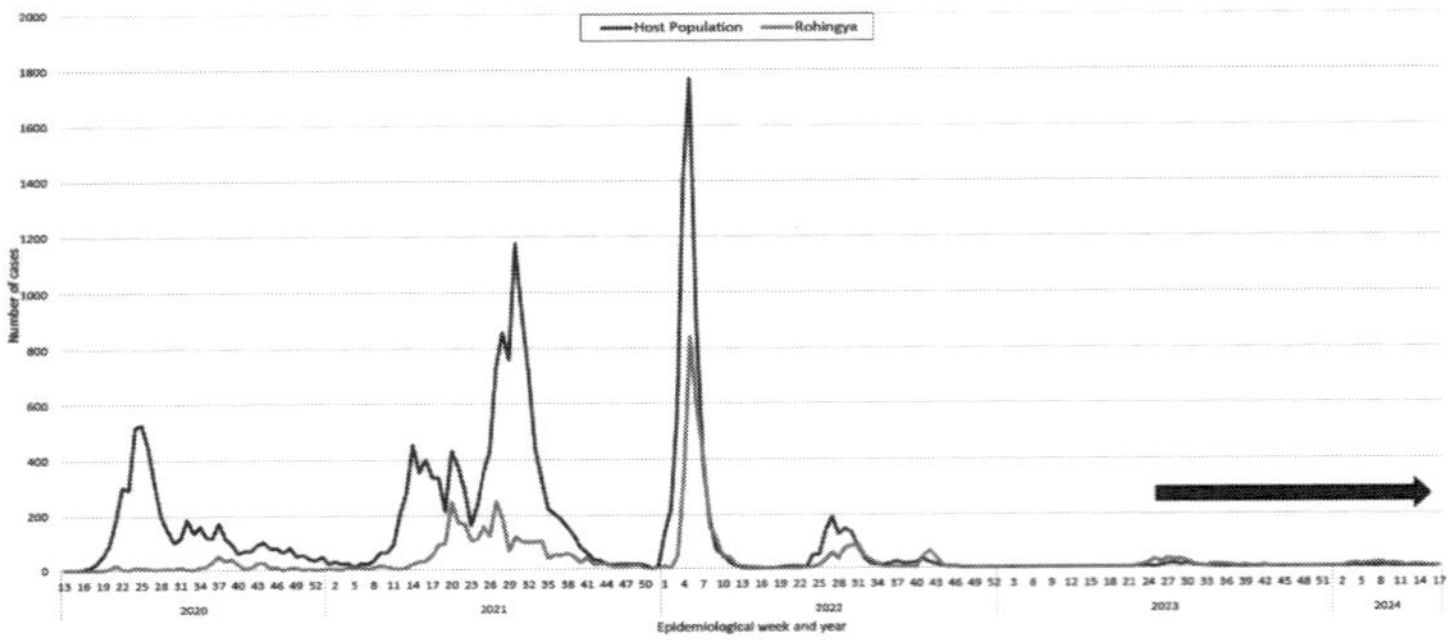

＊色の薄い線はロヒンギャ難民キャンプ、色の濃い線は周辺のバングラデシュ人コミュニティにおける症例数。

出典：Health Sector Cox's Bazar (2024), *Cox's Bazar District, Bangladesh / Rorhingya Refugee Emergency / 1-30 April 2024*, p. 5 (https://rohingyaresponse.org/wp-content/uploads/2024/06/CXB-Health-Sector-Bulletin-April-2024-FINAL.pdf).

図12　ロヒンギャ難民キャンプと周辺のバングラデシュ人コミュニティにおけるコロナ症例数の推移

感染拡大防止に関しては、二〇二二年の一二月三一日までに、ロヒンギャ難民成人五二万六三三三人の九六パーセント、九〇パーセント、八六パーセントが、それぞれ第一回目、第二回目、第三回目の予防接種を受けた。これは、バングラデシュ全体のコロナ予防接種率よりも高い。また、ロヒンギャ難民の五歳から一一歳の子どものうち、八〇・三パーセントが第一回目の予防接種を受けた。

キャンプで確認されたコロナの症例数と死亡者数は、二〇二〇年五月に最初の症例が報告されて以降同年の末までは、累計でそれぞれ三七〇件と一〇名と、比較的低位で推移した。だが、二〇二一年になるとデルタ変異株による感染が急増し、同年末までにそれぞれの累計は三〇〇〇件と三〇名を超えた。感染の最大のピークが来たのは二〇二二年で、同年末までに累計症例数は約五〇〇〇件、累計死亡者数は四〇名以上となった。しかし、二〇二二年第４四半期以降、新規感染者の報告はゼロに近くなった（図12）[235]。二〇二〇年以降のコロナ禍期全体としては、累計六八九二件のコロナ症例と四六のコロナ死が難民キャンプで報告され、致死率は〇・六三パーセントであった。これは、バングラデシュ全体（一・四四パーセント）や世界平均（二パーセント）よりも低い（ちなみに日本は〇・二二パーセント）[236]。当初最悪の事態が想定されていたロヒンギャ難民キャンプにおけるコロナ感染がなぜこのレベルに収まったか、その理由はいまだ完全には解明されていない。ただ一般的には、相対的に若いロヒンギャ難民の人口構成、キャンプの閉鎖的な環境、自然免疫や交差免疫の可能性とともに、迅速な公衆衛生対応とワクチン接種の推進も、その考えられる理由としてあげられている。

二．教育

このように、難民キャンプにおける保健分野でのコロナ対策は比較的うまくいったが、最大の問題になったのは、ここでも教育であった。前述したように、キャンプにおけるロヒンギャ難民の子どもへの教育は、ユニセフおよび教育セクターで働く他の援助組織が支援・運営する学習センター（learning centres）で行われてきた。四〇万人を超える学齢期の子どものうち、当時は約三〇万人が三四〇〇余の学習センターで学んでいた（うち二八〇〇はユニセフにより支援）。そのすべてが、バングラデシュの他の教育機関とともに、二〇二〇年の三月一七日から二〇二一年九月一一日まで、一年半にわたって完全に閉鎖されたのである。すでに述べたように、これはバングラデシュの子どもに深刻な影響をもたらしたが、キャンプに来るまで母国ミャンマーで非常に限られた教育しか受けられなかったロヒンギャの子どもにとって、状況は一層深刻であった。学習センターの閉鎖およびキャンプに入れる人道支援従事者数の大幅な削減により、バングラデシュ人の教師はキャンプに来られなくなった。[237] そのため、ユニセフを含む関係の支援機関は、他のセクターのネットワークを通じてワークブックと関係教材を子どもたちの家に届け、学習センターで子どもたちを教えてきたロヒンギャ難民のアシスタントや子どもたちの親、親戚などが、それをもとに子どもたちの家庭での自習を助けられるよう手配した。[238] それは、与えられた状況の中でできる限りのことをする試みであったが、もちろん十分とは程遠かった。

ロヒンギャ難民キャンプ一般とその周辺バングラデシュコミュニティの場合、パンデミック前と後で、教育サービス利用率の全般的な減少はなかった。しかし、ロヒンギャ難民女子のティーンエージャーに関していえば、パンデミック後の学習センターからのドロップアウトは深刻だった。これは、パンデミック前後の学習ロスは女子、それも低い社会経済階層に属する女子の間で最も深刻だったという他の研究の結果とも合致するものである。パンデミックは、教育の不平等を一層悪化させた。[239]

前記の状況の記述は、主として教育・学習の「量」に関するものであって、「質」に関するものではない。本書執筆中に、ロヒンギャ難民のパンデミック前後の学習レベルの変化に関する情報を見つけることはできなかった。しかし、バングラデシュ全体に関しては、パンデミック前でさえ二七パーセント、六四パーセント、三三パーセントの子どもが、それぞれ国語、英語、数学の三教科において当該学年レベルの学習達成度に達していなかったのが、パンデミック後はそれがさらに増加して、三八パーセント（＋一一パーセント）、七七パーセント（＋一三パーセント）、五一パーセント（＋一八パーセント）になったことが明らかになっている。[240] バングラデシュにおける公教育の深刻な状況、そしてそれよりもさらに困難な環境で生活しているロヒンギャ難民の子どもを考えたとき、パンデミックがその学習レベルに与えた影響の深刻さは、推して知るべしであろう。二〇二〇年中頃に始まるはずだったミャンマーの国カリキュラムを使って行うミャンマー・カリキュラム・パイロット・プロジェクトは、パンデミックのため開始が延期され、二〇二一年一一月にようやく開始された。そして、クラス6からクラス9（一一歳から一四歳に相当）の生徒一万人が、このパイロット・プロジェクト下で、自国のカリキュラムに基づく教育を受け始めた。さらに二〇二三年七月から始まった新学期では、それまでのクラス6からクラス9に加えて、クラス3からクラス5およびクラス10にも、ミャンマーの国カリキュラムが導入された。[241] これにより、ロヒンギャ難民の子どもたちの多くに、文化的に関連性のある体系的なカリキュラムに基づく教育が提供されることになった。同時に、当初から予期されていたことではあるが、資格を持つ教師の不足、言語の壁、インフラの制約など重大な課題も残っている。今後、ミャンマーの国カリキュラムに基づくロヒンギャ難民の子どもの教育が持続的に行われるためには、包括的な教師のトレーニング、メンターシップ・プログラムなどを通じた教師への継続的支援、ロヒンギャ語とビルマ語の橋渡しをする言語サポートの強化など教育実施面での諸施策のほか、長期的な資金調達が不可欠である。[242]

コロナ禍における事業継続性

このように、パンデミックの間のプログラム関連の仕事は新しく、また困難なことも多かったが、それと同じくらいチャレンジングだったのが、事業継続性（business continuity）を確保することであった。

ユニセフのような組織が通常扱う緊急事態（例えば第6章で述べたような台風など）とパンデミックの最大の違いは、自分たち自身の生活や健康、場合によっては「命」も、継続的に影響を受けるかどうかである。自分はネパールにおける大地震で一時的に同様の状況を経験したが、パンデミックはそれ以上に、スタッフやその家族の生活、心身の健康に対し、脅威と影響を継続的に与えた。それは、人口密度が世界で最も高い国々の一つで、医療サービスのレベルがいまだ高くないバングラデシュでは特にそうであった。通勤途中や勤務中の感染リスクを最小限に抑えるためのさまざまな方策（例：オフィスの混雑を避けるためのローテーションでの出勤、リモートワークの促進、衛生状態のさらなる改善など）を取った。また、スタッフやその直近の家族が感染したときのために、バングラデシュの国連チーム全体で、共同の病院医療サービスを手配した。そして、そうした病院がないコックスバザールでは、共同でコロナ専用の治療施設（Medical Treatment Facility［ＭＴＦ］）を立ち上げ、専門の国際医療サービス業者を契約し、運営を委託した。三四〇〇人以上の人道支援スタッフが一〇〇万人近くの難民の生活に必要なサービスを組織するという世界で最も大きな人道支援オペレーションの一つを、パンデミックという緊急事態下で継続していくためには、スタッフが感染した際に頼ることのできるこうした体制の確立が不可欠であった。

最終的に、こうしたさまざまな対策を取っても、一定数のスタッフやその家族が感染することは、パンデミックの状況下では不可避であった。そのため、彼らが感染した際、すぐに自分と業務管理官であるチャド人のアラン・バランディ・ドムサムに情報が伝達されるシステムをオフィス内に立ち上げ、医療ケアその他のサポートにつなげた。彼と関係のスタッフの働きもあり、バングラデシュのユニセフ・スタッフやその直近の家族で死者は出なかったが、重症化したケースはいくつかあり、その度に肝が縮んだ。ストレスの多い日々であった。

Time to call it a day

前述したように、バングラデシュには二〇一九年五月に赴任した。翌年の初めには、新型コロナウイルスのパンデミックの世界的拡大が明らかになり、それは長期戦となった。パンデミックの始まる直前、参考のためにスペイン風邪に関する情報を集め、それが一九一八年から一九一九年の一八カ月にわたって世界中で猛威を振ったことを知った。そして、最悪そのくらいは緊急事態が続くかもしれないと、心の準備をしていた。しかしコロナは、スペイン風邪以上に「しつこい」疾病であった。ＷＨＯは、二〇二三年五月五日に、「国際的に懸念される公衆衛生上の緊急事態」（Public Health

Emergency of International Concern［ＰＨＥＩＣ］）としてのコロナの収束を発表した。緊急事態宣言が出されたのは二〇二〇年一月三〇日であったので、三年三カ月にわたってその状態が続いたことになる。科学や社会政策の進歩もあり、総死者数はスペイン風邪のときほど多くはならなかった。しかしそれでも、世界に与えた影響は甚大だった。[243]

パンデミック中は国際的な移動も非常に制限され、帰国して家族と会う機会も限られていた。家族とは、二〇一〇年までタイで一緒に生活していたが、娘二人が日本の大学に進学して家を離れることを機に、妻も日本でキャリアを再開するため帰国していた。そして、二〇一二年から再び大学で教員として勤務することになった。そのため、自分はフィリピン、ネパール、バングラデシュの三つの任地での計一〇年間は単身赴任者として暮らし、その間家族とは年に二回、夏と冬に会うだけであった。そうこうしているうちに娘の一人が結婚し、子ども（自分にとっての孫）が生まれた。帰国した際、あるいは任地にいるときもインターネット回線電話を通じてその成長を見ていたが、この時期の子どもはやはり変化が速い。自分の子どもが同居していた頃は、自分なりに家族が一緒の時間を大切にしようとしていたが、慌ただしい生活と仕事の疲れで、それが十分にできたとは言い難かった。孫ができたら、今度こそその成長をじっくり観察し、家族と一緒にそのプロセスに関わりたいと思っていたが、リモートではそれもままならない。かつてインドで一度ユニセフを辞したときのように、一生に一度しかない機会を自分は逃しているのではないかという思いが、次第に強くなっていった。同じ頃、郷里の母親も九〇歳近くになり、健康面に不安が出てきた。仕事・キャリアの面では、本当に面白かったし、自分がやりたいことができているという感覚は持っていた。同時に、特に直近の一〇年近くは、単身赴任のため、家族と過ごす時間が非常に限られていた。もうそろそろ人生のこれまでのステージを「お開き」（call it a day）にし、新しいステージに入る頃合いではないかという思いが強くなっていった。

家族との時間の大切さの再認識ということについては、コロナ禍が自分の人生観に与えた影響もあったと思う。次の言葉は、精神科医の泉谷閑示氏のものだが、当時自分が考えていたことに非常に近い。

「……現時点においても確かに言えることが、一つだけあるのではないかと思うのです。それは、この災禍が、すべての人に対して平等に〝メメント・モリ（memento mori）〟の経験をもたらしたということです。『死を想え』『死を忘れるな』と訳されるこの古いラテン語の警句は、私たちの生の危うさと、その有限性を忘れてはならないということを意味しています。さらに、奇跡的に与えられ、今日までどうにか続いている生の大切さやその『意味』について、ひとたび立ち止まり問い直せ、と告げているのです」[244]

パンデミックのほうはいまだ続いていたが、ユニセフとしてのレスポンス体制の基本は、バングラデシュ国プログラム全体としても、ロヒンギャ難民支援に関しても、ほぼできていた。もうそろそろ一区切りつけて良いのではないか。そうした思いを、当時ユニセフ南アジア地域事務所長であり、直属の上司であったホンジュラス人のジーン・ゴフに打ち明け、相談した。ジーンは自分をバングラデシュ代表に採用してくれた上司であり、ネパールとバングラデシュの両方で、国プログラムの方向性を非常に緊密に話し合ってきた同僚である。親切に慰留してくれたが、最終的には自分の状況と考えを理解し、同意してくれた。自分の後任の採用も早めてくれたので、引き継ぎの時間も十分に取ることができ、心残りなくバングラデシュを去ることができた。

こうして、二〇二一年一二月一日、早期退職により五九歳でユニセフを辞した。一九九〇年一月一日にユニセフで働き始めてから、一万一六五八日目であった。

第９章　振り返ってみて

自分が職業人として生きた時代

ここまで、自分が開発の世界で過ごしてきた三二年間（うちユニセフ勤務三〇年間）について書き連ねてきた。振り返ってみて、改めてこの年月の変化の大きさを感じる。この章では、それらの変化のうち、自分が特に重要と考えるものを、一．貧困と不平等の展開、二．変化の加速、三．経済発展レベルの違いを超えた共通のイシューの増加、四．着実な進歩の存在、五．ニーズ（needs）からライツ（rights）へ、の五つのタイトルのもとで見てみたい。

一．貧困と不平等の展開

一九九〇年、自分がユニセフに就職した当時、世界の人口の三八パーセントが極度の貧困状態にあった。それが、二〇一九年には八・五パーセントにまで減少した。極度の貧困状態にある人口の絶対数も、一九九〇年の二〇億人から、二〇一九年には六億五〇〇〇万人にまで減少した。これは、それ自体として大きな進歩である。

しかし同時に我々は、これがいわゆる"happy ever after"（おとぎ話で使われる「いつまでも幸せに暮らしましたとさ」というようなフレーズ）からは程遠いこと、そして世界の貧困全体を終わりにし、歴史的に見ても非常に深刻なレベルに達している不平等を是正するという大きな目標へのほんの一歩に過ぎないことを認識する必要がある。

一九九〇年当時に比べ、世界の貧困および格差についての今日の分析および説明は、より複雑化している。それは、一つには現実の変化を反映し、また一つには貧困や格差関係の情報の入手可能性の向上および分析の精緻化を反映している。まず、貧困については、次の点に継続して注意を払う必要がある。

(一) コロナ禍のインパクト

極度の貧困状態にある人口についての前記の数値は、二〇二〇年のコロナ禍以降再び増加し、二〇二〇年末には世界人口の九・三パーセント、七億一九〇〇万人が極度の貧困状態にあった。コロナ禍により二〇一九年と二〇二〇年の間に増えた七〇〇〇万人近くの貧困人口は、一九九〇年に世界で貧困人口の定期的なモニタリングが始まって以来、最大の年間増加数であった。そして、最新の二〇二二年現在の統計でも、世界人口の八・七九パーセント、七億一二〇〇万人が極度の貧困状態にある。[245] 現在の削減ペースでは、二〇三〇年の段階でも世界人口の七パーセント、六億人が極度の貧困状態にあることになり、ＳＤＧｓが目指す極度の貧困を二〇三〇年までに終わらせるという目標は、未達成ということになる。加えてコロナ禍では、世界の最も貧しい人々は最も富んだ人々の二倍所得が減少しており、所得分配の不平等も悪化した。[246]

コロナ禍では、子どもの貧困も増加した。二〇一九年に世界で極度の貧困下にあった一八歳以下の子どもの数は三億一九四〇万人であったが、二〇二〇年にはそれが三億五三六〇万人へと増加した。近年一貫して下がってきたこの数値は、過去のトレンドをそのままたどれば、二〇二〇年には三億一四四〇万人になっていたと予測されるので、差し引き三九〇〇万人の増加（カナダの人口とほぼ同じ）、そして三年分の進歩のロスである。[247]

我々は、自分たちが住む世界の脆弱性を認識し、将来同じようなショックに見舞われたときにより効果的に対処できるよう、社会的弱者の保護も含めた、より堅牢《けんろう》な社会経済システムを構築していく必要がある。

(二)　子どもの貧困

「はじめに」でも言及したように、子どもたちは他のどの年齢グループと比べても、より深刻に極度の貧困に影響され続けている。二〇二二年現在、一八歳未満の子どもが世界人口に占める割合は三分の一以下（三一パーセント）だが、世界で極度の貧困状態にある人々の半分以上（五二パーセント）は子どもである。しかもその割合は、二〇一三年の四七パーセント、二〇一七年の五〇パーセント、二〇二二年の五二パーセントと、近年一貫して増加してきている。二〇二二年には、世界の一八歳以上の成人の一六人に一人（六・四パーセント／三億二四〇万人）が極度の貧困ライン以下で生活していたと推定されているが、一八歳未満の子どもの場合は、約六人に一人（一五・八パーセント／三億三三五〇万人）であった。地域別に見ると、これら極度の貧困下にある子どもの九〇パーセントはサハラ以南のアフリカ（七一パーセント）と南アジア（一九パーセント）に集中している。また、国の所得レベル別で見ると、世界で極度の貧困下で生活している子どもたちの八〇パーセント（インドと中国を除いた場合七一パーセント）が中所得国に、一六パーセントが低所得国に、四パーセントが高所得国に住んでいる。これは、子どもの極度の貧困率（国の子どもの全人口に対して極度の貧困下にある子どもたちの割合／ヘッドカウント・レシオ）は低所得国の方が中所得国よりも大きいが[248]、国の数および人口の絶対数で見ると、中所得国の方がずっと多くなっているためである。これも、過去三〇年余の変化である（詳しくは本章後段参照）。

(三)「極度の貧困」だけが貧困ではない

ここまで、言い回し的には多少煩雑になるが、「極度の貧困」(extreme poverty) という用語をずっと使ってきた。「極度の貧困」と見なされる所得ライン（一般的に「国際貧困ライン」[international poverty line] と呼ばれている）は世界銀行が規定したもので、低所得国 (low-income countries：最新の基準で一人当たりの国民総所得［GNI］が一一四五ドル以下）において最低限の食料、衣服、住居、医療などの基本的なニーズを満たすための収入または消費水準を念頭に計算されている。[249]世界銀行は、それを低所得国の国別の貧困ラインの中央値として算出している。最新の基準は二〇二二年に改定されたもので、二〇一七年の購買力平価（purchasing power parity［PPP］）で一日二・一五ドルである。忘れてはならないのは、これがあくまでも低所得国の極度の貧困ラインに基づいていることである。現在、世界の人口の七五パーセントは中所得国に住んでいる。[250]世界からいわゆる「極度の貧困」をなくすことが重要であることは論をまたないが、それだけを見ていては、世界における貧困問題全体の深刻さをあまりにも過小評価し、また世界から貧困をなくすという目標のレベルを余りにも低く設定することになる。世界銀行もこのことを認識し、二〇一八年に、新たに低中所得国（lower middle-income countries：二〇二四年の基準で一人当たりの国民総所得が一一四六ドルから四五一五ドル）および高中所得国（upper middle-income countries：二〇二四年の基準で一人当たりの国民総所得が四五一六ドルから一万四〇〇五ドル）における貧困ラインを設定した。それらは、極度の貧困線の場合と同じように、それぞれの所得国グループの国別貧困ラインの中央値として算出されている。最新の二〇二二年版では、「極度の貧困」ラインの一日二・一五ドルに対して、低中所得国の貧困ラインは一日三・六五ドル、高中所得国の貧困ラインは一日六・八五ドルである。そして、これらのより高い貧困ラインを用いた場合、一日三・六五ドルでは世界人口のほぼ四分の一（二三パーセント）が、そして一日六・八五ドルでは世界人口の約半分（四七パーセント）が、それぞれの貧困ライン以下の生活をしている。また、これらのより高い貧困ラインを用いた場合、地域別の貧困人口の分布／シェアも**表6**のように違ってくる。サハラ以南のアフリカはどのシナリオでも高

表6　貧困ライン別に見た貧困人口の地域別シェア上位三位（二〇一九年）[251]

貧困ライン	一位	二位	三位
二・一五ドル（低所得国の国別貧困ライン中央値／いわゆる「国際貧困ライン」）	サハラ以南のアフリカ ・三億八九〇〇万人 ・六一％	南アジア ・一億五六〇〇万人 ・二四％	中東と北アフリカ ・三三〇〇万人 ・五％
三・六五ドル（低中所得国の国別貧困ライン中央値）	南アジア ・七億七二〇〇万人 ・四三％	サハラ以南のアフリカ ・六億九一〇〇万人 ・三九％	東アジアと太平洋 ・一億六〇〇〇万人 ・九％
六・八五ドル（高中所得国の国別貧困ライン中央値）	南アジア ・一五億八〇〇〇万人 ・四二％	サハラ以南のアフリカ ・九億五八〇〇万人 ・二七％	東アジアと太平洋 ・六億七四〇〇万人 ・一九％

位にあるが、貧困ラインを上げた場合には南アジアが首位になり、また東アジアと太平洋もその存在感を増してくる。

同じ観点から子どもの貧困を見ると、どうなるであろうか。二〇二二年現在、極度の貧困ラインの一日二・一五ドルを用いると、世界の一八歳以下の子ども人口の六人に一人（一六パーセント）が極度の貧困状態にあるが、低中所得国の貧困ラインである一日三・六五ドルを用いた場合には、それが

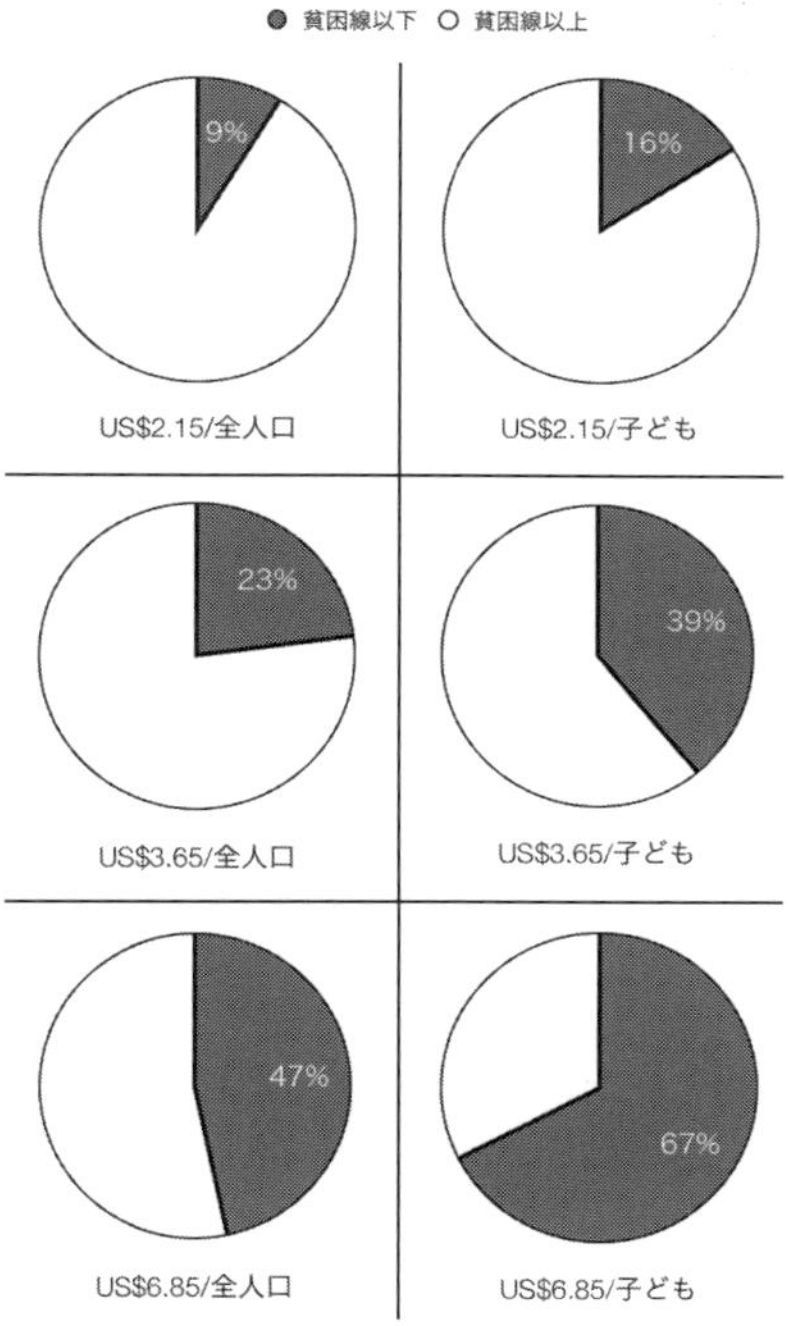

US$2.15 — 低所得国の国別貧困ラインの中央値
（いわゆる「国際貧困ライン」）
US$3.65 — 低中所得国の国別貧困ラインの中央値
US$6.85 — 高中所得国の国別貧困ラインの中央値

図13　貧困ライン別に見た貧困率 — 全人口と18歳以下の子ども人口の比較（ヘッドカウント・レシオ／2020年）[252]

二・五人に一人（三九パーセント）になり、高中所得国の貧困ラインである一日六・八五ドルを用いた場合には、一・五人に一人（六七パーセント）の高さになる（図13）。また既述の分析からもすでに明らかだが、どのシナリオでも、貧困下で生活している子どもの割合は、一般人口のそれよりも格段に高い。ここでも、世界の貧困の最大の負荷が、子どもにかかっていることがわかる。

三つの違った貧困ラインを採った場合の子どもの貧困率の変化を地域別に見ると、**表7**のようになる。より高い貧困ラインを採った場合、サハラ以南のアフリカの子どもの貧困率がより高くなるのはもちろんだが、他の地域、特に南アジア、中東と北アフリカ、東アジアと太平洋、およびラテンアメリカとカリブ海も急激に子どもの貧困率を上げる。これを見ても、我々が世界のすべての貧困を終わりにすることからいまだ程遠いところにいることは、明らかである。

表7　貧困ライン別に見た子どもの貧困率（ヘッドカウント・レシオ／二〇二二年）[253]

貧困ライン	二・一五ドル	三・六五ドル	六・八五ドル
サハラ以南のアフリカ	四〇・二％	六九・四％	九一・一％
南アジア	九・七％	四六・七％	八六・七％
中東と北アフリカ	九・九％	二一・六％	五五・二％
東アジアと太平洋	二・八％	一三・三％	四二・〇％
ラテンアメリカとカリブ海	五・九％	一五・一％	三九・五％
ヨーロッパと中央アジア	〇・五％	二・一％	一〇・八％
全世界	一五・八％	三八・九％	六七・四％

US$2.15 — 低所得国の国別貧困ラインの中央値（いわゆる「国際貧困ライン」）
US$3.65 — 低中所得国の国別貧困ラインの中央値
US$6.85 — 高中所得国の国別貧困ラインの中央値

我々は、いわゆる「極度の貧困」を終わりにすることの途上にいる。しかし、それが達成されても、世界の貧困全体を終わりにする努力は続けられなければならない。サハラ以南のアフリカの国々や紛争および脆弱性の影響を受けている国々などにおける極度の貧困の問題は、非常に深刻である。

同時に、貧困はそれら一部の国だけに限られたものではない。これは、絶対的貧困という限られた側面だけを見た場合であってもそうであり、相対的貧困も考慮に入れた場合にはなおさらである。また、本書の第5章で述べた権利の漸進的実現という見地からも、貧困削減への継続した取り組みが必要である。

(四)　歴史的にも深刻な不平等

では、不平等の場合はどうであろうか。不平等に対する注目が世界的に高まり、それに関するデータや分析が格段に増えたのも、過去三〇年余の変化の一つであろう。チャンセルとピケティは、歴史的データを使い、一八二〇年から二〇二〇年の二〇〇年間という長期にわたる世界の不平等の変化を、「グローバルな不平等」(global inequality：世界を一つのコミュニティとして分析した場合の不平等)と、そのサブセットとしての「国々の間の不平等」(between-country inequality)と「国々の中の不平等」(within-country inequality)の三つに分け、次のように分析している。[254]

ア．「グローバルな不平等」をジニ係数で見ると、一八二〇年には〇・六だったものが二〇世紀初頭にかけて急増し、一九一〇年に〇・七二でピークを迎えた。[255] これは、植民地の拡大と軌を一にしている。ジニ係数の値はその後ある程度減少したが、一九六〇年以降再び増加、二〇〇〇年に再度〇・七二となって一九一〇年と同じレベルになった。それ以降は二〇二〇年の〇・六七まで下降しているが、これが今後も続く長期的な不平等の削減につながるかどうかは、

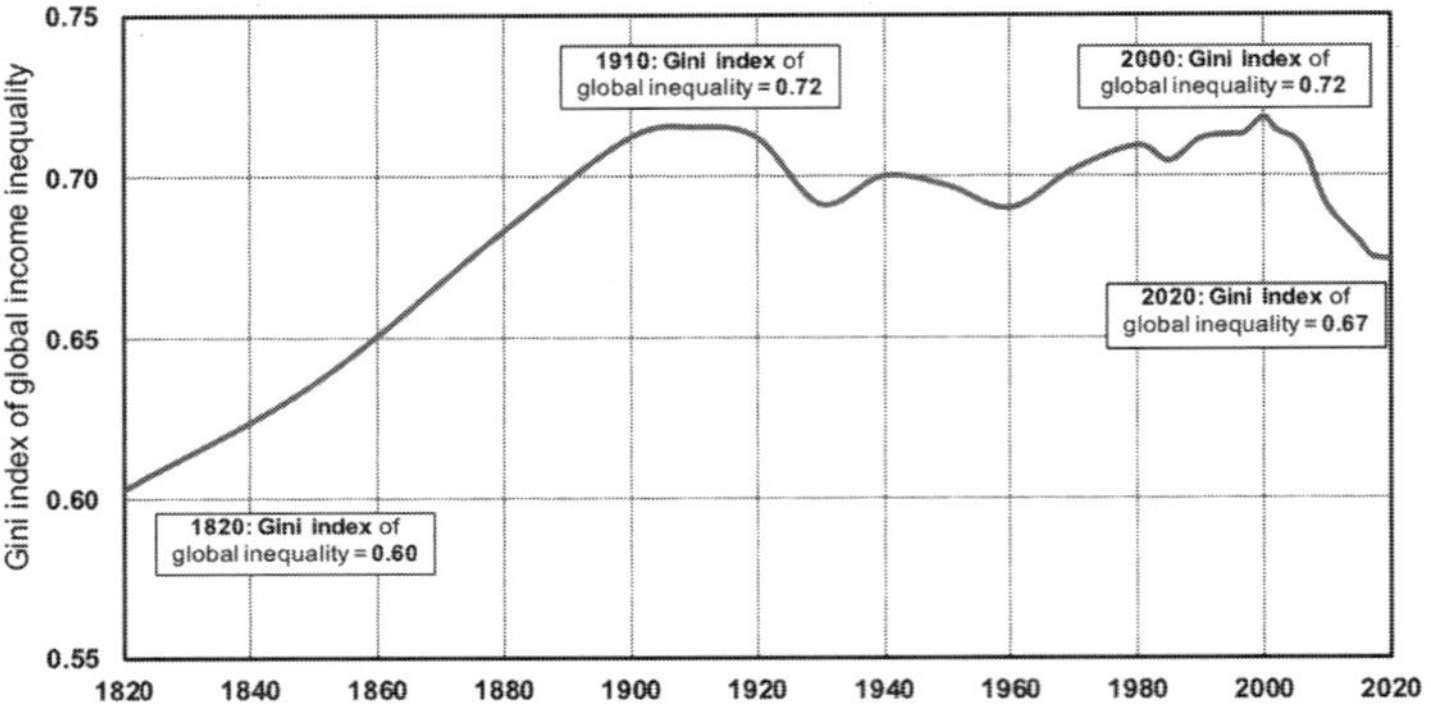

出典：Lucas Chancel and Thoms Piketty (2021), *Global Income Inequality, 1820-2020: The Persistence and Mutation of Extreme Inequality*, World Inequality Lab, Figure 2 (https://wid.world/document/longrunpaper/).

図14　世界のジニ係数の変化（1820年から2020年）

いまだわからない（図14）。不平等に関する他の指標（例：上位一〇パーセントの所得合計と下位五〇パーセントの所得合計の比率、上位一パーセントの所得合計と下位五〇パーセントの所得合計の比率など）とともに総合的に見ると、二〇二〇年現在の「グローバルな不平等」は、一九〇〇年から一九一〇年に世界が経験した不平等の歴史的最高位点と近く、一八二〇年のレベルよりもずっと高い。

イ．「グローバルな不平等」のサブセットである「国々の間の不平等」と「国々の中の不平等」の動きを見てみると、一八二〇年から一九一〇年の期間は、両方が増加した。それに対し、一九一〇年から一九八〇年の期間には、「国々の中の不平等」が最初緩やかに、後に急速に下がったが（特に第二次世界大戦から一九五〇年代）、「国々の間の不平等」は

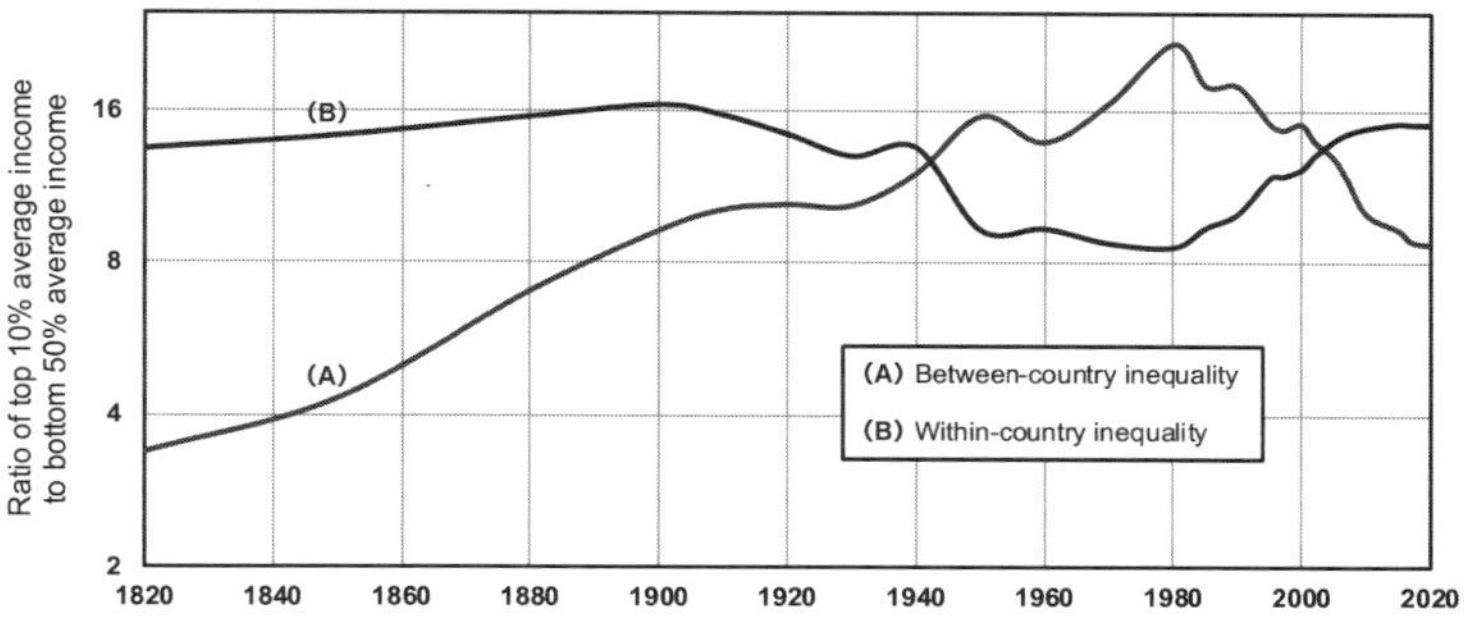

出典：Lucas Chancel and Thoms Piketty (2021), *Global Income Inequality, 1820-2020: The Persistence and Mutation of Extreme Inequality*, World Inequality Lab, Figure 4 (https://wid.world/document/longrunpaper/).

図15　「国々の間の不平等」(A) と「国々の中での不平等」(B) の推移（上位10パーセントと下位50パーセントの所得の比率で測定：1820年から2020年）

増加し続けた。逆に一九八〇年から二〇二〇年にかけては、「国々の間の不平等」は下降し始めたが、「国々の中の不平等」が急激に増加している（図15）。「グローバルな不平等」の内訳を見てみると、一八二〇年には「国々の中の不平等」が「グローバルな不平等」のほとんどを占めていた（「国々の中の不平等」八九パーセントに対して「国々の間の不平等」一一パーセント）。その後、植民地主義とその余波のために「国々の間の不平等」が「グローバルな不平等」に占める重要性は一貫して上昇し続け、一九八〇年には「グローバルな不平等」の半分以上を占めるに至った（「国々の中の不平等」四三パーセントに対して「国々の間の不平等」五七パーセント）。しかし、一九八〇年以後は「国々の中の不平等」が「グローバルな不平等」の

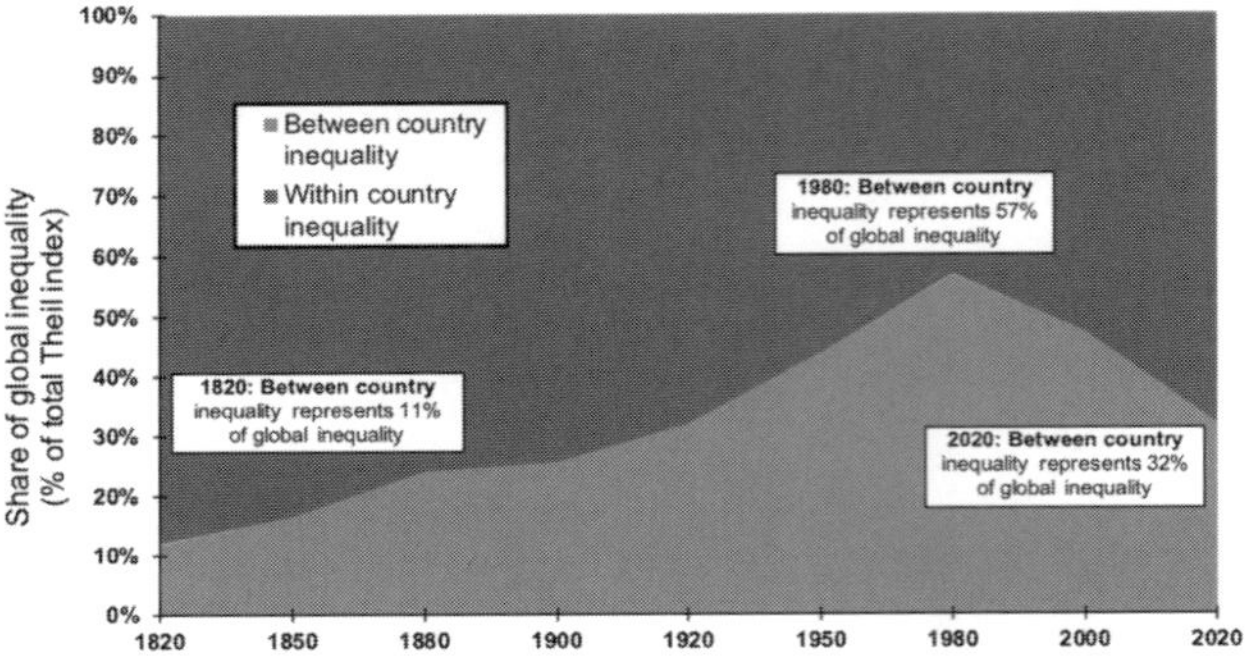

出典：Lucas Chancel and Thoms Piketty (2021), *Global Income Inequality, 1820-2020: The Persistence and Mutation of Extreme Inequality*, World Inequality Lab, Figure 5 (https://wid.world/document/longrunpaper/).

図16　「グローバルな不平等」に占める「国々の間の不平等」と「国々の中での不平等」の割合の推移（1820年から2020年）

中で持つ重要性が一貫して増加してきている（二〇二〇年現在、「国々の中の不平等」六八パーセントに対して「国々の間の不平等」三二パーセント）（図16）。自分が職業人として開発に関わった三二年間は、この時期に当たる。

一八二〇年から一九一〇年は、特にアフリカやアジアで植民地が急速に拡大した時期であり、一九一〇年はその最盛期に当たる。格差の内訳や要因は違うが、現在我々が住む世界の不平等のレベルが、植民地主義最盛期のそれと数値的にほぼ同じということの意味は重い。[256]

二．変化の加速

前記の貧困と格差の展開も含めて、自分が過ごした三〇年余の職業人生期間は、さまざまなマクロ・トレンドの変化のスピードが速まった時期で

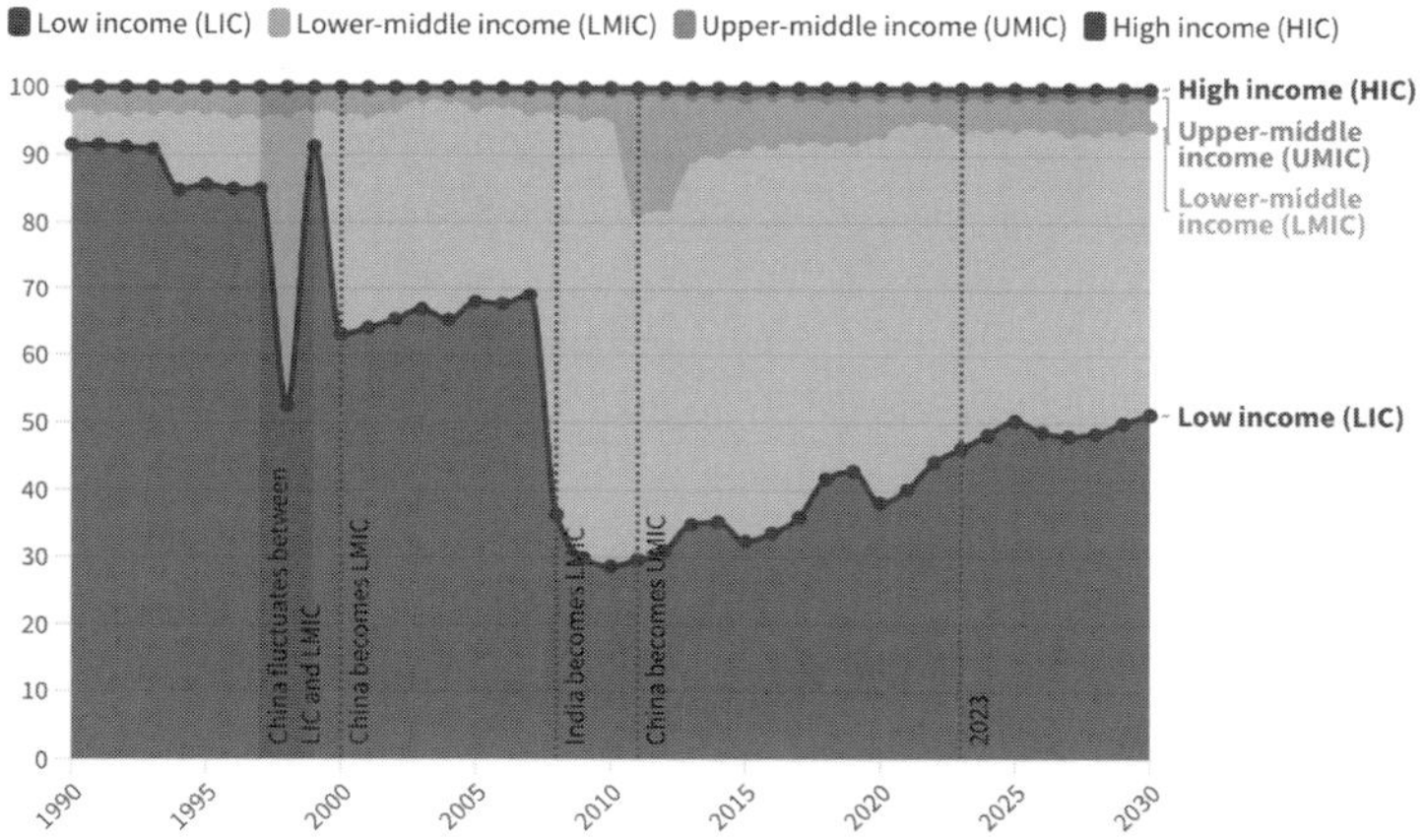

出典：Daniel Gerszon, et.al. (2023), ***Most of the world's extreme poor live in middle income countries – but not for long***, World Bank Data Blog (https://blogs.worldbank.org/en/opendata/most-worlds-extreme-poor-live-middle-income-countries-not-long).

図17　極度の貧困人口の所得国グループ別分布（1990年から2030年）

もあったと思う。ここではあと二つ、その例をあげたい。

一つは、前項でも少し触れたが、極度の貧困の地理的変化である。これについては、世界銀行のスタッフ・エコノミストが、二〇二三年に同行のブログに興味深い分析を載せている。[257] **図17**は、一日一人当たり二・一五ドルの国際貧困ラインで測定された世界の極度の貧困層（global extreme poor）が、どの所得国グループにどれくらい住んでいるかを、一九九〇年から二〇三〇年にかけて、実際値と予測値で示したグラフである。そして、**表8**は、そのうち一九九〇年、二〇一〇年、二〇二三年の三つの時点の状況を抜き出した「スナップショット」である。

この図表でもわかるように、一九九〇年

表8　極度の貧困人口の所得国グループ別分布（1990年、2010年、2023年）

所得カテゴリー		1990年	2010年	2023年
低所得国	**(A)**	**91.4%**	**28.6%**	**46.3%**
低位中所得国	(B)	5.7%	67.5%	48.0%
高位中所得国	(C)	2.7%	3.4%	4.7%
中所得国小計	**(D=B+C)**	**8.4%**	**70.9%**	**52.7%**
高所得国	**(E)**	**0.2%**	**0.5%**	**1.1%**
合計	(F=A+D+E)	100.0%	100.0%	100.0%

に自分がユニセフに入った頃は、「極度に貧しい人々」と「貧しい国々」とがほぼ重なり合っていた。当時は、世界の極度に貧しい人々の九割以上が低所得国に住んでいたのである。そのため、世界で最も貧しい人々を支援するためには、最も貧しい国々を支援することが必要かつほぼ十分であった。

しかし、この状況はその後二〇年間で急速に変わり始める。これは、一つには中国やインドのような人口の多い（そして絶対数として多くの貧しい人々が生活している）国々が低所得グループから中所得国に移動したことに起因している。[258]中国は一九九八年に低中所得国となり、インドも二〇〇八年にそうなった。この結果、二〇〇七年から二〇〇八年にかけて、低所得国と中所得国に住む貧しい人々の人口規模は逆転した。二〇〇七年には、世界の極度の貧困人口の六九パーセントが低所得国、三一パーセントが中所得国に住んでいたのが、二〇〇八年には低所得国三六パーセント、中所得国六三パーセントとなり、二〇一〇年には低所得国が二九パーセント、中所得国が七一パーセントとなった。こうして、歴史上初めて世界の最も貧しい人々の多くが、中所得国に住むようになった。[259]こうした変化は、自分が中所得国のタイで勤務していた頃（二〇〇六年から二〇一二年）に起こった。

だが、過去一〇年間で状況は再び変わり始める。この期間に、中国のほぼ全人口が極度の貧困から脱した。またインドにおいても、一九九〇年には二人に一人が極度の貧困の状態にあったのが、二〇一九年には一〇人に一人未満にまで減少した。一方で、低成長、紛争、そして脆弱性が多くの低所得国において発展を阻害し、それにこれらの国ではいまだ続いている急速な人口増加が加わった。その結果、二〇一〇年以降、低所得国に住む極度に貧しい人々の割合は増え始め、二〇二三年現在では、世界の極度に貧しい人々の四六パーセントが低所得国に、五三パーセントが中所得国に住んでいる。そしてこの割合は、二〇二五年頃から再び逆転するのではないかと予測されている。

また、異なる所得国グループの極度の貧困率の平均（ヘッドカウント・レシオ）を見ると、低所得国の極度の貧困率は一九九〇年から二〇〇八年までは連続して低下したものの（一九九〇年の六一パーセントから二〇〇八年の三六パーセント）、その後は停滞状態に陥り、二〇二三年では四〇パーセントと逆に増加傾向にある。それに対して、低中所得国における極度の貧困率は、一九九〇年には一三パーセントであったものが、一九九八年に中国が低中所得国になったことにより三五パーセントにまで上昇する。しかし、その後はインドが低中所得国になった二〇〇八年を除いてはほぼ一貫して低下しており、二〇二三年現在九・八パーセントとなっている。また、高中所得国における極度の貧困率は、一九九〇年には九・二パーセントだったが、二〇二三年現在一・一パーセントにまで減少している。

世界人口における国の所得カテゴリー別人口シェアを見てみると、一九九〇年には世界人口の五七パーセントが低所得国に住んでいたのに対し、今日ではその割合は一〇パーセントである。また低所得国の数も、世紀の変わり目には六〇カ国以上だったものが、今日では三〇カ国未満に減少している。これにより、一九九〇年に比べて、極度の貧困がより少数で人口の少ない低所得国（二〇二三年現在二四カ国）に集中するようになった。

これらの分析に基づき、同ブログの筆者らは、一九九〇年に世界における極度の貧困問題にアクションを取ることは、世界のほとんどの地域に存在していた多くの低所得国を対象にする必要があったが、今日ではそれは、主に脆弱で紛争に巻き込まれた国々やサハラ以南のアフリカの国々、および低中所得国に残る極度の貧困層に注目することを意味するとしている。これは、「極度の貧困」という問題に焦点を当てる限り正しく、重要な視点である。しかし前項でも述べたように、世界の貧困は、低所得国の国別貧困ラインの中央値として算出された「極度の貧困ライン」（＝最新の基準で二・一五ドル）ですべて捉え切れるわけではない。それはあくまでも、所得的に「最低線の中の最低線」である（その意味で、低所得国の国別貧困ラインの中央値である「極度の貧困ライン」を「国際貧困ライン」と呼ぶのは、不適切かつ誤解を与える名称であると思う）。世界人口の七五パーセント、そして世界で貧困下で生活している人々の六二パーセントが中所得国に住んでいる現代における貧困削減は、より高い貧困ラインで測られた貧困（＝低中所得国なら三・六五ドル／高中所得国なら六・八五ドル）をも当然射程に入れなければならない。それはまさに、第5章で述べた権利の漸進的実現という原則とも合致するものである。

変化のスピードの増加のもう一つの例は、本書でも何度か取り上げた人口動態の変化である。自分が学生の頃、開発の最大の問題の一つはいわゆる「人口爆発」であった。そして、確かにそれは、その当時の世界状況の重要な一部であった。また増加率は低下したものの、世界人口の絶対数自体は、サハラ以南のアフリカの依然高い出生率と人口規模の多いアジア全体の緩やかな人口増加により、依然として増え続けている。しかし、ここでも変化の速度は速い。国連によれば、世界全体の合計特殊出生率は現在女性一人当たり二・二五人だが、二〇四〇年代の終わりまでには人口置換水準の二・一人にまで低下する。そして、世界人口は二〇八〇年代中盤に一〇三億人のピークに達した後、減少に転じる。[260]そして気がついてみれば、本書で取り上げたように、タイのような中所得国は無論のこと、ネパールやバングラデシュなどかつて「人口爆発」の典型と思われていた低所得国までが、少子高齢化への道をひた走るようになっている。一国の発展において、ある時期の「成功」（それはそれ自体として望ましく、達成されなければならないものだが）は、次の時期のチャレンジとなりうるということを実感させられた例であった。

三．経済発展レベルの違いを超えた共通のイシューの増加

一九九〇年にユニセフに入ったときには、自分の仕事はいわゆる開発途上国の中でも低所得国の開発・発展に何らかの形で寄与することであると考え、その思いはその後も持ち続けてきた。しかし、

その後低所得国とともにいくつかの中所得国で働き、平均所得がある一定レベルを超えれば社会のすべての問題は自動的に解決するという魔法なようなことはないという、ある意味当然のことを再認識した。その最たるものは、不平等である。前述したように、一九八〇年以降国家間の不平等は縮小し始めたが、各国家内の不平等は多くの国で急速に拡大してきており、それに付随してさまざまな社会問題が顕在化してきている。中でも中所得国は、第5章でも述べたように、格差が最も大きな国のグループである。

また、日本と開発途上国との間に同根の問題を見るようになったのも、職業人として生きた三二年間に起こったことである。例えば、前記の不平等は、日本においてもこの間に大きく拡大した。自分が学生だったのは、いまだ「一億総中流」や「新中間大衆の時代」などという言葉が頻繁に使われていた時代であったが、今ではまさに隔世の感がある。二〇二三年には、所得再分配前と後のジニ係数が、過去最高と同水準に達した（それぞれ〇・五六七〇〇と〇・三八一三）。[261]また、日本で貧困下で生活している人々の割合は、二〇二一年現在全人口のほぼ六人に一人（一五・七パーセント）にのぼる。これは、二〇一八年には日本よりも貧困率の高かったアメリカや韓国を抜き、OECD主要国中トップである（OECD加盟国の平均は一一・四パーセント）。[262]

不平等が固定化すれば、それは当然絶望や諦念につながる。そしてそれは、個々人が自分の能力と可能性をフルに実現する権利を実質的に侵害し、社会や経済の活力を奪う。二〇一八年、OECDは、「社会エレベーター」という指標をその報告書の一つで用い、世界の国々の所得不平等の大き

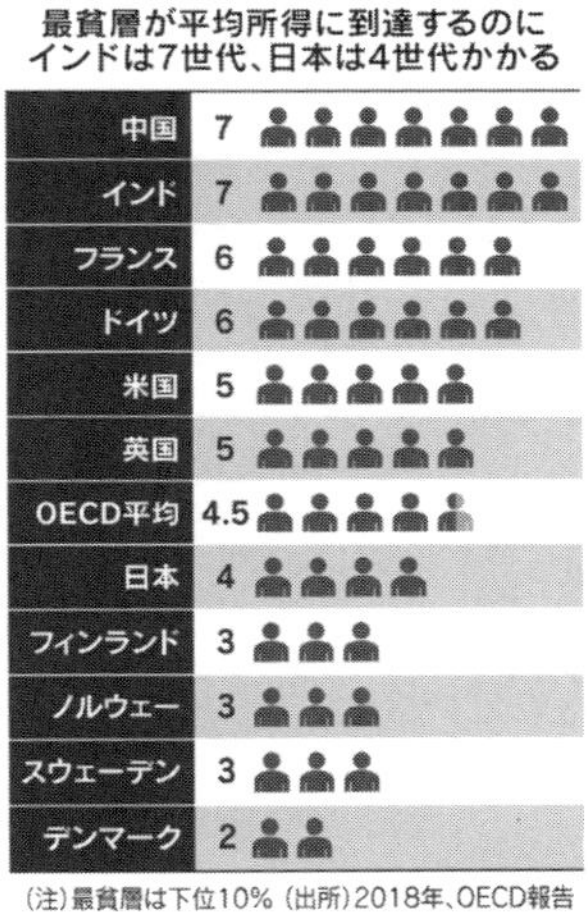

出典：日経新聞（2022年）、『明日は見えますか ― 格差克服「社会エレベーター」動かせ』、2022年1月5日
(https://www.nikkei.com/article/DGXZQODL066US0W1A201C2000000/)

図18　「社会エレベーター」国際比較[263]

さや教育・雇用などに基づいて、社会的流動性の可能性を測った。具体的には、ある国の最貧層（所得下位一〇パーセント）に生まれた場合、平均所得に届くまで何世代かかるかを計算した。図18は、日経新聞によるその結果の抜粋である。日本の場合、最貧層の平均所得への道のりは四世代とOECD平均（四・五世代）より若干短いが、一世代三〇年としたら、それでも一二〇年である。これに対し、北欧の国々は相対的に社会的流動性が高い。

　日本における民主主義や社会制度の機能不全も、近年一層目立つようになってきた。自分がカンボジアで働いているとき、「不処罰の文化」（culture of impunity）という言葉に初めて触れ、それが現代カンボジア社会を理解するための重要なキーワードであると知った。[264]また、政府によるメディアへの圧力も目の当たりにした。当時はそれを、開発途上国であるカンボジアの問題と考えがちであった。しかし、近年の日本における状況、例えば公文書の隠蔽や改ざんによって情報の記録・公開・検証という民主主義の基本が侵害されていること、政府のメディアへの圧力とメディア側の「忖度《そんたく》」、権力者による犯罪に関する「不処罰の文化」(例:旧ジャニーズ事務所における性加害に関連する問題)などを見るにつけ、それはもはや「どこかの開発途上国の問題」ではなくなっていると考えるようになった。それらが深刻なのは、枝葉末節ではなく、民主主義のルールや制度(institution)、システムの根幹自体が侵食されているという点である。そしてそれが、すでに日本で我々の日常の現実の一部となっている。

人権やジェンダー分野での遅れも非常に顕著である。例えば、政府から独立し、人権侵害からの救済を行う人権機関である国内人権機関(national human rights commission)は、現在世界の一一八カ国に設置されているが、日本には存在しない。二〇二三年夏に訪日し、旧ジャニーズ事務所における性加害問題を含む企業と人権の問題を調査した国連人権理事会のビジネスと人権作業部会が「企業の人権尊重と説明責任を促進しようとする政府の取り組みに大きな穴が開いている」と指摘したが、その穴とは国内人権機関の不在のことである。[265]日本政府は、一九九八年以降国際人権条約の実施状況審査のたびに国内人権機関の設置を勧告されているが、毎回「勧告には法的拘束力がない」「法務省の人権擁護制度や政府内の担当組織があるので国内人権機関の設置は不要である」との主張を繰り返してきている。前者についていえば、条約機関からの勧告は命令ではないので、その意味で「法的拘束力はない」。しかし、国内人権機関設立についてのパリ原則に関する国連総会決議四八／一三四は一九九三年に全会一致で採択されており、それには日本政府も当然賛成票を投じたはずである。また、条約機関からの勧告を建設的対話なしに無視することは、条約の実施義務を果たしていないことになり、日本国憲法九八条二項が規定している、締結している条約を「誠実に順守する義務」に反する。この件に関する前述の経緯を考えれば、「法的拘束力はない」という対応は「誠実」とはいえず、理由にならない理由である。さらに、「法務省の人権擁護制度や政府内の担当組織があるので国家人権機関の設置は不要である」という理由に至っては、パリ原則がそもそも政府からの独立を国内人権機関の絶対要件としているのであるから、その趣旨が理解されていない、あるいは理解したくないとしか言いようがない。そこには、そもそも国内人権機関の設立の必要性が合意されるに至った理由、すなわち、過去の教訓を踏まえて、「政府が過ちを犯し得る」「政府が自らの政策を公平・公正に裁くことには限界がある」との認識が根本的に欠如しているように見える。日本の過去を振り返れば、その教訓が十分過ぎるほど当てはまるにもかかわらずである。[266]

さらにジェンダーに関しては、世界経済フォーラムのジェンダーギャップ指数で、二〇二三年現在一四六カ国中一二五位という位置にある。これを、自分が勤務したフィリピン（一六位）、バングラデシュ（五九位）、タイ（七四位）、カンボジア（九二位）、ブータン（一〇三位）、ネパール（一一六位）、そしてインド（一二七位）と比べてみると、僅差のインドを除くどの国よりも低い。[267]

人権教育の専門家である馬橋憲男氏は、「生きづらさ、周りへの過剰な同化と忖度、政治や社会を変えられないとの無力感、将来への希望のなさ ―こうした多くの市民が抱える日常の不安や安全・安心の欠如は、セーフティネット（安全網）である国際基準の人権が十分に保障されていないからではないでしょうか」[268]と述べているが、自分もまったく同感である。日本の現在の閉塞状況の理由は多々あるが、その一つは、個々人が権利の主体として十分にエンパワーされていないことにあるのではないか。「あなたが出会う最悪の敵は、いつもあなた自身であるだろう」とはニーチェの言葉であるが、我々が社会として持つマインドセットをもう一度批判的に見つめ直すことが必要であると思う。

四．着実な進歩の存在

ここまで述べてきたように、一九九〇年に自分がユニセフに就職したときも現在も、この世にはありとあらゆる問題があり、次々と新しい問題が生まれてもくる。同時に、それになんとか対処して世界をより良いものにしていこうとする意志とその実績も確実に存在する。三二年の職業人生は、それを改めて認識した年月でもあった。その例は多々あるが、ここでは子どもの予防接種率の推移を見てみよう（図19）。一見してわかるように、子どもの予防接種率は、時期によりスピードの差はあるものの、一九八〇年以降一貫して増加してきている。具体的にどうやってそれが達成できたのか、着実な進歩の例として説明したい。

一九七〇年代までには、天然痘ワクチン、結核ワクチン、ジフテリアワクチン、百日咳ワクチン、

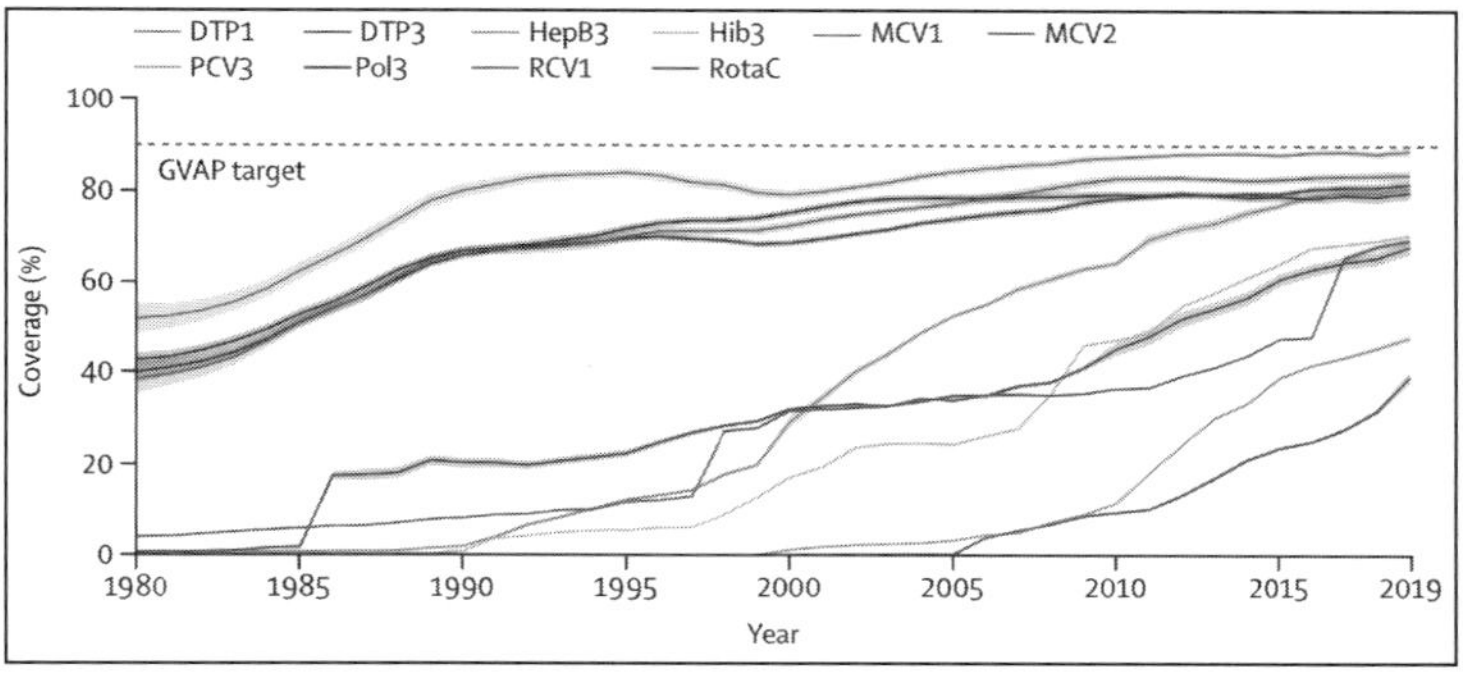

出典：Vaccine Coverage Collaborators (2021), "Measuring routine childhood vaccination coverage in 204 countries and territories, 1980–2019: a systematic analysis for the Global Burden of Disease Study 2020, Release 1", *The Lancet*, Vol. 398, 7 August 2021, p. 507 (https://www.thelancet.com/action/showPdf?pii=S0140-6736%2821%2900984-3).

図19　世界の子どもの予防接種率の変化[269]

破傷風ワクチン、ポリオワクチンとそれらを接種するサービスは存在していた。しかし、各国の予防接種管理システムは、ワクチンで予防可能な疾病の感染を阻止できるレベルまで接種率を拡大することができなかった（例外は天然痘で、長年にわたる義務的［compulsory］予防接種により、一九八〇年に根絶が宣言された）。さらに、ワクチン接種対象者の推定値（＝分母）に関するデータが未整備であったため、接種率はわからず、記録にも残らなかった。接種時のワクチンの有効性を保証するため、効果的に機能したコールドチェーン・システムによってワクチンの品質を維持するという今日ではすでに常識となっていることにも、十分な注意が払われていなかった。監督体制も不十分で、予防接種が疾病の減少に及ぼす影響を判断するためのサーベイランスも実施されていなかった。最後に、予防接種率を向上させ、目標達成率を継続的にチェックする評価システムがなかった。
こうした状況を是正し、予防接種が持つ力を最大限に発揮させるために、一九七四年五月、拡大予防接種計画（Expanded Programme on Immunization［ＥＰＩ］）の開始がＷＨＯによって宣言された。このプログラムの目的は、プライマリー・ヘルス・ケアの不可欠な要素をして予防接種サービスを実施することにより、ワクチンで予防可能な疾病による罹患率と死亡率を減少させるということであった。[270]具体的には、ジフテリア、百日咳、破傷風、ポリオ、麻疹、結核という当時の子どもの六大疾病を、予防接種を通じてなくすか可能な限り低いレベルまで減らすことが目標とされた。そして一九八四年には、これらの予防接種について一九九〇年までに最低八〇パーセントを世界で達成するという期限付き目標、いわゆる「すべての子どもに予防接種を」（Universal Child Immunization［ＵＣＩ］）がＷＨＯとユニセフの主導のもとに始まった。世界の子どもの予防接種率は、ＥＰＩおよびＵＣＩのもとで飛躍的に伸びた。一九七四年にＥＰＩが開始されたときは六つであったＷＨＯ推奨ワクチン（結核、ジフテリア、破傷風、百日咳、麻疹、ポリオ）には、その後インフルエンザ菌ｂ型、Ｂ型肝炎、風疹、肺炎球菌、ロタウイルス、ヒトパピローマウイルスなどが加えられ、いずれも接種率を上げていった。[271]
これと同じ時期に、下痢症や肺炎、栄養不良など、世界の子どもの主要な死因・死亡要因を減少させようとする取り組みも進められた。それには、経口補水塩の利用による下痢の脱水症予防、下痢や肺炎の発症率を下げるロタウイルスワクチン／肺炎球菌ワクチン／インフルエンザ菌ｂ型ワク

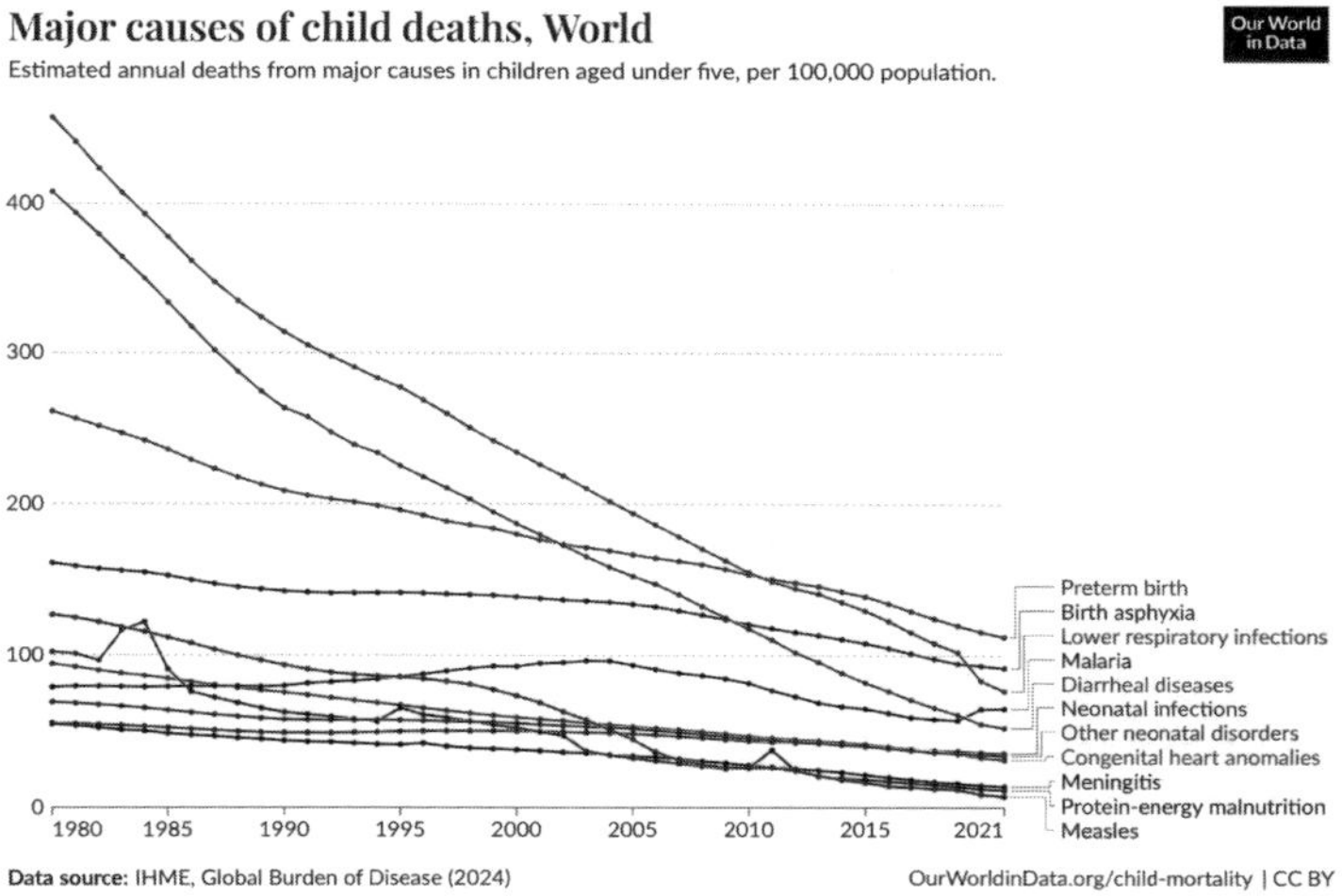

出典：Our World in Data, *Major causes of child deaths, World* (https://ourworldindata.org/grapher/major-causes-of-child-deaths).

図20　死因別子どもの年間死亡者数の推移（1980年から2021年）

チンの導入、安全な水の供給、トイレの普及、手洗いを含む衛生改善、肺炎の早期診断と抗生物質の適切な使用、母乳による育児の推奨、乳児への補助食導入の正しい時期と方法に関する知識の普及、ビタミンAや鉄分のサプリメントの導入などが含まれる。これらの努力の結果、世界の子どもの死亡数および死亡率は大幅に減少した（図20）。一九七〇年代初頭には、世界で年間一四〇〇万人の五歳以下の子どもが死亡していた。それが、一九九〇年には一二八〇万人、二〇一〇年代半ばには五九〇万人となり、二〇二二年現在、四九〇万人まで低下してきている。世界の五歳以下の子どもの死亡率は、自分がユニセフに就職した一九九〇年には出生一〇〇〇件中九三人であったが、二〇二二年には三七人と、六〇パーセント減少している。[272]
これらの例は、ポジティブな変化を追求する人々が協力し努力を重ねることが、さまざまな問題に直面しても、決して無駄ではないことを示している。

五．ニーズ（needs）からライツ（rights）へ

一九九〇年に自分がユニセフで働き始めたとき、開発の世界の基本的な考え方のベースは「ニーズ」（needs）であったと思う。すなわち、世の中にはベーシック・ニーズ（基本的な衣食住の必要性）も満たせない人々がたくさんいる、そうした状況が解消されなければ公正な社会とはいえない―ということである。そこにはもちろん、社会正義的な視点があった。しかし、それがそれらの人々の「ライツ」（rights）、すなわち「権利」と位置付けられるまでには、社会一般の合意が明確に形成されていなかったように思われる。[273]
ユニセフが関係する分野でそれが明確にされたのは、一九八九年に国連総会で採択され、一九九〇年に発効した『子どもの権利条約』（Convention on the Rights of the Child）であった。正直なことを言うと、最初ユニセフで同僚とその話をしたとき（おそらく一九九一年頃だったと思う）、このことに関する自分の反応は鈍かった。「ふ～ん、そうなんだ。でも、レトリックを変えるだけでは問題は解決しないよね」というところである。しかし、その後の三〇年の間に、この件に関して、自分の認識はもちろん社会の状況も大きく変わった。子どもの権利条約はほとんどすべての国によって批准

され、世界で最も多くの国によって批准された国際条約の一つとなった。変化は単に紙の上だけではなく、実際の行動レベルでも起こっている。条約を批准した国々は、その発効から二年以内に最初の報告書を、その後は五年ごとに、定期報告書を国連の子どもの権利委員会に提出することになっている。この報告書は、子どもの権利についての条約の履行状況に関するもので、委員会が各国の状況を評価し、勧告を行う際のインプットの一つとなる。子どもの権利委員会の勧告には法的拘束力はないが、関係国政府は、その内容には神経を使っている。また勧告は、ユニセフや他の子どもの権利関係の主体（国の関係組織、市民団体、NGO、子どもたち自身）が政府に対して必要な行動を提案・要求する際の、根拠あるいは「参照点」（reference point）の一つとなっている。もちろん、世界は依然として、「子どもの権利」が侵害されている例であふれている。しかし、人々の心の中で社会規範（social norm）が少しずつ変わり、三〇年前と比べてそれが無視できない流れになっていることは確かだ。

もう一つ強調したいのは、子どもの心身の健康（ウェルビーイング［wellbeing］）が持つ本来的な価値についての認識の高まりである。この本のいくつかの箇所で自分は、子どもの健全な発育が、彼らが大人になった後の生産性や所得を高め、それが当該社会の持続的発展に不可欠であるというようなことを書いた。それは、多くのエビデンスによって証明された事実であり、非常に重要である。同時にそれは、子どものウェルビーイングが社会にとって持つ「手段としての価値」（instrumental value）に重きを置いた、「人的資源」（human resources）的あるいは功利主義的な見方でもある。それとともに、そしてそれよりもさらに重要なのは、子どものウェルビーイングが持つ「本来的価値」(intrinsic value)である。すなわち、自身のウェルビーイングを追求・達成する権利があるという点では、大人も子どもも変わりはない。子どものウェルビーイングは、それが何か他のことに役立つからのみ追求されるのではなく、それ自体としてこの上なく重要であるから追求されるべきなのである。同時にこの手段としての価値および本来的価値は、両立しうる。あることが何か別のことにとって重要であるということは、そのことがそれ自体として重要であるということを否定しない。いずれにしても、子どもの権利が、それ自体本来的な価値を持つものとして重要であるということが認められるようになってきたのは、ここ三〇年のポジティブな変化の一つであると思う。

自身の軌跡の振り返り

さて、振り返って自分の職業人としての軌跡を省みると、よくもまあ最初に思い描いていたこととは違ったものよと思わざるを得ない。まず、アカデミック(研究者)になることを志していたのが、プラクティショナー(実践者)となった。プラクティショナーとなった後は、何か一つの専門性を持つスペシャリストになりたいと思っていたのが、ひょんなことからそれまで思ってもみなかったマネジメント業に就き、ジェネラリストとしてのキャリアを歩むこととなった。

しかし、そうは言っても、自分の職業人生に不満があるわけではない。むしろ逆であり、そうした思いもよらない展開——本書冒頭の自分の言葉で言えば「ピンボールのような人生」——を、最終的には楽しむようになった。〈国連組織、NGO〉という自分が属した組織の多様性、〈プログラム立案、実施支援、調整、リサーチ、政策提言、マネジメント、パートナーシップ、資金集めなど〉という仕事の機能面での多様性、〈後発開発途上国、低所得国、中所得国、高所得国〉という任地国の多様性、〈通常の開発プログラム、緊急支援プログラム〉という状況の多様性などを経験できたことは、自分の視野を広げるのを助けてくれたと思う。

仕事の中では、①できるだけ多くの子どもの生活を大規模かつ持続的に改善できるような課題や活動と、②当該社会における重大な子どもの権利侵害（それが相対的に少数者に関する場合でも）に優先順位を置いた。本書で取り上げたイシューに即して説明すると、たびたび取り上げたヨード欠乏症（インド、カンボジア、タイ）のほか、ポリオ撲滅（インド）、少子高齢化と子どもへの投資に関するアドボカシー（タイ、ネパール、バングラデシュ）、児童手当／現金給付（タイ、ネパール）、連邦制化と政策提言（ネパール）などは①に当たり、人身売買、孤児院ツーリズム（カンボジア）、武力紛争（タイ）などは②に当たる。イシューの性格として両者は違うが、自分の中ではつながりがある。前者は多くの子どもの現在や未来に関わり、後者は最も深刻な状況に置かれた子どもを助けるとともに、権利擁護に関する社会全体の意識や基準を引き上げ、規範を変えるきっかけの一つともなる。最終的には、どちらも違った形で当該社会における子どもの権利の推進に寄与する。逆に「プロジェクトのためのプロジェクト」になりそうなものは、やらないか敬遠した。自分が担当した事務所の運営でも、「なぜ我々はそれをするのか」（why we do what we do）をまず明確にし、「いつも通り」(business as usual) を問い直すことを意識的に進めた。また、何かを始めるときにそれが全体の状況 (big picture) にどう影響するのかを自らに問うこと、細かな計画に入る前に期待される変化とそれを起こすためのゲーム・プランを明確にすること、結果をデータや事実で証明することを推進した。戦略的な集中 (focusing) は力であると信じていたので、プログラムでも自分の時間の使い方でも、限りある資源、能力および時間を最も重要なものに充てることを心がけた。「何をやらなければならないか」とともに、「何はやらなくてもいいか」を意識的に考えた。また、データとエビデンスを非常に重要視した。多指標クラスター調査 (Multiple-Indicator Cluster Survey [MICS]) の重視と活用 (カンボジア、タイ、ネパール、バングラデシュ) や、格差の分析とアドボカシー (特にタイ、ネパール、バングラデシュ)、少子高齢化と社会における子どもの重要性に関する分析とアドボカシー (タイ、ネパール、バングラデシュ) などは、その例である。

「歴史的」と形容される緊急事態に何度か遭遇することになったのも、自分のキャリアの特徴だと思う。「過去五〇年で最悪の洪水」(タイ中部洪水被害/二〇一一年)、「ミンダナオ島を直撃した最も強力な台風」(フィリピンの台風ボーファ/二〇一二年)、「フィリピンで過去二三年で最も死者が多かった地震」(フィリピンのボホール島大地震/二〇一三年)、「世界の観測史上最強の台風の一つ」(フィリピンの台風ハイエン/二〇一三年)、「ネパールで過去八〇年で最も大きい地震」(ネパール大地震/二〇一五年)、「一〇〇年に一度の世界的パンデミック」(コロナ禍/二〇二〇年から二〇二三年) 等々である。加えて私事ではあるが、二〇一一年三月一一日に起こった福島第一原発の事故（「歴史上最悪の原発事故の一つ」）では、当時勤務していたタイから急遽帰国し、実家がある福島県の白河市から動くことができなくなった母親と弟を避難させることになった。東南アジア、東アジア、南アジアという地理的に限られた場所だけを見ても、これだけのことが一〇年足らずの間に起こっている。日本も含めた災害の多い国では、大災害は「起こるか否か」の問題ではなく、「いつ起こるか」の問題であるということを、身に染みて感じた。

自分の心との向き合い方

同時に、前記のような多様性や変化、そして時として深刻な緊急事態も含んだ生活への対応は、それ相応の負荷を心に与える。本書でも書いたが、自分はユニセフにおける三〇年のキャリアの中で、二度深刻に辞職することを考えた。一度目は、インドの州事務所で最初にマネージャーとしての職に就いていたとき、そして二度目は、フィリピンで二カ月の間に三回の大規模緊急事態を経験し、極度の疲弊からうつ病が再発したときである。いずれの場合も、その当時の上司に温かく励まされ、なんとかキャリアを続けることができた。しかし、心に相当な負荷があったのは、そのときだけではない。特にキャリアの中盤に、国事務所代表としてマネジメントというそれまでの自分にはまったく未知の領域で本格的に働き始めたとき、大勢のスタッフや不特定多数の人々を前にしたスピーチ、メディアへの出演など、それまでやっていなかった仕事をするようになり、時としてかなりの心理的な疲れを覚えた。そして、自分はそもそもそうした仕事に向いているのかと思い悩んだ。

それまでも、自分はどちらかというと「内向的」な性格でないかと思っていた。人と会ったり議論をしたりすることは好きだが、広く浅く付き合うよりも、狭く深く付き合う傾向がある。人が集まる場が嫌いではないが、それがサイズや時間で一定のレベルを超えると一人になりたくなる、そんな性格であった。

しかし、いわゆる「内向的」（introvert）という言葉の意味を、日常的な「内気」というような意味を超えて心理学的に理解できたのは、四〇代も半ばになって、タイのユニセフ国事務所で代表を務めていたときのことだった。その頃参加したユニセフ内でのマネジメント関係のトレーニングで、"introvert"という言葉が心理学的な意味を持つものであることを初めて知り、興味を持った。そして、そのトレーニングが開かれていたニューヨークにある書店でたまたま手に取った本が、マーティ・オルセン・レイニー（Marti Olsen Laney）の *The Introvert Advantage: How Quiet People Can Thrive in an Extrovert World*（『内向型の優位性 ― 静かな人々が外向的な世界で成功する方法』）だった。そして、さらに関係の書物をさらっているうちに、イザベル・ブリッグス・マイヤーズ（Isabel Briggs Meyers）とピーター・ブリッグス・マイヤーズ（Peter Briggs Meyers）の *Gifts Differing: Understanding Personality Type*（『異なる才能 ― パーソナリティ・タイプを理解する』）に行き当たった。

これらの本や関連する実践が自分にとって特に有益だったのは、以下の視点を提供してくれたことである。

①　パーソナリティ・タイプ（Myers-Briggs Type Indicator［ＭＢＴＩ］／マイヤーズ＝ブリッグス・タイプ指標によれば一六種類）は個々人の認知スタイルであり、どれが優れてどれが劣っているというものではない。

②　またそれは、絶対変えられないものではない。例えば内向的（introvert）な人物が、自らが社会的に果たさなければならない役割に基づいて、ある期間や状況下において外向的に振舞うこと（extroverting）はできる。自分が出会ったＭＢＴＩのトレーナーの一人は、それを“walking the scale”（内向性と外向性の目盛りの間を移動する）と形容した。

③　いわゆる外向的人間と内向的人間の違いの一つは、どのように「エネルギー」を得るかである。例えでいうと、外向的人間は陽の光を浴びて電気を蓄える太陽電池のようなもので、自分を外界にさらして（expose）、エネルギーを得る。それに対して、内向的人間は蓄電池のようなもので、一定期間電気を放出（＝外向的に振る舞う［extroverting］）した後は、静かな場所で充電することが必要となる。

ＭＢＴＩに関しては、それが本当に「科学的」か否かという点に関して議論がある。確かに人間というものの複雑さを考える場合、そのすべてが四×四のパーソナリティ・タイプで説明できるのかという問いは残る。ただそれは、ＭＢＴＩだけでなく、すべてのパーソナリティ・タイプに関する理論についてもいえることでもあろう。また個人的に、ＭＢＴＩの真髄は、個々人を機械的に一つのパーソナリティ・タイプに押し込める（lock in）ことではなく、認知にはさまざまなスタイルがあること

（plurality）を体系的に理解することにあると思う。その意味で、ＭＢＴＩを、「回答した個人一人一人が……自然としている自分の認知スタイルを分析しながら理解を深め、自分の心の成熟のためと自分と異なる人間への許容度を高めるための羅針盤となることを最大の目的にしています」「自分についての洞察を深め、自分のベストフィットタイプ（もっともしっくりくるタイプ）を見つけ出す過程（プロセス）そのものを重視している……要するに、結果だけでなくそれをきっかけに自分の理解を深めていくプロセスがあってはじめて有益になる検査ですから、検査というより、メソッドというほうが近い」としている日本ＭＢＴＩの説明は、自分には理解できる。[274] 重要だったのは、ＭＢＴＩが、自分という存在および自分による世界の見方を理解する上で、それを客観視する新しい視点を提供してくれたことである。特に、前述の諸点に基づき、自分が本来持つ「内向性」を恥ずべきことではなく、自身の特性であり、強みでもありうるとポジティブに評価できるようになったことは大きかった。自分にとっては、これら二冊の本は、数多くの「腑《ふ》に落ちる瞬間」（aha moment）を提供してくれた。ちなみにＭＢＴＩテストでは、自分の認知スタイルは、一六のパーソナリティ・タイプのうちのＩＳＴＪ（Introvert, Sensing, Thinking, Judging／内向型、感覚型、思考型、判断型）であるとの結果が出た。そしてそれは、解説を読んでいて思わず失笑してしまったほど、自分を良く表していた。

　これらの考え方との出会いによって、ある意味厄介な「自己」というものとより客観的に向き合えるようになった。そして、当初は自分の本質とはかけ離れていると感じていたマネジメントの仕事もどうにかこなし、さらに進んでそこに面白さややりがいを見いだすようになっていった。特に、新しい赴任地に着いた際に、その国の政治経済社会状況、そして子どもに関する主要なイシューについて学び、その中から戦略的に重要と考えられるものを特定し、それらについてどのようなステップを通じてポジティブな変化が起きるのを支援できるかなどを考え、またそうしたことを同僚やカウンターパート、パートナーと話し合うことが非常に面白く感じられるようになった。前述の言い回しを使えば、本来は内向的（introvert）でありながら、外向的に振る舞う（extroverting）こつを次第に覚えたのだと思う。それと同時に、意識的に一人になるダウンタイムを持ち、エネルギーをリチャージすることも心がけた。それによって、元来外交的な性格の人々が多数を占めるであろうマネジメントという職務領域で、基本的に内向的な自分が、時折つまづきつつも、どうにか二〇年間勤め果たすことができた。

第6章で触れたうつ病については、フィリピンでの経験に懲りて、その後はきちんと医師の言うことを聞いた。具体的には、日々の生活においてより良いセルフ・ケアを心がけ、規則的および継続的な服薬を続け、定期的に専門医と会った。かかりつけの医師は、転勤その他で何度か変わったが、皆良い人たちだった。そのおかげもあって、その後の任地であるネパールおよびバングラデシュでは、長期単身赴任でなおかつ大規模な緊急事態への対応（ネパールにおける大地震、バングラデシュにおけるコロナ禍対応）に日夜追われることもあったが、うつ病がぶり返すことはなかった。それはまた、ある意味でうつ病が与えてくれる、自分の心に耳を傾ける機会を捉え、それに基づいて必要な行動を取れば、うつ病と共存していけるという自信を与えてくれた。「うつ病は治癒でなく寛解」ということを常に肝に銘じ、それに応じた生活を送るようにした。このことも含めて、自分にとって三〇年超のプロフェッショナルとしての生活は、自分というのは何者で、どう付き合ったらよいのかということを、試行錯誤も通じて考え続けたプロセスだったとも思う。

パートナーとのキャリア両立

自分と妻は、当初からそれぞれのキャリアを追求していくことを条件として結婚した。同時に、二人とも子ども好きだったので、子どもを持ちたいとは思った。結婚当時の自分のキャリアプランは、最終的に日本のアカデミックの世界で仕事をすることであった。しかしその後考えを変え、海外で実務の仕事をすることになった。そのこと自体は、妻も海外、特に開発途上国で生活したかったこともあってまったく問題なく、むしろ望むところだった（本書でも述べたように、妻の興味と仕事は開発教育および子どもの権利の推進である）。ただ、そうは言っても妻の専門上、最終的に彼女が働く場所は日本ということになる。二人が二人ともそれぞれのキャリアを追求するという方針自体はお互いの職業人生中変わりなかったが、前記のような状況にいかに対処して家庭生活を営んでいくかということは、それぞれのキャリア形成と同時に双方が取り組まなければならない問題であった。

そのことについては、特に結婚当初から明確な航路図があったわけではない。事実は、前記の条件を所与のものとして、人生の節目節目に話し合いで次のステージの在り方を決めてきたということである。振り返ってみると、自分のキャリアステージは、以下の四期に分けられると思う（**表9**）。

まず第一期（七年半）では、自分は国際公務員としてのキャリアを開始した。妻は、年齢的な要因から出産を優先してくれた。そして、海外で家族が同居して暮らした（半年から一年の単身赴任期間を含む）。

その後、第二期（五年半）では、妻が自身のキャリアを再開（ＮＧＯ職員／のち代表および大学教員）、自分がユニセフを一時離職し後に復職、そして相互の調整努力によって、日本（奈良および横浜）で家族が同居して生活した。

第三期（八年半）では、自分が再びユニセフで海外に赴任し、マネジメントに本格的に関わっていった。妻は大学教員の職を辞して合流してくれ、子どもたちとともに一家が海外で生活できた。

そして第四期（一〇年半）では、子どもが大学に入学して親元を離れ、自分と妻もそれぞれのキャリアパスを追求するために、海外と日本で別々に生活した。

表9　家族史（一九九〇年から二〇二一年）

ステージ*	自分	妻	長女	次女
第一期 家族での海外生活 一九九〇〜一九九七年 （七年半）	国際公務員としてのキャリアをスタート ➢ブータン — アシスタント・プログラム・オフィサー（P-1とP-2）（一九九〇〜一九九一年） ➢インド — グジャラート州事務所長（P-3）（一九九二〜一九九七年）	育児中心の生活 ➢長崎 — 出産（一九九〇年） ➢ブータン — 育児（一九九一年） ➢インド（一九九二〜一九九六年） -育児 -スラムでの識字教室支援 -南アジアNGO研究	誕生から乳幼児期 ➢長崎 — 誕生（一九九〇年） ➢ブータン（一九九一年）— 乳児期 ➢インド（一九九二〜一九九六年）— 幼児期	誕生から乳幼児期 ➢長崎 — 誕生（一九九二年） ➢インド（一九九二〜一九九六年）— 乳幼児期

ステージ*	自分	妻	長女	次女
第二期 家族での日本生活 一九九七〜二〇〇二年 （五年半）	ユニセフを離職／日本帰国／NGO勤務／のち復職 ▼大阪（奈良在住） ―社団法人セーブ・ザ・チルドレン海外事業副担当（一九九七〜一九九九年） ▼東京（横浜在住） ―ユニセフ東京事務所プログラム・オフィサー（P-4）（一九九九〜二〇〇二年）	キャリアの再開 ▼大阪（奈良在住） ―国際子ども権利センタースタッフ（一九九六〜一九九九年） ▼東京（横浜在住） -国際子ども権利センター代表（一九九九年〜現在） -立教大学大学院特任教授（二〇〇二〜二〇〇三年）	保育園・小学校・中学校 ▼奈良 -保育園（一九九六〜一九九七年） -小学校（一九九七〜一九九九年） ▼横浜 -小学校（一九九九〜二〇〇三年） -中学校（二〇〇三年）	保育園・小学校 ▼奈良―保育園（一九九六〜一九九九年） ▼横浜―小学校（一九九九〜二〇〇三年）

ステージ*	自分	妻	長女	次女
第三期 再び家族での海外生活 二〇〇二～二〇一〇年 （八年半）	マネジメントへの本格的な関わり ▼カンボジア ―プログラム調整官（P-5）（二〇〇二～二〇〇六年） ▼タイ ―国事務所代表（P-5）（二〇〇六～二〇一二年／二〇一〇年以降は単身赴任）	キャリア中断―大学を辞し再び任地へ同行 ▼カンボジア -二〇〇三年から二〇〇七年まで滞在 -国際子ども権利センター代表（二〇〇〇年～現在） ▼タイ -二〇〇七年から二〇一〇年まで滞在 -国際子ども権利センター代表（二〇〇〇年～現在） ▼東京 -二〇一〇年以降 -国際子ども権利センター代表（二〇〇〇年～現在）	インターナショナル・スクールから大学 ▼カンボジア ―インターナショナルスクール（二〇〇三～二〇〇七年） ▼タイ ―インターナショナルスクール（二〇〇七～二〇〇八年） ▼東京 -大学（二〇〇八～二〇一二年） -その後日本で社会生活	インターナショナル・スクールから大学 ▼カンボジア ―インターナショナルスクール（二〇〇三～二〇〇七年） ▼タイ ―インターナショナルスクール（二〇〇七～二〇一〇年） ▼東京 -大学（二〇一〇～二〇一四年） -その後日本で社会生活

ステージ*	自分	妻	長女	次女
第四期 長期単身赴任 二〇一二～二〇二二年 （一〇年半）	三つの任地での単身赴任生活 ➢フィリピン —国事務所代表（D—1） （二〇一二～二〇一四年） ➢東京—休職 （二〇一四年一～五月）と東京事務所での臨時勤務 （二〇一四年五～八月） ➢ネパール —国事務所代表（D—1） （二〇一四～二〇一九年） ➢バングラデシュ —国事務所代表（D—2） （二〇一九～二〇二二年）	日本でのキャリアの再開 ➢東京 -国際子ども権利センター代表 （二〇〇〇年～現在） -文京学院大学外国語学部准教授 （二〇一二～二〇一三年） -文京学院大学外国語学部教授 （二〇一四～二〇二四年）	日本での社会生活	日本での社会生活

＊1つの場所から他の場所に転居した際、家族の構成メンバーがいつも一緒に移動したのではないため、「ステージ」の列に書いてある期間と各メンバーの列にある出来事のタイミングは必ずしも100パーセント一致しない。「ステージ」の期間は、一つの目安として見ていただきたい。

家族という結びつきを維持しながらも夫婦でお互いにやりたいことがあったので、単身赴任の時期は長くなった。三二年のキャリア（セーブ・ザ・チルドレンに勤めた二年を含む）で、単身赴任期間は一四年、全体の四四パーセントとなった。

全体的に双方のキャリア希望の充足度が等しくなるよう努力したつもりであるが、やはりこうしてみると、妻が自分の希望をある程度犠牲にして自分がキャリアを続けることを許容してくれたのが明らかである。最後の一〇年間を除いて、家族との別居が、出産や離職の時期を調整するための半年から一年で済んだのもそうである。また、二人の子どもたちには、転居・転校が多く（長女はブータン、インド、奈良、横浜、カンボジア、タイ／次女はインド、奈良、横浜、カンボジア、タイ）、その度に親しくなった友だちや人々との別れや新しい環境、学校、教育システムに慣れる必要性などで、大きな負担とストレスをかけたと思う（楽しさもあったと思いたいが……）。この場を借りて、皆に心から感謝への意を表したい。

おわりに

本書を執筆するにあたり、「タイトルは何ですか?」と何人かの方々から尋ねられた。「まだ決まってませんが、書いていくうちに何か思いつくでしょう」と答え、まずは書き始めることにした。キャリアの中で自分が特に深く関わったことを思い出しながら書き進めるうちに、その時々の情景や思いが、それまでよりも鮮やかによみがえってきた。しかし、執筆中にはどうしても適切なタイトルが思い浮かばなかった。

「これかな」と思うタイトルが浮かんだのは、書き始めてから六カ月経った脱稿後のことである。初稿を書き終えホッとしたとき、自分の中に湧き上がった感覚に、何か「既視感」があった。なんだろうと思って考えてみると、出張報告書を書き終えたときの感覚だった。ユニセフでは、フィールド・トリップその他の出張の後に、そこでの観察や話し合い、そして訪問全体の結果をまとめた出張報告書(trip report)を毎回提出しなければならない。同様にこの本は、国際的な遊牧民(international nomad)としての自分が三〇年(セーブ・ザ・チルドレンでの勤務を入れると三二年)の旅を終え、定住生活に移行するにあたっての「まとめ」のようなものだと思った。それは、さまざまな国での勤務という地理的な旅であると同時に、長い時間をかけた旅でもあった。さらに付け加えるならば、自分がどういう人間であり、どう向き会えば良いのかを、時に苦しみながらも模索し続けた内面での旅でもあった。そうした思いから、本書には『子どもと開発をめぐる旅』というタイトルを付けさせていただくことにした。

実際に日本に戻って来て定住生活を始めたのは、二〇二一年一〇月のことである。そして、この長い「出張報告書」を書き終えたのは、二〇二四年一〇月のことだった。その間三年の期間があるが、その時間は、得られた経験が自分の中で意識的・無意識的に整理され、また自分がそれをある程度客観視できるようになるために必要なものであったと思う。

良い道連れや出会いに恵まれた旅は、楽しい。本書では、家族や友人、特に近しく仕事をした同僚や上司、カウンターパートの方々についても触れさせていただいた。しかしそれ以外にも、自分が出会い、助けられ、影響を受け、楽しい時間を過ごさせていただいた人々は大勢いる。自分の人生を豊かなものにしてくれた彼女ら・彼らに、心から感謝したい。

この本が、国際公務員を志す人たちに何らかの参考となれば、望外の喜びである。

上智大学国際協力人材育成センターについて

本書は、上智大学国際協力人材育成センター（略称ＳＨＲＩＣ）の「国際協力・国際機関人材育成シリーズ」第八作目です。本シリーズは、当センター所員や客員研究員を中心に、国際連合（国連）、世界銀行など国際機関での豊富な職務経験をもつ筆者の体験談を基に書かれたものです。これから国際機関や国際協力分野を目指す方々の一つの指針となることを目指しています。今回は、国連児童基金（ユニセフ）で長年にわたり活動された穂積智夫氏の執筆によるもので、かならずや読者にさまざまな示唆を与えてくれるでしょう。

当センターは、国際協力という幅広い分野において将来キャリアを目指したいという学生や社会人を支援することを目的として、二〇一五年に設立されました。国連その他の国際機関によるシンポジウムやキャリアセミナーの開催、高校生限定の「ソフィア未来塾」の開講といった現職や退職した方々と直接対話するイベントを毎年多数企画しています。また、国際機関や政府機関、ＮＧＯなどの専門家から成るアドバイザリー・ネットワークを構築しており、さまざまな分野におけるキャリア・アドバイスを提供しています。

当センターは、毎年左記の実践的講座を開講しています。

国際公務員養成コース　春・秋　年二回開講
国際公務員養成英語コース　春・秋　年二回開講
緊急人道支援講座　春・秋　年二回開講
実務型国連集中研修プログラム　夏期五日間の集中講座　（ニューヨーク国連本部で実施）
国際機関実務者養成コース（バンコク）　秋開講（二〇二四年度は休講）
詳しくは、当センターのホームページでご案内しております。

https://dept.sophia.ac.jp/is/shric/extension-courses

二〇三〇年を目指して推進している「誰一人取り残さない」という国連の持続可能な目標（ＳＤＧｓ）の達成の前には、気候変動や紛争、自然災害など国際社会が直面している課題は多く、さらなる国際協力が不可欠となっています。このような中で、グローバルな視野をもち、ローカルの事情に合わせて活躍できる国際協力の人材育成がこれまで以上に叫ばれています。「他者のために、他者とともに」行動し、「誰一人取り残さない」世界の実現に向けて、共に歩んでいきましょう。

植木安弘　上智大学特任教授
上智大学国際協力人材育成センター所長

二〇二五年二月

国際協力・国際機関人材育成シリーズ　既刊ラインナップ

上智大学国際協力人材育成センター監修

No	タイトル	著　者	刊行年
1	世界銀行ダイアリー： グローバル・キャリアのすすめ	鈴木博明 元世界銀行主席都市専門官	2018
2	歴史に生きる ―国連広報官の軌跡―	植木安弘 元国連広報官	2019
3	国際緊急人道支援のキャリアと仕事 ―人の命と生活を守るために―	国連機関、国際協力機関等13名による共著 小松太郎上智大学教授編集	2020
4	格差と夢 ―恐怖、欠乏からの解放、尊厳を持って生きる自由、国連の開発現場で体験したこと	浦元義照 元UNICEF、UNIDO、ILO職員	2021
5	「心の中に平和のとりでを築く」に魅せられて ―ユネスコを通して出会った人々との軌跡50年―	山下邦明 元国際連合教育科学文化機関（UNESCO）職員	2022
6	国際公務員とキャリア戦略 ―元国連人事官が明かす魅力と成功のカギ―	茶木久実子　元国連人事官 玉内みちる　元ユニセフ人事官	2023
7	人新生 ―人類よ、絶滅を選ぶな―	近藤哲生 前UNDP東京事務所長・駐日代表	2024

発売元　丸善出版株式会社　各定価1,100円（税込み）

的状況に関わらず必要な医療サービスを受けられる)、(2)予防と健康増進(病気の予防や健康増進を重視し健康教育や予防接種母子保健サービスなどを提供する)、(3)地域社会の参加(地域の人々が健康サービスの計画や実施に積極的に参加し自らの健康に対する責任を持つ)、(4)総合的なケア(身体的・精神的・社会的な側面を含め幅広い健康問題に対応する包括的なケアを提供する)、(5)他セクターとの連携(教育や栄養、衛生など健康に影響を与える他の分野と連携し、全体的な健康水準の向上を目指す)、などがあげられる。

271 EPIが具体的にどのようにして進歩したかを詳述した論文として、以下を参照。Pan American Health Organization (PAHO) (2013), *The Expanded Programme On Immunization (EPI) - Henry Smith (with additional notes by Beryl Irons)*. WHO (2023), *50th anniversary of the Expanded Programme on Immunization (EPI)*.

272 WHO, *Child mortality and causes of death* (https://www.who.int/data/gho/data/themes/topics/topic-details/GHO/child-mortality-and-causes-of-death). UNICEF (2024), *Under-five mortality* (https://data.unicef.org/topic/child-survival/under-five-mortality/#:~:text=Globally%2C%20infectious%20diseases%2C%20including%20pneumonia,1990%20to%2037%20in%202022.).

273 世界史的には、国家には国民の生活を保障する義務があり、国民にはそれを求める権利があるという考え方は、17世紀から18世紀にかけての啓蒙思想時代の社会契約論、フランスやアメリカにおける革命思想、そして第二次世界大戦後の福祉国家の理念など、脈々と続く思想に見られる。戦後に限っても、1948年の世界人権宣言において健康、教育、社会保障、十分な生活水準などの権利が基本的人権として明確にされ、1966年の国際人権規約においても一群の社会権が認められている。ただし、開発の分野で「権利」の概念が強調され始めたのは、1990年代以降であると思う。

274 一般社団法人日本MBTI協会、「MBTIとは？」(https://www.mbti.or.jp/what/)。

国内人権機関のグローバル・アライアンス（Global Alliance of National Human Rights Institutions［GANHARI］）の認定証委員会が、各国の国内人権機関のパリ原則に対する適合性を独立性、リソース、法的基盤、人権保護の有効性などから5年ごとに審査・評価し、その結果を発表している。Aステータスはパリ原則に完全に準拠していると評価された国内人権機関に与えられ、国連人権理事会、特別手続き、国際人権条約の審査、人権の普遍的定期的審査（Universal Periodic Review［UPR］）などのフォーラム／プロセスにおける正式な発言権、国連会議などへの参加や投票が認められる。それに対し、Bステータスはパリ原則に部分的に準拠していると評価された国内人権機関に与えられ、国連人権理事会などの国際フォーラムに参加はできるが、発言権や投票権は認められない。さらにCステータスは、パリ原則に準拠していないと評価された組織で、国内人権機関として認識されず、国際的な場での発言権や投票権も持たない。2024年6月7日現在、GANHARI によって認定された国内人権機関は世界に118あるが、そのうち90がAステータスであり、28がBステータスである。パリ原則に準拠した独立した国内人権機関の設置は、SDGsの一部にもなっている（目標16「平和と公正をすべての人に」のグローバル指標16.a.1）。United Nations, *Principles relating to the Status of National Institutions (The Paris Principles)*, adopted on 20 December 1993 by the General Assembly resolution 48/134. United Nations, *GANHRI Sub-Committee on Accreditation (SCA)*.

266 国内人権機関とそれに対する日本政府のこれまでの対応に関するここでの記述は、下記の論文に多くを負っている。馬橋憲男（2017年）、「なぜ『国内人権機関』が日本に必要か？」、フェリス女学院大学学術機関レポジトリ。

267 World Economic Forum (2023), *Global Gender Gap Report: Insight Report*, p. 11 (https://www3.weforum.org/docs/WEF_GGGR_2023.pdf).

268 朝日新聞（2023年）、『国内人権機関（国内人権機関）とは　機能は？　なぜ日本にない？　専門家が解説』（フェリス女学院大学名誉教授馬橋憲男氏の解説に基づく）、朝日新聞SDGs ACTION!、2023年11月28日。

269 点線は、2020年までに少なくとも90パーセントの摂取率を達成するという世界ワクチン行動計画（Global Vaccine Action Plan［GVAP］）の目標を示している。実線は、各ワクチンの推定平均摂取率である。それぞれの略語は、下記の通り。DTP1＝ジフテリア・破傷風・百日咳ワクチンの初回接種。DTP3＝ジフテリア・破傷風・百日咳ワクチンの3回目の接種。HepB3＝B型肝炎ワクチンの3回目の接種。Hib3＝インフルエンザ菌b型ワクチンの3回目の接種。MCV1＝麻疹含有ワクチンの初回接種。MCV2＝麻疹含有ワクチンの2回目の接種。PCV3＝肺炎球菌結合型ワクチンの3回目の接種。Pol3＝ポリオワクチンの3回目の接種。RCV1＝風疹含有ワクチンの初回接種。RotaC＝ロタウイルスワクチンの全シリーズ完了。

270 プライマリー・ヘルス・ケア（Primary Health Care）とは、すべての人々が必要とする健康サービスへのアクセスを保障し、地域社会に根ざした保健医療のことを指す。1978年のアルマ・アタ宣言で初めて国際的に提唱され、すべての人が利用可能な基礎的な医療を提供することを目的としている。プライマリー・ヘルス・ケアの主な特徴としては、(1)公平なアクセス（すべての人が社会的・経済

— その社会における平均的な生活水準に比べて著しく生活が困難な状態）の概念に基づくものである。具体的には、各国の国民の所得中央値の50パーセント未満で生活している人々の割合として算出される。先進国における貧困の測定には、相対的貧困がより頻繁に用いられる。

263 元のデータは、OECD (2018), *A Broken Social Elevator? How to Promote Social Mobility*, pp. 26-27 (https://www.oecd.org/content/dam/oecd/en/publications/reports/2018/06/a-broken-social-elevator-how-to-promote-social-mobility_g1g8e196/9789264301085-en.pdf) を参照。

264 「不処罰の文化」(Cuiture of lmpunity) とは、腐敗、人権侵害、政治的暴力などに関し、法的・政治的な責任追及が十分に行われず、法の支配 (Rule of Law) が損なわれている状況を指す。カンボジアにおける具体例としては、クメール・ルージュ政権下の大量虐殺に関する裁判の遅れと限界、フン・セン首相の長期政権下での反対勢力への弾圧や腐敗の横行とそれらに対する法的責任追及の弱さ、さらに司法制度の独立性の欠如と政府高官に有利な判決等があげられる。

265 国内人権機関 (National Human Rights Institution, NHRI) とは、各国の政府から独立して設立され、人権の保護と促進を目的とした国内の機関である。国際人権条約の規定に基づき、政府機関や民間の人権侵害の監視や調査、教育活動を行い、各国の法制度に人権を反映させる役割を果たす。政府からの資金提供を受けるが、政府から独立して運営され、機能する。国内人権機関の設置および運営に関しては、1993年に国連総会で全会一致で採択された「国内人権機関の地位に関する原則」(パリ原則) に従わなければならない。その絶対要件は政府からの独立性で、構成、予算、活動のすべてにおいて政府から独立していることが求められる。具体的には、市民社会を広く代表し任期が明確で公的な手続きにそって行われた委員会メンバーの任命、広範な任務、活動を円滑に行うために必要な職員や施設を確保するための十分な資金などが必要とされる。パリ原則によれば、国内人権機関の主な特徴と役割は、以下の通りである。⑴勧告 — 政府、議会、その他の適切な機関に対して、人権の促進と保護に関するあらゆる事項について意見、勧告、提案、報告書を提出する。そうした事項には、国家の法律・規制および実務を国家が締結している国際人権文書と調和させその効果的な実施を促進・確保すること、国際人権文書の批准または加入を奨励しその実施を確保すること、国家が条約義務に基づき国連機関および委員会地域機関に提出する報告書に貢献しその内容について意見を表明することなどが含まれる。⑵人権教育、広報、啓発 — 人権教育および人権に関する研究のためのプログラムの策定を支援し、学校や大学、専門家の間におけるその実行に参加する。人権に関する理解とあらゆる形態の差別と戦う努力を広めるために、情報提供や教育を行い、あらゆる報道機関を活用する。⑶人権侵害申し立ての受理・調査・救済 — 個人や組織からの人権侵害に関する苦情を受理し、調停あるいは法律で定められた範囲内での拘束力のある決定を通じての解決、請願提出当事者の権利および利用可能な救済手段へのアクセスに関する支援、他の適切な権限を持った機関への転送、および関係の法律・規則・行政慣行の改正や改革に関する提案・勧告などを行うことができる。⑷国際連携 — 国連および国連システムのあらゆる組織、地域機関、他国の人権保護および促進に関する国家機関と協力する。パリ原則については、

＜注＞

253　データは以下の出版物より。Daylan Salmeron-Gomez, et.al. (2023), *Global Trends in Child Monetary Poverty According to International Poverty Lines*, World Bank Policy Research Working Paper.

254　Lucas Chancel and Thoms Piketty (2021), *Global Income Inequality, 1820-2020: The Persistence and Mutation of Extreme Inequality*, World Inequality Lab.

255　ジニ係数は0から1で表され、各人の所得が均一で格差がまったくない状態を0、たった一人がすべての所得を独占している状態を1とする。国レベルでの分析では、一般的に0.4を超えると所得格差がかなり高くなり、暴動や社会騒乱が増加する「警戒ライン」であるといわれている。

256　「はじめに」でも述べたように、技術革新および経済の発展と、貧困および不平等の削減を含む社会発展との間には、「予定調和」的な関係はない。繁栄が広く共有され、広範な社会発展につながるか否かは、技術革新および経済発展に関する選択肢や方向性が社会で明確に話し合われ、民主的に決定されるか否かによる。すなわちそれは、変えようのない運命ではなく、意識的かつ政治的選択の結果である。そのことを、長期的かつ歴史的なデータや事実を基にして分析した近年の労作として、以下の著作を参照。Dylan Sullivan and Jason Hickel (2023), *Capitalism and Extreme Poverty: A Global Analysis of Real Wages, Human Height, and Mortality Since the Long 16th Century*, World Development, Volume 161. Daron Asemoglu and Simon Johnson (2023), *Power and Progress: Our Thousand-Year Struggle over Technology and Prosperity*, PublicAffairs.（邦訳 ダロン・アセモグルおよびサイモン・ジョンソン（2023年）、『技術革新と不平等の1000年史』、早川書房）。Daron Asemoglu (2023), *Technology and inequality in the past and the future*, UN University and WIDER.

257　Daniel Gerszon, et.al. (2023), *Most of the world's extreme poor live in middle income countries – but not for long*, World Bank Data Blog.

258　2010年には世界の極度に貧しい人々の68パーセントが低中所得国に住んでいたが、その内訳は、インド33パーセント、中国13パーセント、そしてこの2カ国を除く低中所得国22パーセントであった。Pedro Olinto, et.al. (2013), *The State of the Poor: Where Are The Poor, Where Is Extreme Poverty Harder to End, and What Is the Current Profile of the World's Poor?*, World Bank

259　低所得国と中所得国の定義については、第5章を参照。

260　United Nations Department of Economic and Social Affairs (2024), *World Population Prospects 2024: Summary of Results.*

261　朝日新聞（2023年）、『所得格差が拡大　2021年の「ジニ係数」 過去最高と同水準に』、2023年8月22日。

262　OECD, *Poverty rate* (https://www.oecd.org/en/data/indicators/poverty-rate.htmlHas) および Income poverty (https://www.oecd.org/en/data/indicators/income-inequality.html). また、2018年の同種の統計については、Grameen Nippon、『POVERTY – 日本における貧困の実態』(https://grameen.jp/about/poverty/) を参照。 なお、ここでの「貧困」は、この章でこれまで述べてきた「絶対的貧困」(absolute poverty — 最低限の生活を維持するために必要な物資［食料、衣服、住居など］が不足している状態）ではなく、「相対的貧困」(relative poverty

sion, *SDG Goals - End poverty in all its forms everywhere.* しかし、世界の極度の貧困削減スピードのペース鈍化は、実はコロナ禍を遡ること5年前の2015年からすでに始まっていた。世界の極度の貧困率（国の人口全体のうち国際貧困ライン以下の生活をしている人口の割合／「ヘッドカウント・レシオ」）は、1990年の37.8パーセントから2014年の11.2パーセントまで、平均して年間1.1ポイント減少した。しかし、その後の2014年から2019年の期間では、年間0.6ポイントにまで鈍化し、過去30年間で最も遅いペースとなった 。一般的に、パーセンテージが低くなるほどその減少ペースを維持するのは難しくなる。しかし、この場合はそれがペース鈍化の根本的な原因ではなく、極度の貧困が成長率の低い地域にますます集中しているためである。よって、世界の極度の貧困削減スピードをSDGs達成に少しでも近づけるためには、「コロナ禍以前」のスピードを回復させるだけでは不十分である。Marta Schoch, et.al. (2023), "To end extreme poverty, getting back to pre-Covid-19 reduction rates is not enough", 11 April 2023, *Deep Data Evidence to End Extreme Poverty,* Oxford Policy Management (https://povertyevidence.org/to-end-extreme-poverty-getting-back-to-pre-covid-19-reduction-rates-is-not-enough/).

247 Daylan Salmeron-Gomez, et.al. (2023), *Global Trends in Child Monetary Poverty According to International Poverty Lines,* World Bank Policy Research Working Paper.

248 2022年現在、低所得国の子どもの貧困率は47パーセント、低中所得国は15パーセント、高中所得国は2.2パーセントである。Daylan Salmeron-Gomez, et.al. (2023), *Global Trends in Child Monetary Poverty According to International Poverty Lines,* World Bank Policy Research Working Paper.

249 国レベルで貧困ラインを設定する際、基本的なコンセプトは同じだが、その細部は国によって違ってくる。基本的なコンセプトは、人間が生きていくために最低限必要な食料と非食料品を賄うための費用である。最適限必要な食料は、1日当たり2,100キロカロリーから2,400キロカロリー（国や場所によって違う）を提供するものと定義され、非食料品には、基本的な生活に必要な衣類、住居、燃料、医療、教育などがある。

250 World Bank, *The World Bank in Middle-Income Countries* (https://www.worldbank.org/en/country/mic/overview).

251 表中のパーセンテージは世界の人口の地域別シェアで、貧困率（ヘッドカウント・レシオ）でないことに注意。地域カテゴリーには、この表に出ているものの他に、「ラテンアメリカとカリブ海」および「ヨーロッパと中央アジア」がある。元のデータについては、次の文献を参照。World Bank (2023), *Poverty and Shared Prosperity (2022) - Correcting Course.* Marta Schoch, et.al. (2022), *Half of the global population lives on less than US$6.85 per person per day,* World Bank Blogs, 8 December 2022.

252 データは以下の出版物より。World Bank (2023), *Poverty and Shared Prosperity (2022) - Correcting Course.* Daylan Salmeron-Gomez, et.al. (2023), *Global Trends in Child Monetary Poverty According to International Poverty Lines,* World Bank Policy Research Working Paper.

人の教師：一緒に授業をすることで、ロヒンギャ難民と地元バングラデシュ人の間に理解が生まれます』、2022年7月21日。

238 UNICEF, *In search for education for Rohingya children - Challenge of continuous learning in the world's largest refugee camp during the COVID-19 pandemic*, 12 June 2020. UNICEF, *Rohingya children bearing brunt of COVID disruptions in Bangladesh refugee camps as education facilities remain closed*, 25 August 2020.

239 Gudrun Østby, et.al. (2023), "Left Further Behind after the COVID-19 School Closures: Survey Evidence on Rohingya Refugees and Host Communities in Bangladesh", *Journal on Education in Emergencies.*

240 Marjan Hossain, et.al. (2023), *The Learning Crisis Persists in Bangladesh: Findings from a Two-stage Study*, Center for Global Development (https://www.cgdev.org/blog/learning-crisis-persists-bangladesh-findings-two-stage-study).

241 UNICEF (2022), *Education milestone for Rohingya refugee children as Myanmar curriculum pilot reaches first 10,000 children - But additional measures still needed to boost school attendance in camps*, 1 May 2022 (https://www.unicef.org/press-releases/unicef-education-milestone-rohingya-refugee-children-myanmar-curriculum-pilot). ユニセフ（2023年）、『ロヒンギャ難民キャンプの新学年度始まる ― 過去最高30万の子どもが登校　女の子中心に施策拡大が奏功』、2023年7月23日。

242 Saha, P., et.al. (2024), *Policy Brief: Implementing the Myanmar Curriculum in Rohingya camps - overcoming challenges and barriers*, ERICC Policy Brief.

243 2024年4月13日時点で、COVID-19による全世界の累積死亡者数は、約700万人（7,010,681人）と報告されている。WHOは、COVID-19に関連する過剰死亡率の推定値も提供しており、こちらはウイルスによる直接的な死だけでなく、医療サービスの混乱などによる間接的な影響も考慮している。それによると、2020年1月1日から2021年12月31日までの期間で、過剰死亡率は1,490万人（1,330万人から1,660万人の間）と推定されている。それに対して、スペイン風邪（1918年～1919年）では、当時の世界人口の約3分の1が感染し、推定死者数は5,000万人から1億人であったとされている。Worldometer, *COVID-19 Coronavirus/Death Toll* (https://www.worldometers.info/coronavirus/coronavirus-death-toll/). WHO, *14.9 million excess deaths associated with the COVID-19 pandemic in 2020 and 2021*, 5 May 2022 (https://www.who.int/news/item/05-05-2022-14.9-million-excess-deaths-were-associated-with-the-covid-19-pandemic-in-2020-and-2021). Wikipedia, *Spanish Flu* (https://en.wikipedia.org/wiki/Spanish_flu).

244 泉谷閑示（2021年）、『「うつ」の効用 ― 生まれ直しの哲学』、幻冬舎。

第9章　振り返ってみて

245 Zach Christensen (2023), *Economic poverty trends: global, regional and national*, Development Initiative. United Nations Department of Economic and Social Affairs Statistics Division, *SDG Goals - No Poverty*. Our World in Data, *Poverty*.

246 World Bank (2022), *Global Progress in Reducing Extreme Poverty Grinds to a Halt*. United Nations Department of Economic and Social Affairs Statistics Divi-

and UNICEF (2023), *Survey on Children's Education in Bangladesh 2021 (March 2023) - Survey Findings Report.* Dhaka Tribune, *Survey: Over 1 million secondary school students dropped out after Covid,* 29 March 2024. The Daily Star, *How do we deal with Covid-induced school dropout?*, 31 March 2024.

231 The Daily Star, *An alarming upswing in child marriage*, 28 March 2024. Bangladesh Bureau of Statistics(2024), *Bangladesh Sample Vital Statistics 2023*, Government of Bangladesh

232 Elena Raffeti and Giuliano Di Baldassarre (2022), "Do the Benefits of School Closure Outweigh Its Costs?", *International Journal of Environment Research and Public Health.* Kentaro Fukumoto, et.al. (2021), "No causal effect of school closures in Japan on the spread of COVID-19 in spring 2020", Nature Medicine. Global News, *School closures didn't prevent community spread of COVID-19: study*, 16 February 2024. Sarah E. Neil-Sztramko, et.al. (2024), "What is the specific role of schools and daycares in COVID-19 transmission? A final report from a living rapid review", *The Lancet.*

233 Johns Hopkins Bloomberg School of Public Health, *New Modeling Study Estimates the Potential Impact of a COVID-19 Outbreak in Bangladesh Refugee Camps*, 16 June 2020. Shaun Truelove, et.al. (2020), *The potential impact of COVID-19 in refugee camps in Bangladesh and beyond: A modeling study*, PLoS Med 17 (6).

234 最終的に、SARI-ITCの数は14になった。また、総病床数は計画時には1,080だったが、2021年には1,200床まで増やされた。WHO (2021), *COVID-19 treatment centers in Cox's Bazar: an example of joint humanitarian action in pandemic response inside and outside the refugee camps*, 5 May 2021.

235 Health Sector Cox's Bazar, *Cox's Bazar COVID19 Dynamic Dashboard.* Health Sector Cox's Bazar, *Quarterly Report - January to March 2022.* World Health Organization, *Rohingya Crisis Situation Report #19.* World Health Organization, *Epidemiological Highlights - Epi Week 9, 2024: 25 Feb-2 March 2024* .

236 WHO (2024), *Epidemiological Highlights EPI Week 6 2024: 4-10 February 2024*, p.4. Johns Hopkins University Coronavirus Resource Center, *Bangladesh* (https://coronavirus.jhu.edu/region/bangladesh). Johns Hopkins University Coronavirus Resource Center, *Japan* (https://coronavirus.jhu.edu/region/japan). Worldometer, *Coronavirus (COVID-19) Mortality Rate* (https://www.worldometers.info/coronavirus/coronavirus-death-rate/).

237 ロヒンギャ・キャンプにおける学習センターでは、バングラデシュ人教師が教員として働いており、ロヒンギャ人はアシスタントとしてそれをサポートする役割を担っている。具体的には、バングラデシュ人の教師がカリキュラムに従って授業を行い、学習センターの運営を担当している。ロヒンギャ人のアシスタントは、主にミャンマー語の学習やコミュニケーションにおけるサポート、ロヒンギャの子どもたちとバングラデシュ人教師の言語的・文化的な橋渡し役としての役割を果たしている。詳細は以下を参照。国連UNHCR協会(2022年)、『ペアを組み、キャンプでの教育のハードルに挑むロヒンギャ難民とバングラデシュ

226 Tashimina Rahman and Uttam Sharma (2021), *A Simulation of COVID-19 School Closure Impact on Student Learning in Bangladesh*, World Bank(https://documents1.worldbank.org/curated/en/777541611116490395/pdf/A-Simulation-of-COVID-19-School-Closure-Impact-on-Student-Learning-in-Bangladesh.pdf). 本文中でも述べたように、バングラデシュにおける遠隔教育の主たるチャンネルであるテレビおよびコンピューターの所有率とインターネットへのアクセスは、住んでいる場所や家庭の経済状況などの要因によって、下記のように大きな開きがあった(データ2019年現在)。

- テレビ — 全国平均50.6%/市部74.2%/農村部43.9%/最も貧しい20%の家庭4.8%/最も裕福な20%の家庭90.2%
- コンピューター — 全国平均5.6%/都市部14.3%/農村部3.1%/最も貧しい20%の家庭0.4%/最も裕福な20%の家庭21%
- インターネット — 全国平均37.6%/都市部53.1%/農村部33.2%/最も貧しい20%の家庭8.7%/最も裕福な20%の家庭75.3%

また、バングラデシュではラジオの所有率は低く、全国平均0.6%であった。それに対してモバイル電話の所有率は高く、以下の通りであった。

- モバイル電話 — 全国平均95.9%/都市部98.0%/農村部95.3%/最も貧しい20%の家庭86.1%/最も裕福な20%の家庭99.6%

Government of Bangladesh and UNICEF (2019), *Multiple Indicator Cluster Survey 2019: Survey Findings Report*, p. 73, Table SR.9.2: Household ownership of ICT equipment and access to internet.

227 UNICEF, *COVID-19: Schools for more than 168 million children globally have been completely closed for almost a full year, says UNICEF - UNICEF unveils 'Pandemic Classroom' at United Nations Headquarters in New York to call attention to the need for governments to prioritise the reopening of schools*, 3 March 2021. UNICEF, *First day of school 'indefinitely postponed' for 140 million first-time students around the world – UNICEF: At least eight million of these young learners have been waiting for over a year*, 24 August 2021.

228 Dhaka Tribune, *In-person classes at pre-primary schools resume after 2 years*, 15 March 2022. ノーベル経済学賞を受賞したアメリカ・シカゴ大学のジェームス・ヘックマンは、就学前教育が関係個人の生涯にわたってもたらす利益および社会全体にとっての利益を経済学的に計算した。彼の計算によれば、それは年率13パーセントにのぼり、「第二次世界大戦から2008年のリーマン・ショックまでのアメリカ株式市場のどの株の年間純益よりも高い……それは政府の他のどのプログラムと比べても比較優位性を持っている」と評されている。NPR, *How Investing In Preschool Beats The Stock Market, Hands Down*, 12 December 2016 および *The Case For Universal Pre-K Just Got Stronger*, 18 May 2021を参照。

229 Nazia Islam, et.al. (2022), *Long-term School Closure during the COVID-19 Pandemic: Assessing school attendance, health safety and mental health of students after the reopening of schools*, Dhaka, Bangladesh Rural Advancement Committee (BRAC).

230 Statistics and Information Division (SID), Bangladesh Bureau of Statistics (BBS)

回ロックダウン — 2020年3月26日～2020年5月30日（66日間）、(2)第2回ロックダウン — 2021年4月14日～2021年5月16日（33日間）、(3)第3回ロックダウン — 2021年7月1日～2021年8月10日（41日間）。

218 World Economic Forum, *World Immunization Week: 1 in 5 children still aren't vaccinated against life-threatening diseases*, 26 April 2023.

219 バングラデシュにおける子どもの定期予防接種プログラムは、以下の通りである。(1)出生時 — BCG（結核）、B型肝炎、(2)6週齢 — DPT（三種混合ワクチン：ジフテリア、百日咳、破傷風）、Hib（インフルエンザ菌b型）、ポリオ、(3)10週齢 — DPT、Hib、ポリオ、(4)14週齢 — DPT、Hib、ポリオ、(5)9カ月齢 — MMR（麻疹、おたふくかぜ、風疹）、(6)15カ月齢 — MMR、(7)15歳 — 破傷風トキソイド。

220 「消耗症」（wasting）とは、身長に対する体重比（weight-for height measurement）がWHOの成長基準の-2標準偏差未満である状態である。これに対し、「重度の消耗症」（severe wasting）とは、「重度の急性栄養不良」（severe acute malnutrition［SAM］）ともいい、身長に対する体重比（weight-for height measurement）がWHOの成長基準の-3標準偏差未満である状態、6カ月から59カ月の子どもにおいて上腕中部周囲径（mid-upper arm circumference：MUAC）が115 mm未満の状態、あるいは足や下腿に液体貯留による栄養浮腫が存在する状態を指す。Our World in Data, *Child mortality vs. prevalence of child wasting, 2022* (https://ourworldindata.org/grapher/child-mortality-vs-wasting) and *Child mortality vs. prevalence of stunting, 2022*). UNICEF (2022), *Child alert: Severe wasting - Also known as severe acute malnutrition, severe wasting is an overlooked but devastating child survival emergency.* WHO/UNICEF/WFP (2014), *Global nutrition targets 2025: wasting policy brief (WHO/NMH/NHD/14.8)*, Geneva, World Health Organization. Hannah Ritchie (2024), "Half of all child deaths are linked to malnutrition - Improving the nutrition of mothers and children could save many lives at a relatively low cost", *Our World in Data*, 9 September 2024.

221 Akhter Ahmed, et.al. (2021), *Changes in Food Insecurity in Rural Bangladesh During COVID-19 International Food Policy Research Institute (IFPRI)*.

222 UNICEF, *An additional 3.9 million children under 5 could suffer from wasting in South Asia this year due to COVID-19 - UNICEF*, 28 July 2020. UNICEF, *Response to the COVID-19 Pandemic in Bangladesh: Nutrition.*

223 Sharika Nuzhat, et.al. (2022), *Health and nutritional status of children hospitalized during the COVID-19 pandemic, Bangladesh*, Bulletin of the World Health Organization.

224 Bangladesh Bureau of Statistics (2024), *Bangladesh Sample Vital Statistics 2023*, Government of Bangladesh, pp. xliii-xliv. Bangladesh Bureau of Statistics (2019), *Bangladesh Sample Vital Statistics 2018*, Government of Bangladesh, pp. xxxii-xxxiii. Bangladesh Bureau of Statistics (2014), *Bangladesh Sample Vital Statistics 2013*, Government of Bangladesh, pp. xxii-xxiii.

225 Niaz Asadullah (2020), *COVID-19, Schooling and Learning*, BRAC Institute of Governance & Development (https://bigd.bracu.ac.bd/wp-content/uploads/2020/06/COVID-19-Schooling-and-Learning_June-25-2020.pdf).

ていることを意味する。この高い自己負担率は、家庭に大きな経済的負担を与え、特に貧困層が必要な医療を受けられないという健康格差を生む要因であり、なおかつ過去20年以上増加傾向にある。詳細は、World Bank, *Out-of-pocket expenditure (% of current health expenditure) – Bangladesh, World, Lower middle-income countries: 2000-2021* (https://data.worldbank.org/indicator/SH.XPD.OOPC.CH.ZS?locations=BD-1W-XN) を参照。

207 日本ユニセフ協会（2022年）、「COVAX（コバックス）」、2022年10月7日。UNICEF, *COVAX: ensuring global equitable access to COVID-19 vaccines*. UNICEF, *A visual snapshot: The supply of COVID-19 vaccines*.

208 The Daily Star, *Bangladesh 5th in world in Covid Recovery Index, top in South Asia*, 7 May 2022.

209 Health Emergency Control Center, *COVID-19 Vaccination Dashboard for Bangladesh*, Directorate-General of Health Services, Government of Bangladesh (technical assistance by UNICEF) (https://dashboard.dghs.gov.bd/pages/covid19-vaccination-update.php).

210 ユニセフ、「新型コロナワクチンの公平な分配　国際的枠組み『COVAX』が年末で終了　146の国・地域に20億回分のワクチンを提供　270万人の死亡を回避」、2023年12月19日。

211 ファイザー社製とモデルナ社製のコロナワクチンの保管温度は、それぞれマイナス70℃とマイナス20℃である。これに対し、子どもの予防接種のためのワクチンの保管温度は、通常2℃から8℃である。バングラデシュの場合、ウルトラ・コールドチェーンは、特にファイザー社製のコロナワクチンに必要であった。

212 UNICEF, *Oxygen Therapy*. UNICEF, *UNICEF and Oxygen: Expanding access to medical oxygen in lower- and middle-income countries*. UNICEF, *Oxygen System Planning Tool: Demand estimation and recommendations to plan oxygen delivery from source to patient*. UNICEF, *Oxygen Plant-in-a-Box: An all-in-one emergency solution to produce large volumes of medical oxygen*. UNICEF, *Resilient Oxygen Concentrators: The development of a durable, state-of-the-art oxygen concentrator that operates in challenging environments*.

213 UNICEF (2021), *Insights and feedback on Coronavirus Risk Communication and Community Engagement in Bangladesh: A case study, in Undertaking rapid assessments in the COVID-19 context: Learning from UNICEF South Asia*, UNICEF Regional Office for South Asia, Kathmandu, Nepal

214 UNICEF, *Religious leaders play key role in battle against COVID-19: Imams reach millions of Bangladeshis through mosque megaphones, bringing life-saving information to families that do not have a smartphone or TV*, 20 May 2020.

215 UNICEF, *Response to the COVID-19 Pandemic in Bangladesh* (https://dashboard.unicefbangladesh.org).

216 Directorate of Health Services, *COVID-19 Dynamic Facility Dashboard for Bangladesh*, Government of Bangladesh (technical assistance by UNICEF) (https://dashboard.dghs.gov.bd/pages/covid19-bedstatus-display.php).

217 コロナ禍中のバングラデシュにおける主要なロックダウンは次のとおり。(1)第1

年)、『ビルマ西部：ロヒンギャ問題の背景と現実』、ヒューライツ大阪。立命館大学新聞社、「ロヒンギャへの道 第3回 『ロヒンギャの4つの層 — その歴史』」、2019年。

201 ACAPS (2017), *Review - Rohingya influx since 1978.*

202 最新の共同対応計画については、United Nations (2024), *Joint Response Plan 2024* を参照。

203 マジ任命の慣行は、最初1991年から1992年のロヒンギャ流入後に始まった。個々の難民が、直接政府当局によってマジとしてリーダーに任命され、CiC (Camp-in-Charge / 政府のキャンプ責任者)や警察を支援し、秩序を維持し、キャンプ管理活動の連絡・調整者として機能する役割を担った。マジの任命プロセスは正式に定められておらず、当時どのような基準が使用されたかを知るのは難しい。2017年のロヒンギャ流入の結果として、バングラデシュ政府は非常に短期間で大量の人々を組織する必要があったため、マジ制度が復活した。ACAPS (2018), *Rohingya Crisis: Governance and community participation.*

204 セクター調整官は、関係のセクター・リード組織(国連の世界的な用語ではクラスター・リード組織)によって採用・任命され、関係の費用もセクター・リード組織によって支払われる。しかし、その職務を遂行するにあたっては、あくまでも中立的な調整者として、セクター全体(そしてその受益者)の利益を念頭に置いて働く。セクター・リード組織側も、セクター調整官がそうした調整を行っているかどうかだけを念頭に、その仕事を監督する。それにより、セクターのメンバーでもあるセクター・リード組織がセクター調整官を任命するという、潜在的に「利益相反」(conflict of interests)がありうる状況でそれが現実となることを防ごうとする。これも、人道クラスター調整システム(第6章参照)の原則の一つである。セクター調整官の中立性の記述の例に関しては、次の文書を参照。Food Security Cluster Handbook (2023), *Cluster Coordinator Responsibilities and Tasks*, updated on 15 December 2023.

205 Wikipedia, *Timeline of the COVID-19 pandemic in Bangladesh* および Our World in Data, *Bangladesh: Coronavirus Pandemic Country Profile – Bangladesh: What is the daily number of confirmed cases?* を参照。しかし検査能力が限られていたため、症例の報告数は多分に過小である可能性がある。

206 2021年現在、バングラデシュの公的保健費用がGDPに占める割合は、2.36パーセントであった。これは、同年の世界平均の10.35パーセントと比べて非常に低く、バングラデシュが属する低中所得国グループ平均の3.92パーセントと比べても低い(日本は10.82パーセント)。ちなみに、WHOが推奨している公的保健費用がGDPに占める割合の最低レベルは、5パーセントである。詳細は、World Bank, *Current health expenditure (% of GDP) – Bangladesh, World, Lower middle income countries: 2000-2001* (https://data.worldbank.org/indicator/SH.XPD.CHEX.GD.ZS?locations=BD-1W-XN&name_desc=false) を参照。このため、バングラデシュの自己負担医療費の割合は非常に高く、2021年現在、総医療費の72.99パーセントを占めている(世界平均は17.05パーセント、低中所得国平均は49.43パーセント、日本は12.3パーセント)。これは世界で7番目に高いレベルであり、政府や保険システムによってカバーされる部分が少なく、多くの医療費が個人によって直接支払われ

増加しただけで、教育、健康、経済改革などに適切な投資が行われなければ、持続的な経済成長が保証されるわけではない。New York Times (2023), *How a vast demographic shift will reshape the world, 16 July 2023.* この点について、Gates Institute Demographic Dividend Initiativeと関係の学者は、関係各国がどの程度人口ボーナスをフルに利用できる政策を取っているかを体系的に評価しようとしている。Carolina Cardona, et.al. (2022), "Generating and capitalizing on the demographic dividend potential in sub-Saharan Africa: a conceptual framework from a systematic literature review", *Gates Open Research.* Xiaomeng Chen, et.al. (2023), "Demographic dividend-favorable policy environment in two pre-dividend African nations: review of national policies and prospects for policy amendments in Nigeria and Tanzania", *BMC Public Health.* Gates Institute, *Global Partnership & Platforms Demographic Dividend - Helping countries achieve accelerated.* また、ユニセフの最新の世界子ども白書では、世界と子どもたちの現在と未来にとって重要な三つの「メガ・トレンド」が提示・分析されているが、そのうちの一つは人口転換（demographic transition）であり、それがもたらす好機と課題の両方が説明されている。UNICEF (2024), *The State of the World's Children 2024 - The Future of Childhood in a Changing World.*

197 潜在扶養指数（potential support ratio）とは,生産年齢人口（15歳から64歳人口）を従属人口で除した比であり,従属人口１人に対する生産年齢人口の人数である。従属人口のうち年少人口（0歳から14歳人口）のみで除した比を年少潜在扶養指数,老年人口（65歳以上人口）のみで除した比を老年潜在扶養指数と呼ぶ。

198 例としては、European Union, Social Protection Civil Society Network, UNICEF, Save the Children and Social Protection & Public Finance Management Nepal (2023), *Scaling Up the Child Grant, Improving the Impact on Human Capital Development: Policy Brief*を参照。また後年になるが、筆者がバングラデシュで勤務したときにも、ユニセフは同国の人口動態の急激な変化とそのインプリケーションに関する同様の調査報告書を政府の計画委員会および人口評議会と一緒に作成し、その分析はバングラデシュ政府の第8次5カ年計画の一部となった。Government of Bangladesh and UNICEF (2021), *Paying Forward and Investing in Children Now : Demographic Changes in Bangladesh-Trends and Policy Implication* (https://www.unicef.org/bangladesh/media/5086/file/brochure_A4_Demographic_web_final.pdf.pdf.pdf). Government of Bangladesh (2020), *Eighth Five Year Plan July 2020-June 2025 : Promoting Prosperity and Fostering Inclusiveness*, pp.607-610 (https://oldweb.lged.gov.bd/UploadedDocument/UnitPublication/1/1166/8FYP.pdf).

第8章　バングラデシュ（2019～2021年）

199 当時、ユニセフ・バングラデシュ事務所は、ダッカの国事務所のほかに、チャタグラム、クルナ、マイメンシン、ランプール、ラジェシャヒ、ボリシャル、シレット、コックスバザールの8カ所にフィールド・オフィスを持っていた。

200 ロヒンギャ難民問題に関する歴史的経緯については、以下を参照。ウィキペディア、『ロヒンギャ』(https://ja.wikipedia.org/wiki/ロヒンギャ)。宇田有三（2010

189 政策提言は、次の三つの文書に要約されている。UNICEF (2016), *Paying Forward: Benefits of Nepal's Child Grant for current and future generations.* UNICEF (2016), *Achieving the Best Outcomes for Children: Why a universal child grant makes sense for Nepal.* UNICEF (2016), *Reaching National Coverage: An expansion strategy for Nepal's Child Grant.* また、費用見積もりの詳細については、Nicholas John Mathers and Anastasia Mshvidobadze (2016), *Costing the Child Grant Expansion in Nepal: Ten-year expansion strategy 2016–2025*, Kathmandu, UNICEFを参照。

190 Maricar Garde, Nicholas Mathers and Thakur Dhakal (2017), *The evolution of Nepal's child grant: from humble beginnings to a real driver of change for children?* 給付額については、関係の子ども1人当たり月400ネパール・ルピーで1家族最大月800ネパール・ルピーで始まり、2024年現在1人1カ月532ネパール・ルピー（約4ドル）まで上がっている。socialprotection.org (2024), *Child Grant.* República (2024), *Govt to expand child nutrition grant program to all 77 districts, 2 May 2024.*

191 European Union, Social Protection Civil Society Network, UNICEF, Save the Children and Social Protection & Public Finance Management Nepal (2023), *Scaling Up the Child Grant, Improving the Impact on Human Capital Development: Policy Brief.* Human Rights Watch, Social Protection Civil Society Network, We Social Movements, National Initiative for Child Survival, CWISH, Jagriti Child and Youth Concern Nepal, Homenet Nepal, Inspire Nepal, Rural Reconstruction Nepal, N-CFLG Forum, South Asia Alliance for Poverty Eradication, Child Workers in Nepal, Kapilvastu Integrated Development Services-Project, OXFAM and National Campaign for Sustainable Development-Nepal (2023), *Joint Letter to Finance Minister: Expand Nepal's Child Grant Program*, 18 April 2023. Save the Children (2022), *Impact Evaluation of the Child Grant Parenting Programme in Nepal.* Human Rights Watch (2023), *Nepal: Expand Child Grant Program to All Families - Ensure Children's Right to Social Security*, 18 April 2023. Human Rights Watch (2023), *Nepal's Opportunity to Protect Children in New Budget*, 2 May 2023.

192 Social Protection Civil Society Network (2024), *Government to extend child nutrition grant programme to all 77 districts.* República (2024), *Govt to expand child nutrition grant program to all 77 districts*, 2 May 2024.

193 UNICEF (2024), *Evaluation of Blockchain-based Cash Transfer Pilot in Nepal.*

194 Government of Nepal and UNICEF (2017), *Demographic Changes of Nepal: Trends and Policy Implications, Government of Nepal* (https://www.npc.gov.np/images/category/Demographic_Dividend_Report_May_2017_final_for_circulation1.pdf).

195 The Economist (2010), *Into the Unknown: A Special Report on Japan*, 20 November 2010, p.2.

196 ここで、「当該国がそれらの好条件を意識的かつ積極的に利用する政策を取る限り」という限定は、非常に重要である。人口ボーナスは、自動的に「起こる」（happen）ものではなく、「獲得」（earn）すべきものである。単に労働年齢人口が

＜注＞

181　緊急事態への全般的対応および具体的な緊急救援活動の詳細については、フィリピンに関する章の記述と重複することが多いので、第６章の「緊急事態へのユニセフの対応」のセクションを参照いただきたい。

182　災害勃発後における学校の早期再開は、保健や栄養、水と衛生などのイシューと比べて、過去においては緊急支援対応のトップ・プライオリティとは見なされていなかった。しかし本文でも述べたように、それは、教育の継続というそれ自体重要な目的以外にも、(1)子どもたちが日常のルーティーンを取り戻すことにより、精神的に安定し、精神的外傷を軽減させることを助ける、(2)暴力や人身売買などのリスクを軽減する（子どもたちが教室にいる時間は、かれらがそうしたリスクにさらされない時間である）、(3)親が働くことに専心するのを可能にし、生活の再建を促進する、などの非常に重要な意味・効果を持つ。そのため、ユニセフを含む教育関係の国際機関やNGOが連携し、学校の早期再会を緊急支援対応のトップ・プライオリティの一つとするよう国際的なアドボカシーを続けてきた。そのせいもあって、最近ではその重要性が、他の関係アクターにも認識され始めている。自分も、特にフィリピンとネパールで、そのためのアドボカシーに現地で関わった。また、この後になるが、2016年5月のイスタンブールにおける世界人道支援サミットでは、緊急事態下における教育についての国際協力と支援を強化するために、"Education Cannot Wait" というファンドが設立され、関係のドナーや国際機関、国際NGOとともに、ユニセフもその運営に関わっている。Education Cannot Wait, *About Us*.

183　UNICEF (2015), *Nepal Earthquakes: Six Months Report – Reaching the Unreached*. UNICEF (2016), *Nepal Earthquakes: One Year Later – Moving On*.

184　ユニセフの緊急事態レベルシステムの詳細については、第6章を参照。

185　Sarah Baily and Paul Harvey (2015), *State of evidence on humanitarian cash transfers: Background Note for the High Level Panel on Humanitarian Cash Transfers*, Overseas Development Institute. Paul Thissen (2020), *In humanitarian emergencies, cash-based social assistance is cheaper than food distribution, and it works just as well*, 3ie. Kanika Jha Kingra, Kirthi Rao and Paul Thissen (2021), *Evidence impact: Research showed unconditional cash transfers work. Now they're everywhere*, Washington, D.C, 3ie. Iva Trako and Dahyeon Jeong (2022), *What do we know about cash and in-kind transfers in humanitarian settings? Not enough, World Bank*. 3ie (2020), *How do cash transfers compare to food distribution in humanitarian emergencies? - Rapid Response Brief, 2020*.

186　Norwegian Refugee Council (2017), *Why not cash?*, 13 October 2017.

187　Maricar Garde (2018), *Shock-responsive Social Protection in Nepal Programming, evidence gaps and priorities*.

188　Nepal Participatory Action Network (NEPAN) (2016), *Cash transfers as an earthquake emergency response for vulnerable groups in Nepal*. Oxford Policy Management (2017), *Evaluation of the Nepal Emergency Cash Transfer Programme through Social Assistance: Final Report*. Oxford Policy Management (2017), *Lessons from the UNICEF Nepal Emergency Cash Transfer Programme through Social Assistance*.

hits Bohol and Cebu, 15 October 2013. Wikipedia, *2013 Bohor earthquake.*

172 UN (2013), *Philippines: Bohol Earthquake Action Plan.*

173 Wikipedia, *Typhoon Haiyan: Pacific Typhoon in 2013.*

174 建築禁止区域に、特に貧しい人々の家が建つのは、フィリピンではよくあることである。ここでは、次の理由により災害の被害がより増大する。(1)海岸近くの建築禁止区域は、土地が安価または無料で利用できるため、多くの貧しい人々が集まりやすい場所である。(2)貧しい人々は耐久性の低い材料で家を建てることが多く、これらの住居は台風の強風や高波に対して非常に脆弱である。(3)建築禁止区域は正式な都市計画の外にあるため、インフラが整備されていないことが多い。そして、道路や避難所の不足、警報システムの未整備などが災害時の対応をさらに困難にする。(4)貧しい人々は他の安全な場所に移住するための経済的余裕がなく、また災害が発生した際に迅速に避難するための手段や計画を持っていないことが多い。これらの複合的な要因の結果、人口密度が高く、防災・減災努力も弱い地域ができ、災害時の被害も大きくなる。

175 UN, *Philippines: Typhoon Haiyan Action Plan*, November 2013, p.1. UN, *Typhoon Haiyan (Yolanda) Strategic Response Plan: The Philippines*, 27 December 2013.

第7章　ネパール(2014 ～ 2019年)

176 カンボジアの章で述べたように、タイで初めて国事務所代表(Representative)になる以前、自分はユニセフのシニア・スタッフ(国事務所代表および本部ディレクター・レベル)の認定試験を受け、その後は継続してそのグループに含まれていた。これは自分が休職中も同じであったため、同レベルのポスト(例:フィリピン国事務所代表のD−1レベルのポストとネパール国事務所代表のD−1レベルのポスト)であれば、特段の事情のない限り、インタビューや試験なしでそれに任命されることが可能であった。これに対して、関係のポストが現状のレベルよりも上の場合(例:フィリピン国事務所代表のD−1レベルのポストに対してバングラデシュ国事務所代表のD−2レベルのポスト)には、面接などの選抜プロセスが必要となる。

177 ネパールでは、一般的に標高が4,000メートル未満の地域は "hill"(丘)と呼称され、それ以上が "mountain"(山)となる。シバプリ丘は、ネパールのカトマンズ近郊に位置し、カトマンズ盆地全体を見渡せる高さ(標高2,732メートル)なので、日本であれば立派な山だが、前記の理由から「山」ではなく「丘」の名がついている。

178 Asian Development Bank (2015), *Final Take on Economic and Poverty Impact of Nepal Earthquake.* これは、すでに貧困線以下の生活をしていた同国の21パーセントの人々に、新たに2.5パーセントから3.5パーセントの人口が追加されたことになる。また、言うまでもないが、すでに貧困線以下の生活をしていた人々は、被災でより貧しい生活を強いられることになった。

179 UNICEF (2016), *Nepal Earthquakes: One Year Later – Moving On*, p.7. ウィキペディア、「ネパール地震(2015年)」。

180 UNICEF (2015), *Life-saving UNICEF supplies reach Nepal to help 1.7 million children severely affected by the earthquake.*

の確認、避難所での対応方法など)、(2)心理社会的支援(PSS)(災害後のトラウマに対処するための手法、子どもたちへのカウンセリング技術、グループセッションの実施方法など)、(3)仮設学習環境の整備(仮設教室の設置方法や、学習活動を継続するための戦略)、(4)教育資源の管理と配布(被災地で不足する学習教材や文房具の効果的な配布方法、教材の管理方法、適切な配布計画の策定)、(5)学校における安全な水と衛生の促進(学校での衛生管理の重要性とその実践方法についてのトレーニング、手洗いの奨励、安全な飲料水の確保、衛生的なトイレの設置など)、(6)コミュニティとの連携(地域社会と協力して教育活動を支援する方法、地域リーダーや保護者との協力体制)。

167 「子どもにやさしい空間」(Child-Friendly Space)とは、大災害の直後、避難所や仮設住宅、学校の一部、コミュニティセンターなど、安全でアクセスしやすい場所に設置され、子どもたちが災害後に安心して過ごし、心理的な回復を図りながら、再び日常生活に戻るのを助けることを目的にしている。具体的には遊具、教育用具、衛生設備(トイレや手洗い場)などがあり、子どもたちが安心して過ごせる雰囲気をもっている。子どもたちはそこで絵を描いたり、工作、スポーツ、グループゲームなどをすることができ、また学習支援(学校の授業に代わる学習活動や宿題のサポート)、心理社会的支援(グループセラピーや個別カウンセリング、ストレス緩和のための活動)、教育プログラム(衛生教育や災害時の対応方法)などが受けられる。その運営は、専門家(心理士、ソーシャルワーカー、教育者、看護師など、専門的な訓練を受けたスタッフ)とボランティアによって行われる。詳細については、National Child Protection Working Group (2017), *Philippine National Implementation Guidelines for Child Friendly Spaces in Emergencies*を参照。

168 「女性にやさしい空間」(Woman-Friendly Space)とは、大災害の直後、避難所や仮設住宅、コミュニティセンターの一部、安全でアクセスしやすい場所に設置され、災害後に女性が安全に過ごし、必要な支援を受けながら心身の回復を図り、自立した生活を取り戻すのを助けることを目的としている。具体的には、プライバシーを確保するための仕切りや個室、医療やカウンセリング用の専用スペース、衛生設備(トイレやシャワー施設)などが整備され、安心感を与える雰囲気が作られている。そこでは、心理社会的カウンセリング(個別カウンセリングやグループセラピー)、健康ケア(妊娠ケア、家族計画、性暴力被害者への支援などを含む性と生殖に関する保健サービス)、教育と訓練(衛生教育、災害時の対処法など)などが行われる。専門家(心理士、医療従事者、ソーシャルワーカーなど、専門的な訓練を受けたスタッフ)とボランティアによって行われる。詳細については、Department of Social Welfare and Development (2015), *Guidelines in the Institutionalization of Women Friendly Space (WFS) in Camp Coordination and Camp Management, Government of the Philippines*を参照。

169 ユニセフ、『フィリピン ー ミンダナオ島の武力衝突で約13万人が避難』、2013年9月25日。Wikipedia, *Zamboanga City Crisis*を参照。

170 United Nations (2014), *Philippines: Zamboanga Action Plan 2014* (*Revision*).

171 ユニセフ、『フィリピン — 10月15日、ボホール州でマグニチュード7.2の地震が発生 求められる緊急支援』、2013年10月24日。BBC, *Deadly Philippine quake*

一般大衆を対象に母乳代替製品の販売促進活動をすること、フリー・サンプルを配ること、保健・医療従事者や母親に母乳代替製品を送ること、誤解を招く情報を与えることなどを禁止した。しかしそれ以降も、ユニセフやWHO、NGOを含む多数の組織の強い批判にもかかわらず、これらの企業は禁止された販売促進活動を続けてきている。フィリピンでも、他の開発途上国と同じように、1970年代に多国籍企業がアグレッシブに乳児用ミルクの宣伝を行い、母乳育児の減少と乳児の健康問題が懸念されるようになった。そのため、前記の国際規約を実効的なものにするために、1986年および2006年に関係の大統領令とその施行細則が定められ、その実施努力もあって0歳から5カ月の乳児の母乳のみによる育児の割合は、2011年の46.7パーセントから2013年には52.3パーセント、2019年には57.9パーセントと徐々に増えてきている。しかし、依然として問題のあるマーケティング活動が残っており、そのうちの一つが、自然災害時に家族や母親の困難な状況を利用して火事場泥棒的に行われる乳児用ミルク製品の寄付や無料配布である。例えば、台風や地震などの災害時に、乳児用ミルクを含む物資を提供することで、自社製品の使用を促進し、依存を高める戦略を取っている。ユニセフを含む関係組織は、通常時だけでなく災害時も、そうした乳児ミルク関係企業の活動をモニタリングし、違法行為をいち早く政府の関係機関に知らせ、是正措置を促している。Food and Nutrition Research Institute, *More infants are getting exclusive breastfeeding, Government of the Philippines.* Alive & Thrive (2022), *In Philippines, breastfeeding impacts families, communities, and the economy - There are serious health and economic consequences associated with not breastfeeding.* Jyn Allec R. Samaniego, et.al. (2022), "Implementation and Effectiveness of Policies Adopted to Enable Breastfeeding in the Philippines Are Limited by Structural and Individual Barriers", *International Journal of Environmental Research and Public Health.*

165 「重度の急性栄養不良」(severe acute malnutrition［SAM］)とは、「重度の消耗症」(severe wasting)とも言い、身長に対する体重比(weight-for height measurement)がWHOの成長基準の−3標準偏差未満である状態、6カ月から59カ月の子どもにおいて上腕中部周囲径(mid-upper arm circumference［MUAC］)が115 mm未満の状態、あるいは足や下腿に液体貯留による栄養浮腫が存在する状態を指す。こうした状況を放置しておけば、そのうちの20パーセントから30パーセントの子どもが死に至る。これに対し、適切な治療(治療用栄養食品［Ready-to-Use Therapeutic Food/RUTF］の提供、治療センターでの栄養治療、感染症の治療、フォローアップとモニタリングなど)を施せば、死亡率を1パーセントから5パーセントに下げることができる。詳細については、Steve Collins, et.al. (2006), "Management of Severe Acute Malnutrition", *The Lancet*, 2 December 2006. Children's Investment Fund Foundation, *EME Evidence Review for Severe Acute Malnutrition Strategy*. WHO (2013), *Guideline: Updates on the management of severe acute malnutrition in infants and children.*

166 「緊急事態下の教育」(Education in Emergency［EiE］)トレーニングは、教師や教育関係者に対して行われ、次の内容を持っている。(1)緊急時対応スキルの訓練(自然災害後の緊急対応方法や避難指導のスキル、避難計画の策定、避難ルート

2013年10月) — レベル2、(5)台風ハイエン(フィリピン/2013年11月) — レベル3、(6)ネパール大地震(ネパール/2015年4月および5月) — レベル3。緊急事態レベルシステムの詳細については、UNICEF, *Corporate Emergency Activation Procedure* を参照。

159 これは、地震や洪水など突発的な緊急事態が起こった場合である。それに対し、紛争など危機的状況が継続的または長期的な場合には、持続的な人道支援が必要となるため、人道調整官(Humanitarian Coordinator)が任命される。

160 クラスター調整システムの詳細については、Relief Web, *Cluster Coordination* および 外務省、『緊急・人道支援国際機関を通じた援助用語説明』、2021年1月13日を参照。

161 台風ボーファに関する資金要請およびユニセフが支援した活動の詳細については、United Nations (2013), *Philippines (Mindanao) Humanitarian Action Plan 2013 Typhoon Bopha/Pablo Response - An Action Plan for Recovery* (Revision: January 2013) を参照。また、被災地での活動の具体的な展開状況については、次の記事を参照。ユニセフ、『フィリピン — 台風24号の被災地で支援を急ぐユニセフ』、2012年11月7日。ユニセフ、『フィリピン — 台風24号-被災地入りしたスタッフからの報告』、2012年12月12日。ユニセフ、『フィリピン — 台風直後での清潔な水の確保』、2013年1月11日。ユニセフ、『フィリピン — 台風24号『ボファ』から数カ月・・・子どもたちが栄養不良の危機に』、2013年3月26日。

162 「尊厳と衛生キット」(dignity and hygiene kit)とは、大規模災害後に配布される次のようなアイテムを含むキットのことである。(1)衛生用品(歯ブラシ、歯磨き粉、石鹸、シャンプー)、(2)女性用生理用品、(3)清潔なタオル、(4)使い捨てマスク、(5)消毒液、(6)ハンドサニタイザー、(7)爪切り、(8)洗濯石鹸、(9)ヘアブラシ/くし、(10)トイレットペーパー、(11)下着や衣類(必要に応じて)。

163 「スフィア基準」(SPHERE Standards)とは、水と衛生、栄養、食糧援助、避難所、保健医療サービスなど、人道支援の主要分野における国際的な原則と最低限の基準である。1997年に国際人道支援NGOと赤十字・赤新月運動によって立ち上げられたプロジェクトの下で制定された。スフィア基準は、人道支援の質を向上させ、災害対応や緊急事態において被災者への説明責任を確保することを目的としている。詳細は、Sphere Association (2018), *The Sphere Handbook: Humanitarian Charter and Minimum Standards in Humanitarian Response*, fourth edition, Geneva, Switzerland を参照。

164 ネッスルやダノン、アボット、ミード・ジョンソンなどの多国籍企業は、開発途上国を含む全世界で、乳児用ミルク(infant formulae)を大々的に販売してきた。その販売促進手法は、虚偽情報を含む大々的な広報、フリー・サンプルの配布、一部の医療関係者への利益供与と取り込みなど非倫理的なものを多く含む。それは、特に開発途上国の母親に、本来なされるべき母乳による育児に疑念を抱かせ、哺乳瓶による育児を選ばせる大きな要因となってきた。そして、貧困と非衛生的な環境が蔓延する開発途上国では、それが下痢などの疾病の増加、栄養不良、乳幼児死亡率の増加につながる。そうした状況を正すために、世界保健会議は1981年、「母乳代替製品のマーケティングに関する国際規約」(International Code of Marketing Breast-Milk Substitute)を採択し、病院・店舗などを通じて

管理業務全般を指す。これには、総務、財務、人事、物資の供給と物流 、募金・資源動員、ITサポート、安全管理などのさまざまな支援機能が含まれる。

152 UNICEF (2020), *Core Commitments for Children in Humanitarian Action*. ユニセフが緊急支援と対応（Emergency Relief and Response）で関わるプログラム領域は、基本的に「はじめに」の章で説明した通常時のプログラム領域と同じで、(1)保健（Health）、(2)栄養（Nutrition）、(3)水と衛生（Water, Sanitation, and Hygiene：WASH）、(4)教育（Education）、(5)子どもの保護（Child Protection）、(6)社会的保護（Social Protection）である。

153 緊急時の医療ケアにおける"inpatient level 2 special newborn care"とは、集中治療を必要とするが、最も重篤ではないケースを対象とする新生児ケアを指す。このレベルのケアは、一般的に以下のような内容を含む。(1)新生児の体温や呼吸の監視および管理、(2)軽度から中等度の呼吸補助（例：持続的陽圧呼吸療法［Continuous Positive Airway Pressure］)、(3)光線療法などによる新生児黄疸の治療、(4)点滴や経鼻栄養などの栄養管理、(5)感染症に対する抗生物質治療、(6)呼吸や循環の安定化が必要な新生児のケア。このレベルのケアは、専門の新生児集中治療室（Neonatal Intensive Care Unit）を必要とする"level 3 care"よりも軽度なもので、特に極端な早産でない新生児や、生命に関わる重篤な問題を抱えていない新生児に提供される。

154 通常資金の説明については、第5章を参照。これは現在の規定だが、2011年に筆者がフィリピンで勤務していたときには10パーセントまでであった。

155 国連の機関間常設委員会（Inter-Agency Standing Committee［IASC］）は、1992年に国連総会によって設立された、人道問題に関する最高レベルの調整フォーラムである。その主な目的は、(1)人道支援の調整（紛争や自然災害などの緊急事態における対応の調整を行い、各機関が効率的に協力できるようにする）、(2)政策の策定と指導（人道原則や保護の強化、脆弱な人々への支援の向上など人道支援に関する政策や戦略、ガイドラインを策定・作成し、実施に向けて指導する）、(3)広範な協力体制の構築（国連機関だけでなく、関係の非政府組織、国際赤十字・赤新月運動、その他のパートナーとも協力し、包括的な人道支援体制を整備する）、である。機関間常設委員会の詳細およびそのメンバーシップについては、以下のウェブサイトを参照。IASC, *The Inter-Agency Standing Committee*. IASC, *IASC Membership*.

156 個々の緊急事態への資金要請書に対するすべての人道支援（二国間・多国間援助、贈与、NGO、国際赤十字・赤新月社連盟、プライベートドナーなど）は、資金追跡システム（Financial Tracking System［FTS］）を通じて記録され、それにより資金要請書で表明されたニーズがどの程度満たされたかがわかる。

157 それに対して前述した統合資金要請プロセス（CAP）は、ユニセフを含む関連クラスターのメンバーである国際組織やNGOの人道支援計画と資金調達のためにある。概念的には、HACはCAPの一部となる。

158 この本で言及されている、自分が関わった主要な緊急事態のレベルは、下記の通りである。(1)タイ中部洪水被害（タイ／2011年7月から12月）― レベルなし、(2)台風ボーファ（フィリピン／2012年12月）― レベル2、(3)サンボアンガ武力衝突（フィリピン／2013年9月）― レベル2、(4)ボホール大地震（フィリピン／

144 タイにおける子ども支援給付金導入が実現するまでには、関係スタッフのほか、自分も含めて3人のユニセフ国事務所代表が関わった。Democracy Center (2016), *Fixing the Hole in the Safety Net for Children - UNICEF Thailand's Successful Campaign for a Child Support Grant* .

145 この問題については、筆者がタイを去った後だが、ユニセフが2021年に出した次のレポートを参照。UNICEF Thailand Country Office (2021), *Invisible Lives - 48 Years of the Situation of Stateless Children in Thailand (1972 – 2020)*。また、2019年にユニセフを含む国連組織が出した次のレポートも参照（特に子どもに関係する箇所は第6章）。United Nations Thematic Working Group on Migration in Thailand (2019), *Thailand Migration Report 2019.*

146 タイは、世界で最も無国籍の人々（stateless people）が多い国の一つである。タイには長年にわたってタイに住みついた難民・移民や少数民族を中心に推定50万人の無国籍の人々がおり、うち10万人以上は子どもである。彼らは、身分を証明する書類を持たず、教育、保健、社会保障など社会の必須サービスへのアクセスが限られ、搾取や人身売買などの被害者になりやすい。また、差別に遭いやすく、労働市場での正規雇用が限られていたり不当な低賃金を強いられたりするため、危険な仕事に就きやすい。そしてそうした状況からの保護も限られ、状況を変えるための政治的な行動（投票など）もできない。そして、無国籍の状態は親から子に伝えられ、永続する。Vitit Muntarbhorn (2023), "Overcoming statelessness in Thailand", *Bangkok Post.* このイシューに関するユニセフのタイにおける活動とその成果については、UNICEF Thailand Country Office, *Ending Statelessness for a Bright Future for Every Child - The right to a nationality for every child* を参照。

第6章　フィリピン（2012～2014年）

147 Bündnis Entwicklung Hilft / IFHV (2023), *World Risk Report 2023*, p.7. この報告書の対象となる天災は、地震、津波、サイクロン（台風やハリケーンも含む）、沿岸洪水（高潮、高波など）、河川の洪水、干ばつ、海面上昇である。

148 nippon.com、『台風の発生・上陸は8月に多く、大被害は9月』、2018年8月2日。

149 ちなみに、日本で戦後最悪の台風は伊勢湾台風（1959年）で、犠牲者は5,098人（死者4,697人 ＋ 行方不明者401人）である。それとともに「昭和の三大台風」と呼ばれているのが、室戸台風（1934年）と枕崎台風（1945年）で、犠牲者はそれぞれ3,036人（死者2,702人 ＋ 行方不明者334人）と3,756人（死者2,473人 ＋ 行方不明者1,283人）である。比較すると、2011年の台風ワシ（犠牲者2,546人 ― 死者1,472人 ＋ 行方不明者1,074人）、2012年の台風ボーファ（犠牲者2,735人 ― 死者1,901人 ＋ 行方不明者834人）、および後述する2013年の台風ハイエン（犠牲者8,123人 ― 死者6,352人 ＋ 行方不明者1,771人）による被害の大きさと、このクラスの台風が3年続けて襲来した当時のフィリピンの尋常ならざる状況がわかる。

150 Kelvin S. Rodolfo, et.al. (2018), *Super Typhoon Bopha and the Mayo River Debris-Flow Disaster, Mindanao, Philippines, December 2012*, IntechOpen.

151 ユニセフの組織的文脈で「オペレーションズ」という言葉は、組織の運営および

手当を受給した児童が成人した後の収入は、非受給者と比較して平均で15パーセント高かった。(6)食費と医療費への影響 ― 児童扶養手当の受給家庭では、非受給家庭と比べて月々の食費が平均で10パーセント高かった。医療費に関しては、適切な医療サービスを受ける割合が20パーセント高かった。

143 UNICEF, *A proposed five-point plan for children for the next Government to reflect on UNICEF Thailand's policy priorities proposal for children and young people*, 23 March 2019およびUNICEF, ILO, IOM and UN Women (2022), *Thailand Social Protection Diagnostic Review - Summary report on child-sensitive social protection in Thailand*を参照。現在のタイの子ども支援給付金のように、資力調査に基づいて給付金を一定資力以下の人々に給付するアプローチを「貧困ターゲッティング」(poverty targetingあるいはmeans-tested)という。これは一見正しく思えるが、現実にはさまざまな問題をはらんでいる。まず、「貧困」はダイナミックな現象であり、定められた貧困線の付近にいる人々の中には、季節やマクロ経済状況などさまざまな要因によってその線を頻繁に上下する人々が多数いる。またインフォーマル・セクターが大きな割合を占める経済の場合、資力の把握・捕捉は容易ではなく、申請・審査・監査などに実施に膨大な人員とリソースが必要となり、結果にもエラーが含まれやすい。また、その状況が恣意的に使われれば、汚職の温床ともなる。受給者の経済状況は変動するため、定期的な調査と更新が必要となり、これもまた管理コストを増大させ、システムの運用を複雑化させる。そうした複雑なプログラムは申請手続きも往々にして複雑で、特に貧しい人々や高齢者にとっては負担が大きく、その結果本来受け取るべき人々が申請を諦めることがある。さらに、受給者は自身の経済的困窮を公に認めることを恥やスティグマ(「烙印」)と感じることもあり、それが支援を受けることをためらわせ、必要な援助を受ける人々の数を減少させる可能性がある。これらの理由により、本来支援を受けるべき人が支援を受けられず、逆に支援を受ける資格を持たない人が支援を受けてしまうことを、それぞれ"exclusion error"(排除誤差)、"inclusion error"(包含誤差)と呼ぶ。貧困削減策として特に深刻なのは、排除誤差である。そして実際、タイの子ども支援給付金の場合も、2019年のインパクト評価で、30パーセントの排除誤差(本来給付金を受けるべき子ども/家庭の30パーセントが制度によりカバーされておらず給付金を受け取っていなかった)が報告されている。最後に、そのように「一部の貧しい人々だけのため」と認識されるプログラムはより大きな有権者グループの支援を受けられず、廃止されたりする可能性も高くなる。このような理由から、現在国際的に入手可能なエビデンスは、そうした問題の多い「貧困ターゲッティング」よりも「普遍的アプローチ」(universal approach)、すなわちよりはっきりした属性に基づき、その属性を持つ人々すべてに支援を与えるアプローチ(例:X歳以下のすべての子ども)の優位性を示している。現在タイでユニセフが政策提言しているのは、6歳以下の子どもを持つ家庭すべてに子ども支援給付金を給付するという普遍的アプローチである。貧困ターゲッティングに基づく社会給付システムの実績と問題点および普遍的アプローチに基づく社会給付システムの優位性のエビデンスについては、次を参照。Stephen Kidd and Diloá Athias (2019), *Hit and Miss: An assessment of targeting effectiveness in social protection*, Development Pathways.

率や成績、進級・卒業率、教育教材の利用が高かった。⑵消費の増加 — 給付金を受け取った家庭の消費支出が平均して高くなり、特に食品や教育に対する支出が増加した。⑶経済活動への影響 — 給付金は、主たる養育者に一定の余裕を与え、彼らがより安定した仕事に就労する機会を増やし、家庭の経済的安定に寄与した。これにより、家庭の収入源が多様化し、長期的な経済的安定が促進された。⑷リスク行動の減少 — 給付金を受け取ることで、思春期の子どもたちのリスク行動（取引性行為、アルコール消費、薬物乱用など）が減少した。これは、家庭の経済的安定と生活環境の改善によるものであると考えられる。⑸投資の促進 — 給付金は、貧困家庭が子どもの教育や健康に対して投資する能力を高めた。これにより、子どもたちの学習成果や健康状態が向上し、将来的な収入の可能性が高まった。

139 UNICEF, *Thailand's child support grant helps vulnerable families - Leave no children behind*, 26 March 2019.

140 タイにおける子ども支援給付金は、次のように拡大された。⑴2015年 — 貧困下にある家庭の新生児（12万8,000人）に1人当たり月額400バーツ支給（2015年の年間平均為替レートで約1,300円）、⑵2016年 — 貧困下にある家庭の3歳未満の子ども（60万人）に1人当たり月額600バーツ支給（2016年の年間平均為替レートで約1,900円）、⑶2019年 — 貧困下にある家庭の6歳未満の子ども（230万人）に1人当たり月額600バーツ支給（2019年の年間平均為替レートで約2,100円）。ユニセフはタイ政府と連携して、子ども支援給付金の設計と実施を全般的に支援した。これには、子どもの生活費の推定や、低所得家庭への経済的支援の効果を評価するための調査の実施も含まれている。

141 社会保障フロア（social protection floor）とは、もともと国際労働機関（ILO）により提唱された概念であり、すべての人々に所得保障と社会サービスへのアクセスを保証するために設計された、一群の社会政策を指す。特に脆弱なグループに注意を払い、ライフサイクル全般において人々を保護することを目的とし、以下の保障を含む。⑴各種の社会的移転（現金または現物）を通じての基本的な所得保障。これには高齢者や障害者のための年金、児童手当、所得支援給付、および失業者や働く貧困層のための雇用保証とサービスが含まれる。⑵保健、上下水道、教育、食料保障、住宅などの分野において、国の優先事項に従って定義された必須の社会サービスが誰でも負担できるコストで提供されること。詳細は、socialprotection.org, "Social Protection Floor", *Glossary*を参照。

142 Thailand Development Research Institute (2019), *Thailand Child Support Grant (CSG) - Impact Assessment Endline Report*. このインパクト評価では、以下のようなことがわかった。⑴健康状態の改善 — 児童扶養手当を受給している児童は、病気の発生率が非受給者と比較して30パーセント少なかった。⑵栄養・発育状態の改善 — 手当を受給している児童の発育不良の割合は、非受給者と比較して25パーセント少なかった。⑶学校成績の向上 — 手当を受給している児童の学校成績は、非受給者と比較して平均で20パーセント高かった。特に数学と科学の成績において顕著な違いが見られた。⑷学業継続率の向上 — 児童扶養手当を受給している児童の学業継続率は、非受給者と比較して15パーセント高かった。中等教育への進学率も、10パーセント高かった。⑸長期的な収入の向上 —

科学的な概念を理解し、それを日常生活の問題にどのように適用できるかが問われる。タイはOECD加盟国ではないが、そのパートナー国として、初回の2000年からPISAに参加してきている。

131 National Statistical Office and UNICEF (2007), *Monitoring the Situation of Children and Women: Thailand Multiple Indicator Cluster Survey December 2005 – February 2006 - FINAL REPORT*, Government of Thailand, Table 6.

132 National Statistical Office and UNICEF (2007), *Monitoring the Situation of Children and Women: Thailand Multiple Indicator Cluster Survey December 2005 – February 2006 - FINAL REPORT*, Government of Thailand, Table 11.

133 WHO (2015), *Stunting in a nutshell*. Lesley Oot, et.al. (2016), "The Effect of Chronic Malnutrition (Stunting) on Learning Ability, a Measure of Human Capital: A Model in PROFILES for Country-Level Advocacy", *Technical Brief, Food and Nutrition Technical Assistance (FANTA) III Project*.

134 Md Ashraful Alam, et.al. (2020), "Impact of early-onset persistent stunting on cognitive development at 5 years of age: Results from a multi-country cohort study", *Pros One*.

135 南アフリカでの研究によれば、幼少期の発育阻害は、学年修了の可能性（＝落第あるいは退学しない可能性）を22パーセント低下させている。Lateef B Amusa, et.al. (2022), "Childhood stunting and subsequent educational outcomes: a marginal structural model analysis from a South African longitudinal study", *Public Health Nutrition*, Volume 25 , Issue 11 , November 2022 , pp. 3016 - 3024.

136 2007年に出版されたイギリスの医学誌ランセットに発表された次の論文は、発育阻害による人間の潜在能力の損失を、成人時の収入に推定20パーセント以上の不足をもたらし、国の発展にも影響を及ぼすとしている。Sally Grantham-McGregor, et al (2007), "Developmental potential in the first 5 years for children in developing countries", *The Lancet*, Volume 369, pp. 60–70. また、発育阻害が社会全体にもたらす経済的な負のインパクトの大きさ一般については、次を参照。Nadia Akseer, et.al. (2022), "Economic costs of childhood stunting to the private sector in low- and middle-income countries", *eClinicalMedicine*, Volume 45. Mark E McGovern, et.al. (2017), A review of the evidence linking child stunting to economic outcomes, *International Journal of Epidemiology*, 2017, pp. 1-21.

137 南アフリカの子ども支援給付金では、1998年の導入時には子ども1人当たり月100ランド（1998年の年間平均為替レートで20ドル）が支給されていた。その後この額は徐々に増額され、2024年現在では月520ランド（29ドル）になっている。

138 Department of Planning, Monitoring and Evaluation (2012), The *South African Child Support Grant Impact Assessment: Evidence from a survey of children, adolescents and their households*, Government of South Africa. このインパクト評価の主たる結果は、以下の通りである。(1)貧困削減と子どもの福祉改善 — 給付金を受け取った家庭の貧困削減と子どもの栄養状態、健康、教育成果にポジティブな影響があった。給付金を受け取った家庭の子どもたちは、非受給者の家庭の子どもに比べて栄養不良やよくある子どもの疾病の罹患率、死亡率が相対的に低く、保健サービスへのアクセスや予防接種率が高かった。また、学校への出席

on education, total (% of GDP) (https://www.indexmundi.com/facts/thailand/public-spending-on-education). 2007年、2008年、2009年のタイの政府教育支出のGDPに占める割合は、それぞれ3.60パーセント、3.51パーセント、3.86パーセントであった。

128 「中所得国の罠」とは、国が中所得国になった後、経済成長が停滞し、高所得国へ移行することが難しくなる状況を指す。そこから逃れるためには、生産とサービスのバリュー・チェーンの上方に進むこと、イノベーションと生産性を向上させること、経済を多様化させることなどが必要であるが、そのいずれにも教育への投資は重要な要素である。詳細については、World Bank (2024), *World Development Report 2024 - Middle-Income Trap*を参照。

129 タイの政府教育支出のGDPに占める割合は、2011年には4.81パーセントにまで上がったが、その後残念ながら長期低落傾向となり、最新の2022年には2.61パーセントにまで下がった。ちなみに、2021年は2.99パーセントだったが、これは世界でデータが入手できる141カ国のうち114位となる。IndexMundi, *Thailand - Public spending on education / Government expenditure on education, total (% of GDP)* (https://www.indexmundi.com/facts/thailand/public-spending-on-education). Our World in Data, *Public spending on education as a share of GDP* (https://ourworldindata.org/grapher/total-government-expenditure-on-education-gdp?tab=table&region=Asia&country=KOR~CMR~BGD~USA~GBR~OWID_WRL). The GlobalEconomy.com, *Education spending, percent of GDP - Country rankings* (https://www.theglobaleconomy.com/rankings/education_spending/asia/).

130 2009年のOECDの学習到達度国際調査（Programme for International Student Assessment［PISA］）によると、参加65カ国のうち、タイの成績は、読解力50位、数学的リテラシー50位、科学的リテラシー49位であった。順位よりも深刻なのはその内容で、全部で7段階あるPISAの学習到達度のレベルで最低の「レベル1」および「レベル1以下」の状態にある生徒が、読解力で43パーセント、数学的リテラシーで53パーセント、科学的リテラシーで43パーセントと、すべての学習到達度レベルの中で最大数を占めていた。PISAにおいて「レベル1」とは、読解力や数学的リテラシーにおいて、簡単な問題は解けるがより複雑な問題は解けない、また科学的リテラシーにおいて、基本的な科学知識は持っているがそれを実生活や複雑な問題に応用することが難しい状態を指す。これに対して「レベル1以下」とは、それにも達していない状態、すなわち単純な文や明確な情報も理解することが難しい、単純な数の操作や基本的な計算に苦労する、基本的な科学的概念や知識がほとんど理解できていない状態を指す。詳細は、OECD (2010), *PISA 2009 Results: What Students Know and Can Do - STUDENT PERFORMANCE IN READING, MATHEMATICS AND SCIENCE, Volume 1*を参照。PISAは、OECDが、その加盟国の15歳の生徒を対象に2000年から3年ごとに実施してきている国際的な学力調査である。読解力、数学的リテラシー、科学的リテラシーの三つの分野で、参加者の学習到達度を測る。PISAは、単に知識の暗記や基本的な学力を評価するだけでなく、生徒が現実世界で直面する問題に対して、どの程度知識を応用できるかを重視している。例えば、科学分野では、

受けているが、南部の予防接種率はそれよりはるかに低く、ヤラー県で44パーセント、ナラティワート県で29パーセント、パッターニー県で27パーセントとなっている。南部に住む子どもたちは栄養不良の率も最も高く、ランオーン県の5歳未満の子どもの発育阻害（stunting/低身長）の割合は26パーセントで、全国平均の13パーセントの2倍である。さらに、ヤラー県、パッターニー県、ナラティワート県でも20パーセントと非常に高い。また、ソンクラー県およびナラティワート県の5歳未満の子どもでは、中度・重度の消耗症（wasting/体重対身長比で測った栄養不良）の割合がそれぞれ26パーセントと16パーセントで、全国平均の7パーセントの4倍と2倍もある。南部に住む子どもたちの早期幼児教育と学習能力も大きな懸念であり、全国平均では3歳から4歳の子どもの75パーセントが早期幼児教育を受けているのに対し、ヤラー県、ランオーン県、ナラティワート県ではそれぞれ57パーセント、61パーセント、65パーセントと低かった。ナラティワート県、パッターニー県、ヤラー県の7歳から8歳（2年生と3年生の年齢）の子どものうち、基本的な読み書き能力を持つのはわずか15パーセント、17パーセント、27パーセントで、全国平均の47パーセントを大きく下回っていた。高等学校に通っていない子どもの割合は、タイ全体での15パーセントに対し、ナラティワート県、パッターニー県、ランオーン県ではそれぞれ21パーセント、20パーセント、19パーセントであった。本文でも指摘したが、多指標クラスター調査は、このような格差の存在をエビデンスをもって明らかにする際に、非常に有用である。

123 大泉啓一郎（2007年）、『老いていくアジア ― 繁栄の構図が変わるとき』、中央公論社。これは、2007年に大泉氏の著書が出版された頃の、国連経済社会局人口部の人口推計に基づいた計算である（中位推計）。これに対し、同じ国連のより新しいデータ（2020年）に基づく計算では、タイの倍加年数は20年と老齢化のスピードが一層速まっている。

124 Opas Pimolvitayakit and Siriwan Aruntippaitune (Bureau of Empowerment for Older Persons, Ministry of Social Development and Human Security (2007), *The Elderly Policy Development of Thailand* - a paper submitted to the Expert Group Meeting on the Regional preparations for the Global Review of Madrid International Plan of Action on Ageing, Bangkok, Economic and Social Commission for Asia and the Pacific, pp. 6-7.

125 合計特殊出生率（Total Fertility Rate［TFR］）とは、1人の女性が一生の間に産む子どもの平均数を示す指標である。具体的には、ある年の年齢別出生率を基に、15歳から49歳までのすべての女性が年齢別出生率通りに子どもを産むと仮定した場合に、1人の女性が産むと予想される子どもの数を表す。人口の長期的な変動を測るのに重要で、合計特殊出生率が人口の維持に必要な水準（置換レベル：通常は2.1）より低い場合、人口が減少する傾向がある。

126 日本における将来的な少子高齢化の趨勢は、1960年代には既に意識されていたが、それでも日本の政府と社会は後手に回ったという分析もある。窪田順生（2021年）、『50年前から分かっていた少子高齢化問題、なぜ回避できなかったのか』、ITメディアビジネスオンライン。

127 IndexMundi, *Thailand - Public spending on education / Government expenditure*

2013-2017年（MICS5 / 50カ国）、2017-2023年（MICS6 / 76カ国）とほぼ5年ごとに実施されてきている。2022年までの段階で、世界の118の国々で349のMICSが行われた。MICS7の期間は2023年から2026年までの予定である。UNICEF (2022), *MICS7 Plans & Preparations.*

115 最新のMICS7では、多指標クラスター調査は40以上のSDG指標にデータを提供できる。UNICEF (2022), *MICS7 Plans & Preparations* (https://www.transmonee.org/media/836/file/2.2%20ENG%20MICS%207%20preparations.pdf).

116 タイが現在の版図で最終的に統一されたのは比較的最近で、19世紀の末から20世紀初めにかけてであった。現在のタイ北部にはかつてランナー王国という別の王国があったが、1892年にシアム（タイ王国）に併合された。また、半島の最南部にはかつてパタニ王国という独立したムスリム王国があったが、1909年にシアムに併合された。特に、民族、文化、言語、宗教を異にする最南部（マレー系が多く、マレー語の方言である「ジャウィ」が広く使われ、イスラム教が主たる宗教である）は地域意識と分離主義が強い。それと中央政府の中央集権的コントロールのせめぎ合いの中で、歴史的に暴力や武力衝突が起きてきた。

117 Deep South Watch, 24 October 2024 (https://deepsouthwatch.org/en). また、2004年から2013年までの間に、157人の教師が殺された。最近の状況の全般的な説明については、Uday Bakshi, “The Apparent Stalemate in Thailand’s Deep South - The conflict in southern Thailand remains dormant, but is far from being resolved”, *The Diplomat*, 20 December 2021を参照。

118 Zachary Abuza, “No End in Sight for Thailand’s Deadly Southern Insurgency - The issue remains a low priority for the junta and insurgents show no signs of surrendering anytime soon”, *The Diplomat*, 18 July 2017.

119 UNICEF (2008), *Everyday Fears: A study of children’s perceptions of living in the southern border area of Thailand* (https://ssd.protectingeducation.org/wp-content/uploads/documents/documents_everyday_fears.pdf) . Teak Door, *Southern Thailand : "EVERY DAY FEARS"*, 11 December 2008.

120 United Nations (2014), *Children and Armed Conflict – Report of the Secretary-General, United Nations.*

121 UNICEF, *UNICEF expresses ‘deep concern’ about violence against children in the far south*, 5 February 2014. ユニセフ、「タイ ナラティワート県 — 暴力による子どもの犠牲を憂慮 ユニセフ・タイ事務所代表声明『学校は子どもにとって安全な場所』」、2016年9月6日。ユニセフ、「タイ・ショッピングセンター爆弾攻撃 子どもを巻き込む無差別攻撃は許されない ユニセフ・タイ事務所代表 非難声明」、2017年5月10日。

122 UNICEF, *New National Statistics Office and UNICEF study reveals children in Thailand’s southern provinces lag in immunization, nutrition and learning*, 27 September 2023. National Statistical Office and UNICEF (2023), *Multiple-Indicator Cluster Survey 2022 - Survey Findings Report*. National Statistical Office and UNICEF (2023), *Multiple Indicator Cluster Survey 2022 Report of 12 Selected Provinces in Thailand.* この調査によれば、予防接種について、全国平均では1歳児の83パーセントが麻疹、ポリオ、結核などの病気に関して予防接種を

Indicator Cluster Survey 2019 Survey findings report, p.147. しかし、同じヨード添加塩へのアクセス格差について、図5（2019年）と図7（2005/2006年）の状況を比べてみると、その間14～15年の間に、格差が次のように縮まってきたのがわかる。

－都市部vs. 農村部
- ・2005/2006年 — 62% vs. 40%（1.6倍）
- ・2019年 — 82% vs. 76%（1.1倍）

－アクセス最大の地域vs. アクセス最小の地域
- ・2005/2006年 — 60% vs. 23%（2.6倍）
- ・2019年 — 90% vs. 57%（1.6倍）

－所得が最も高い20% vs. 所得が最も低い20%
- ・2005/2006年 — 69% vs. 24%（2.9倍）
- ・2019年 — 86% vs. 67%（1.3倍）

これは、非常に勇気づけられることである。また同時に、注111で基本的社会サービスについて指摘したように、関係のサービスあるいは物資への「普遍的アクセス」が社会全般で達成されてのみ、貧しい家庭の子どももそれらにアクセスできるということを示すもう一つの例である。

110 UNDP, UNFPA, UNICEF, WHO and the World Bank (1994), *The 20/20 Initiative: achieving universal access to basic social services for sustainable human development*. UNDP, UNESCO, UNFPA, UNICEF, WHO and the World Bank (1998), *Implementing the 20/20 Initiative: Achieving universal access to basic services.*

111 例えば、最も貧しい家庭の子どもたちの初等教育へのアクセスに関する国際比較によると、就学年齢人口全体の初等教育アクセスが相当なレベルに達して（すなわち「普遍的アクセス」に近づいて）、初めてそれが顕著に改善することが明らかである。狭いターゲッティングでは、その保障はできない。この点で、貧しい家庭の子どもたちは、その社会で初等教育への「普遍的アクセス」が達成されるまで、いわば「順番待ち」（queuing for basic education）の状態に置かれているといえる。UNICEF (2000), *Poverty Reduction Begins with Children*, Annex IV: Queuing for basic education（pp. 45-47）を参照。

112 拡大予防接種プログラムの詳細については、第9章を参照。

113 所得五分位とは、所得格差や所得の分布状況を理解するために、所得をその高低に沿って五つの等しいグループ（分位）に分けて分析する方法である。具体的には、すべての世帯や個人を所得の低い順に並べ、以下のように五つのグループに分ける。⑴第1五分位 — 所得が最も低い20パーセントのグループ、⑵第2五分位 — 所得が次に低い20パーセントのグループ、⑶第3五分位 — 所得が中間に位置する20パーセントのグループ、⑷第4五分位 — 所得が上から2番目の20パーセントのグループ、⑸第5五分位 — 所得が最も高い20パーセントのグループ。これにより、各グループの平均所得や所得の合計がわかり、所得の不平等や分布の偏りを分析できるほか、それが所得以外の指標と相関関係あるいは因果関係があるかどうかを分析することができる。

114 多指標クラスター調査は、1993-1998年（MICS1 / 63カ国）、1999-2003年（MICS2 / 65カ国）、2005-2010年（MICS3 / 53カ国）、2009-2013年（MICS4 / 60カ国）、

り、その結果は同時に地域社会のヨード欠乏の状態を評価するためにも利用される。具体的には、TSHレベルが5mU/Lを超える新生児の割合が3パーセントを超える場合、その地域はヨード欠乏の可能性が高いと考えられる。Pongsant Srijantr, et.al. (2008), "Application of geographic information system in TSH neonatal screening for monitoring of iodine deficiency areas in Thailand", *The Southeast Asian Journal of Tropical Medicine and Public Health*, Vol.39, No.2, p.366の地図参照(https://www.researchgate.net/publication/5291419_Application_of_geographic_information_system_in_TSH_neonatal_screening_for_monitoring_of_iodine_deficiency_areas_in_Thailand).

101 Tehran Times (2002), *Low IQ Test Scores Raise Fears for Thailand's Future*, 1 August 2002. Health Information System Development Office (HISO) (2011), *Falling IQs Among Thai Children: Time for More Educational Reform*, Ministry of Public Health, Government of Thailand.

102 Wikipedia, *IQ Classification*.

103 ヨード欠乏症の詳細については、第2章を参照。

104 セター氏はその後、2023年から2024年にタイの第30代首相を務めた。

105 "IODINE PLEASE" キャンペーンの概要については、UNICEF (2022), *Engaging Business for Nutrition Outcomes - A Compendium of UNICEF's Experience*, pp.70-75 (https://www.unicef.org/media/117186/file/Engaging%20Business%20for%20Nutrition%20Outcomes.pdf) および Spikes Asia, *IODINE PLEASE* (https://www2.spikes.asia/winners/2011/pr/entry.cfm?entryid=594&award=101) を参照。また、"IODINE PLEASE" キャンペーンのために作られたメディア素材の例については、YouTubeにアップロードされたビデオ(https://youtu.be/L75n6tdSAiE?si=i73eFgDQ7FPVuuTI6 / https://youtu.be/yWYqYap42vE)、フェイスブック(https://www.facebook.com/IodinePlease/)、X投稿(https://x.com/sansiriplc/status/1059320814841942016?s=46&t=PEBWB4Xk2Oct8PXuJ3U4Gw) などを参照。

106 USDA Foreign Agricultural Service (2010), *Thai FDA Revised Standard for Edible Salt*. Karen Kodling, et.al. (2017), *The legislative framework for salt iodization in Asia and the Pacific and its impact on programme implementation, Public Health Nutrition* を参照。

107 Iodine Global Network, *Global Scorecard of Iodine*.

108 National Statistical Office and UNICEF (2006), *Monitoring the Situation of Children and Women - Thailand Multiple Indicator Cluster Survey December 2005-February 2006, FINAL REPORT*, Table 10 and Table 11. National Statistical Office and UNICEF (2013), *Monitoring that Situation of Children and Women - Multiple Indicator Cluster Survey 2012*, p. 35. National Statistical Office (NSO) and UNICEF (2016), *Thailand Multiple Indicator Cluster Survey 2015- 2016, Final Report*, p. 40 and p. 42. National Statistical Office (NSO) and UNICEF (2020), *Thailand Multiple Indicator Cluster Survey 2019 Survey finding report*, pp. 146-147.

109 National Statistical Office (NSO) and UNICEF (2020), *Thailand Multiple*

95　これに関する経緯については、World Bank (2024), *World Development Report 2024 - The Middle-Income Trap*, pp. 37-39を参照。

96　「世界における発展段階別の所得格差をみると、低中所得国(lower middle income)、高中所得国(upper middle income)、高所得国、低所得国の順で格差が大きいことが確認できる。これは『発展段階が進むにつれて所得格差は拡大し、一定の所得水準を超えた後は格差は縮小に向かう』ことを示したクズネッツの逆U字仮説と整合的である。また、低所得国グループは、所得格差が最も小さく90年代以降大きな変動はみられない。その他のグループでは格差が拡大傾向にある」内閣府(2010年)、「所得格差是正の必要性」、『2010年上半期 世界経済報告』(https:// www5.cao.go.jp/j-j/sekai_chouryuu/sh10-01/s1-10-2-4/s1-10-2-4-2. html) およびその中の「第2-4-15図 世界の所得格差(ジニ係数)の推移」(https:// www5.cao.go.jp/j-j/sekai_chouryuu/sh10-01/s1-10-2-4/s1-10-2-4-15z.html)を参照。

97　World Bank (2018), *Minimum Core Obligations of Socio-Economic Rights*, 26 January 2018.

98　「人権の漸進的実現」の原則は、国際人権法、特に「経済的、社会的及び文化的権利に関する国際規約」(International Covenant of Economic, Social and Cultural Rights [ICESCR])に基づいている。ICESCRの第2条1項では、締約国が「利用可能な資源を最大限に活用して、漸進的にこれらの権利の完全な実現を確保するための措置をとること」を求めている。同様に、子ども権利条約もその第4条で、「締約国は、利用可能な資源を最大限に活用し、必要に応じて国際協力の枠組みの中で、これらの措置を講じるものとする」とし、子どもの権利の漸進的実現を認めている。この原則は、現実的な制約を認識しつつも、基本的人権の実現が最低限のものを実現したら終わりというような「静的」なものではなく、より「動的」であることを示す上で重要である。

99　Economic and Social Council (2008), *UNICEF Executive Board - Report on implementation of the "modified system for allocation of regular resources for programmes" approved by the Executive Board in 1997 (E/ICEF/2008/20)*, United Nations. Economic and Social Council (2008), *Official Records 2008 Supplement No. 14 : Executive Board of the United Nations Children's Fund, Report on the first, second and annual sessions of 2008 (E/ICEF/2008/7/Rev.1)*, United Nations, pp. 46-47. Economic and Social Council (2008), *UNICEF Executive Board - Compendium of decisions adopted by the Executive Board in 2008 (E/ICEF/2008/26)*, United Nations, pp. 15-16.

100　新生児の甲状腺刺激ホルモン(Thyroid Stimulating Hormone [TSH])は、新生児の健康状態や、地域全体のヨード欠乏のリスクを把握するために使用される。TSHは、甲状腺がホルモンを十分に産生していないときに脳の下垂体から分泌されるホルモンで、甲状腺に対してホルモンの分泌を促す指令を出す役割を持っている。したがって、血中のTSHレベルが高い場合、それは甲状腺ホルモンの分泌が不十分である、すなわちヨード欠乏の可能性があることを示唆する。新生児のTSHレベルの測定は、通常、出生後数日以内に行われる新生児スクリーニングの一環として実施される。このスクリーニングは、先天性甲状腺機能低下症(クレチン症)の早期発見を目的としてお

発協会［IDA］を通じての無利子あるいは低利で非常に返済機関の長いものに対し、中所得国向けは主に国際復興開発銀行［IBRD］を通じてのより商業的な融資条件に近いものという違いはあるが)。また、二国間の政府開発援助(ODA)では、低中所得国は一般的にODAの対象となることが多く、また高中所得国も、一部の例外を除いてODAの対象となる。ただし、ODAの配分は、通常低所得国や低中所得国に比べて相対的に少なくなる。

90　ユニセフの資金は、主に「通常資金」(Regular Resources［RR］)と「補助資金」(Supplementary Funds［SF］)の二つに分類される。通常資金はコア資金とも呼ばれ、特定のプロジェクトや国に前もって使途が特定されない資金である。この資金により、ユニセフはリソースが最も必要とされる場所、特に資金不足のプログラムや緊急事態に相対的に柔軟に資金を割り当てることができる。また、通常資金は安定した予測可能な資金源を提供し、ユニセフが長期的なプログラムを計画し、急速に変化するニーズに対応することを可能にする。通常資金は、主に政府、民間企業、個人からの自主的な貢献・寄付(voluntary contribution)によって賄われている。そしてその国別配分は、(1)5歳以下の乳幼児死亡率、1人当たりの国民総所得、子どもの人口規模の三つの指標を使った配分公式、および(2)低開発国(Least Developed Countries)が最低でも通常資金総額の55パーセント、またサハラ以南のアフリカの国々が最低でも通常資金総額の50パーセントを受け取る、という原則により決められている。これに対し補助資金は、特定の国、プロジェクト、または教育、保健、緊急対応などのテーマ別分野のために、特定のドナーによって前もって使途を特定された資金である。補助資金も、政府、国際機関、民間企業、慈善団体、個人からの自主的な貢献・寄付により成り立っている。通常資金の詳細については、UNICEF (2024), *Core Resources for Every Child, Everywhere - Annual Report 2023* を参照。

91　Economic and Social Council (1997), *UNICEF Executive Board - Modified system for allocation of general resources for programmes (E/ICEF/1997/18)*, United Nations, pp. 113-116.

92　当時の世界銀行の国別所得カテゴリーによれば、1人当たりの国民総生産(Gross National Product［GNP］)が725ドル以下が低所得国、同726ドルから2,895ドルが低中所得国、同2,896ドルから8,955ドルが高中所得国、そして同8,956ドル以上が高所得国であった。World Bank, *World Bank Analytical Classifications* (https://databankfiles.worldbank.org/public/ddpext_download/site-content/OGHIST.xls).

93　中所得国一般における補助資金獲得の見込みは非常に厳しいため、通常資金がフェーズアウトされるということは、実質的にユニセフがその国でプレゼンスを持ちつつプログラム活動を行うことができなくなることを意味する。

94　筆者がタイで働いていた2010年当時には、世界全体の貧困人口の70.87パーセントが中所得国に住んでいた(うち低中所得国67.47パーセント、高中所得国3.4パーセント)。これに対し、低所得国および高所得国に住んでいた貧困人口は、それぞれ全体の28.63パーセントと0.5パーセントであった。Daniel Gerszon, et.al. (2023), *Most of the world's extreme poor live in middle income countries – but not for long*, World Bank Data Blog.

る。これは、職員とその家族の健康や福利厚生を考慮し、過度な負担がかからないようにするためである。

87 UNICEFのタレント・グループのシステムは、特定の専門分野における人材を効率的に採用し、配置するための仕組みである。このシステムでは、ユニセフのスタッフ・カテゴリーのそれぞれについて適格と見なされる候補者のリストを作成し、個別のポストの採用プロセスにおいてそれを優先的に用いる。そして、それにより採用プロセスを迅速化することができる。具体的には、各専門分野において適切なスキルや経験を持つ候補者を、書面審査およびインタビューを通じ、タレント・グループとして前もってリスト化しておく。タレント・グループに登録された候補者は、通常の採用プロセスよりも早く選考されることができる。これにより、必要な人材を迅速に見つけ出すことが可能になり、急な人材需要にも対応しやすくなる。詳細については、UNICEF, *Explore careers at UNICEF: Have the most meaningful career with us*を参照。

第5章　タイ(2006～2012年)

88 開発について語る場合、我々がよく用いる「開発途上国」という言葉について、単一の基準はない。関連する用語は、関係の国際機関によっても、時期によっても違ってきた。世界銀行による分類では、開発途上国は「低所得国」(low-income countries：2024年の最新の基準で1人当たりの国民総所得がUS$ 1,145以下の国)、「低中所得国」(lower middle-income countries：同US$ 1,146からUS$ 4,515)、「高中所得国」(upper middle-income countries：同US$ 4,516からUS$ 14,005)の三つに分けられる。これに対して国連は、後発開発途上国(least developed countries [LDC])というカテゴリーを持ち、その指標は1人当たりの国民総所得(GNI)、人的資源指数(HAI)、経済脆弱性指数(EVI)で、それらすべての指標の基準値を満たすと、「LDC卒業」ということになる。この二つを合わせたのが、OECD(経済協力開発機構)が3年ごとに発表する「ODA受取国リスト」であり、経済発展のための援助を受けるということで、「開発途上国」であるということができる。このリストの最新版に載っているのは、(1)世界銀行によって「高所得国」以外に分類される国々(2022年時点の1人当たり国民総所得がUS$ 13,845以下の国々)か、(2)国連によって後発開発途上国に分類される国々である。タイの場合は、2011年に高中所得国になった。熊谷聡(2018年)、『おしえて！ 知りたい！ 途上国と社会』、アジア経済研究所。OECD (2023), *DAC List of ODA Recipients - Effective for reporting on 2024 and 2025 flows* . Onno Hoffmeister (2020), *Development Status as a Measure of Development*, UNCTAD. 外務省(2024年)、『後発開発途上国(LDC: Least Developed Countries)』。Eric Metreau, et.al. (2024), *World Bank country classifications by income level for 2024-2025*, 1 July 2024, World Bank Blogs.

89 この点に関しては、開発支援に携わるアクターごとにも違いがある。筆者が知る限り、国連開発機関の中では、当時ユニセフのほかに、国連開発計画(UNDP)と国連人口機関(UNFPA)が、ユニセフと同じようなポリシーを持っていた。そして、ユニセフと同じように、その後それを変更した。それに対し世界銀行は、現在も以前も中所得国全般への融資を行っている(低所得国向けの融資が国際開

attractions/). また、後に自分が勤務したネパールでも、ユニセフは反孤児院ツーリズムの運動を展開している。UNICEF, *Volunteering In Nepal ? What you should know before volunteering in an orphanage in Nepal* (https://www.unicef.org/nepal/stories/volunteering-nepal). UNICEF, *Volunteering in orphanages - By volunteering in orphanages, many well-intentioned tourists are supporting an industry that tears families apart and exploits children* (https://www.unicef.org/rosa/what-we-do/child-protection/volunteering-orphanages).

85 施設型ケアの弊害については、Wikipedia, *Deinstitutionalization (orphanages and children's institutions)* を参照。施設型ケアの弊害は、その具体的な様態により違ってくるが、ルーマニアの施設で育てられた子どもの発達を出生家族や里親のもとで育てられた子どもと比較した研究（ブカレスト早期介入プロジェクト）では、脳を含む正常な成長の遅れ、IQや脳活動のレベルの著しい低さ、さまざまな社会的および感情的障害（攻撃的行動問題、注意問題、多動、および自閉症を模倣する症候群を含む社会的および行動上の異常）などが見られた。また、イギリスの医学誌「ランセット」は、子どもの施設化および脱施設化に関するランセットグループ委員会のメタ分析（これまでの数多くの研究の体系的および統合的レビュー）の結果を2020年に発表した。308の研究の分析の結果、施設ケアと子どもの発達との間に強い負の関連性が見られた。これは、特に身体的成長、認知および注意力に関して顕著であった。施設化と社会情緒的発達および精神的健康との間には、小さくはあるが有意な関連が見られた。施設を離れて里親または家族ケアに移ることで、一部の発達結果（例：成長および認知）からの顕著な回復が見られるが、他の結果（例：注意）では見られなかった。施設で過ごした時間の長さは、悪影響のリスク増加および回復の可能性減少と関連していた。委員会は、施設に入る子どもの数を減らし、施設を離れる子どもの数を増やすことが緊急に必要であると結論づけた。詳細については、Lancet Group Commission (2020), *Institutionalisation and deinstitutionalisation of children 1: a systematic and integrative review of evidence regarding effects on development* および Lancet Group Commission (2020), *Institutionalisation and deinstitutionalisation of children 2: policy and practice recommendations for global, national, and local actors* を参照。

86 ユニセフの正規職員は、通常一定の期間（通常2年から5年）ごとに、新しい勤務地に異動する。これを、ローテーションと呼ぶ。ローテーションの目的は、主として次の二つである。⑴国際公務員としての資質向上と能力開発 — 職員がさまざまな国や地域での経験を積むことにより、多様な文化的、社会的、経済的背景を理解し、国際的な視野を広げ、さまざまな国際的な課題や政策に対応する能力を養うことができる。また、それとともに個人のキャリアを伸ばし、その成長やスキルの向上を促進させる。⑵職員とその家族の健康やの福利厚生や健康 — ローテーションとローテーションの間の期間は、勤務地の生活条件（ハードシップと呼ばれる）により異なる。ハードシップの度合いは、勤務地の生活環境や安全性、医療アクセス、インフラの整備状況、気候など、さまざまな要因によって評価・決定される。ハードシップが高い勤務地（例えば紛争地域やインフラが未整備な地域など）では、基本的に次のローテーションまでの期間が短く設定され

dia. LICADHO (2018), *Cambodia's Stolen Children : Fraud and Corruption in the In-ter-Country Adoption System*.

75 The Spokesman-Review, *Woman gets 18 months in adoption conspiracy*, 21 November 2004 および Facts and Details, *Children, Orphans and Adoptions in Cambodia*, May 2014.

76 子どものための代替的ケア (alternative care for children) とは、親や家族が子どもの世話をすることができない場合に、子どもの福祉や発達を確保するために提供されるケアの形態を指す。代表的な代替ケアの形態には、親族ケア (kinship care)、国内養子縁組 (in-country adoption)、里親ケア (foster care)、施設ケア (residential care)、国際養子縁組 (inter-country adoption) などがある。

77 親族ケア (kinship care) とは、親がいない場合、あるいは何らかの理由で子どもをケアできない場合、近親者が子どもの世話をすることである。里親ケア (foster care) とは、親がいない場合、あるいは何らかの理由で子どもをケアできない場合、子どもが訓練を受けた里親の家庭に預けられ、育てられることをいう。

78 Better Care Network, *Cambodia Inter-Country Adoption (ICA) Assessment and Action Plan*, 1 June 2008.

79 Government of Cambodia (2009), *Law on the Inter-Country Adoption - December 2009*. 法務省、『国際養子縁組に関する法律』。

80 The Khmer Times, *Fostering hopes: Cambodia resumes inter-country adoptions after eight-year hiatus*, 31 March 2022. LICADHO, *Cambodia and Italy Must Not Recommence Intercountry Adoptions*, 28 June 2023. Cambodia News, *NGOs Want Government, Italy to Halt Reopening of Intercountry Adoptions*, 28 June 2023.

81 Koh Ewe, "These Adoptees Were Brought to the US as Babies. Now Some Fear They Were Stolen", 27 April 2022, *VICE* (https://www.vice.com/en/article/cambodian-adoption-fraud-united-states/). Anna Busalacchi, "Student-led documentary investigates Cambodian adoption mystery", 19 May 2021, *The Columbia Chronicle* (https://columbiachronicle.com/student-led-documentary-investigates-cambodian-adoption-mystery).

82 DW (2011), *UNICEF: Cambodia's orphans not really orphans*, 24 March 2011. 社会福祉退役軍人青年省とユニセフが2011年に行った調査では、カンボジアの269の「孤児院」のうち国が運営しているのは21だけであり、残りは外国の個人や組織により資金を提供されていたという. Ministry of Social Affairs, Veterans and Youth Rehabilitation (2011), *With the Best Intentions - A Study of Attitudes towards Residential Care In Cambodia*, Government of Cambodia, p. 25.

83 Madison Coleman (2020), Inadequate Residential Care for Children in Cambodia, *Ballard Brief* およびメアス博子 (2023年)、「『デヴィ夫人が孤児の里親に』で話題だが…カンボジア養護施設の知られる"闇"と実態」、ダイヤモンド・オンラインなどを参照。

84 カンボジアにおける反孤児院ツーリズムの運動については、次を参照。UNICEF, *Child safe practices - Protecting children by informing adults* (https://www.unicef.org/cambodia/child-safe-practices). ChildSafe Movement, *Children are not Tourist Attractions* (https://thinkchildsafe.org/children-are-not-tourist-

<注>

64 外務省、『国際的な組織犯罪の防止に関する国際連合条約を補足する人(特に女性及び児童)の取引を防止し、抑止し及び処罰するための議定書(略称 国際組織犯罪防止条約人身取引議定書)』。

65 UNICEF, *Victims of trafficking find hope through education - Transitional care facilities are helping vulnerable children in Poipet get into the classroom and reintegrate into their communities*, 27 June 2022.

66 HCCH(ハーグ国際私法会議), *Convention on Protection of Children and Co-operation in respect of Intercountry Adoption (concluded on 29 May 1993)*.

67 「子どもの最善の利益」(best interest of the child)とは、子ども権利条約の中心原則の一つで、その第3条第1項に、「児童に関するすべての措置をとるに当たっては、それが公的または私的な社会福祉機関、裁判所、行政機関、または立法機関のいずれによって行われるものであっても、児童の最善の利益が最優先事項とされなければならない」と規定されている。具体的には、大人が決定を下すときには、その決定が子どもにどのような影響を与えるかを第一に考えるべきであり、その原則のもとで、「子どもの最善の利益」とは、子どもの幸福、成長、発達にとって最も良いと考えられる選択や行動を指す。これには、子どもの身体的、心理的、感情的、教育的、社会的、文化的なニーズが含まれる。子どもの最善の利益を考慮する際には、(1)子どもの意見(年齢や成熟度に応じて、子どもの意見や希望を尊重すること)、(2)子どもの保護と安全(子どもが虐待や搾取から守られること)、(3)家族の環境(家族とのつながりを維持し、家庭環境が子どもの発達に適していること)、(4)子どもの健康と福祉(子どもの健康、教育、社会的な発展が確保されること)が重要視される。「子どもの最善の利益」は、子どもに関する決定や行動すべてにおいて尊重されるべきであるが、それが特に重要となるのは、(1)親権や養育に関する決定(離婚や別居の場合、どちらの親が子どもの養育権を持つべきかを決める際に考慮される)、(2)養子縁組(適切な養親が選ばれ、子どもの福祉が確保されることが求められる)、(3)保護措置(虐待やネグレクトの疑いがあり子どもを保護するための措置が講じられる際に、子どもの最善の利益が考慮される)、(4)難民の子ども(特に、責任ある成人の保護から離れ単独避難している子どもや、両親と別れ別れになった子どもなどの保護や養育の形態について決定する際に考慮される)である。

68 UNICEF, *Inter-Country Adoption*, 26 June 2015.

69 Facts and Details, *Children, Orphans and Adoptions in Cambodia*, May 2014.

70 Ministry of Social Affairs, Veterans and Youth Rehabilitation (2017), *Mapping of Residential Care Facilities in the Capital and 24 Provinces of the Kingdom of Cambodia*, p. 16.

71 Lindsay Stark, et.al. (2017), "National estimation of children in residential care institutions in Cambodia: a modelling study", *British Medical Journal Open*. Columbia Mailman School of Public Health, *One Percent of Cambodian Children Live in Orphanages Yet Have a Living Parent*, 20 January 2017.

72 UNICEF (2018), *A Statistical Profile of Child Protection in Cambodia*.

73 Facts and Details, *Children, Orphans and Adoptions in Cambodia*, May 2014.

74 LICADHO (2002), *Abuses related to the International Adoption Process in Cambo-*

55 Karen Codling, et.al. (2020), "Universal Salt Iodisation: Lessons learned from Cambodia for ensuring programme sustainability", *Maternal & Child Nutrition*, Volume 16, Issue S2.

56 Cambodia Nutrition Community Library (CamNut), "2003 PM Law on iodized salt", 20 October 2003, from Laws, *regulations, policies, strategies and guidelines related to nutrition in Cambodia*.

57 Cambodia Nutrition Community Library (CamNut), "Prakas on the Procedure of Management of Exploitation of Iodized Salt", 24 February 2004, from *Laws, regulations, policies, strategies and guidelines related to nutrition in Cambodia*.

58 Karen Codling, et.al. (2020), "Universal Salt Iodisation: Lessons learned from Cambodia for ensuring programme sustainability", *Maternal & Child Nutrition*, Volume 16, Issue S2. 政府関係者およびユニセフも、このリスクを考えていなかったわけではない。2004年に政府により発令された『ヨード添加塩利用の管理の手続きに関する告示』にも、「もしユニセフがヨード供給を停止しても、製塩業者は塩を国内市場に流通させる前に、自身の負担でヨードを加え続けなければならない」という規定があった。しかし、それを実行化する具体的なステップは取られなかった。

59 Arnard Laillou, et.al. (2016), "Low Urinary Iodine Concentration among Mothers and Children in Cambodia", *Nutrients*, 2016, 8, 172.

60 Karen Codling, et.al. (2020), "Universal Salt Iodisation: Lessons learned from Cambodia for ensuring programme sustainability", *Maternal & Child Nutrition*, Volume 16, Issue S2.

61 "Tier" とは、「層」というような意味である。これらのレーティングの詳細は、下記の通りである。

- "Tier 2" — アメリカの人身売買被害者保護法(Trafficking Victims Protection Act / TVPA)の定めた最低基準を満たしていないが、そうするために多大な努力をしている。
- "Tier 2 Watch List" — Tier 2の状況にあるが、(1)人身売買の被害者の数が非常に多く、あるいは増加している、(2)かなりの努力をしているという証拠を見せることができない、(3)前年の "Tier 2" という評価は、政府が次年度に追加措置を取るというコミットメントに基づいていた。
- "Tier 3" — TVPAの定めた最低基準を満たしておらず、なおかつそうするために十分な努力もしていない。

カンボジアに関する最新のレポート(2023年度/Tier 3評価)については、プノンペンのアメリカ大使館のウェブサイト(https://www.state.gov/reports/2023-trafficking-in-persons-report/cambodia/)を参照。

62 UNODC (2013), *Victim Identification Procedures in Cambodia: A Brief Study of Human Trafficking Victim Identification in the Cambodia Context*, p. 22.

63 カンボジアにおける子どもの人身売買の具体的な例に関しては、日本ユニセフ協会(2004年)、『人身売買の犠牲になったある二人の子どもたち — カンボジア』および日本ユニセフ協会(2002年)、『アグネス・チャン 日本ユニセフ協会大使カンボジア視察報告会レポート』を参照。

休止、イスラエル合意　WHO発表』、2024年8月30日。UNICEF (2024), *Around 560 000 children vaccinated in first round of polio campaign in Gaza.*

46　開発教育協会、『開発教育とは』。

第3章　大阪・東京（1997～2002年）

47　マルチ・バイ協力の背景と概要については、次の文書を参照。外務省（2002年）、『マルチ・バイ協力の概況』（https://www.mofa.go.jp/mofaj/gaiko/oda/shiryo/hyouka/kunibetu/gai/multi_b/th02_01_000302.html）。外務省（2002年）、『マルチ・バイ協力の理論』（https://www.mofa.go.jp/mofaj/gaiko/oda/shiryo/hyouka/kunibetu/gai/multi_b/th02_01_0302.html）。

48　ワクチン生産者にとって、子どものためのワクチン生産の利益率は高くない。また、ワクチン生産は厳密に管理されてはいるが、生物反応を含む「生もの」であるため、一つの生産ロット全体が失敗して使い物にならない(batch failure という) こともある。そのため、こうした世界規模の計画(ワクチン需要予測[vaccine demand forecasting])は、子どものためのワクチンの安定的・持続的な生産と供給を可能とするために非常に重要で、国事務所を通じて集められた情報をもとに、ユニセフの物資供給センターにより世界レベルで毎年行われている。詳細については、UNICEF, *UNICEF Vaccine Planning & Forecasting, 11 April 2019* (https://www.linkedimmunisation.org/wp-content/uploads/2019/04/DAFC8C1.pdf) を参照。

49　著者がユニセフ東京事務所で勤務していた頃の、技術協力制度のもとでの日本・ユニセフマルチバイ協力の規模その他の詳細については、外務省（2022年）、『マルチ・バイ協力の実績』（https://www.mofa.go.jp/mofaj/gaiko/oda/shiryo/hyouka/kunibetu/gai/multi_b/th02_01_0204.html）を参照。

50　日本政府とユニセフとの連携と、それが行われた国々のリスト、連携内容の概観（2011年以降）については、ユニセフ、『日本政府とのパートナーシップ』（https://www.unicef.org/tokyo/partnerships/goj）および『日本政府による支援事業一覧』（https://www.unicef.org/tokyo/programmes）を参照。

第4章　カンボジア（2002～2006年）

51　このシステムは近年変更され、プログラム調整官および業務管理官は、それぞれ「副代表（プログラム担当）」（Deputy Representative [Programme]）と「副代表（業務管理担当）」（Deputy Representative [Operations]）となった。そして、国事務所代表が出張、休暇、病欠あるいは欠員の場合には、どちらでも国事務所代表代行を務めることができるようになった。

52　第一監督官は関係スタッフの仕事を監督し、勤務評定をつける。第二監督官は、第一監督官がつけた勤務評定をチェックし、評定が当を得たものであるかどうかを認証する。

53　FAO (1999), *Nutrition Country Profile - Cambodia*, p. 18.

54　National Institute of Statistics and the Directorate General for Health (2001), *Cambodia Demographic and Health Survey 2000, Government of Cambodia*, p. 23.

的な配分の決定)、(4)スケジュールの作成(予防接種の実施日や場所、スケジュールの計画)、(5)コミュニケーションと動員(コミュニティ内での情報伝達と住民動員の計画、信頼される地域リーダーや保健スタッフの協力など)、(6)モニタリングと評価(予防接種活動の進捗状況をチェックし必要に応じて計画を調整するためのモニタリングと評価の仕組み)などを含む。

42 グラフ中の説明文の翻訳・説明は、下記のとおり。

- 1995年 — 国家ポリオ監視プロジェクト(National Polio Surveillance Project [NPSP])始動する。全国一斉予防接種(Pulse Polio Immunization [PPI])キャンペーン始まる。
- 1999年 — 野生株ポリオウイルス2型インドより駆逐される。
- 2000年 — 2000年までにポリオを撲滅するという世界保健総会の目標達成されず。インドで265件のポリオ症例報告される(筆者注:世界全体では719件)。
- 2003年 — ポリオ予防接種の接種率が特に低い地域で接種率を上げる戦略始まる。
- 2004年 — 特定の地域を通過する子どもたちに対してのワクチン接種戦略(Transit Vaccination Strategy)始められる。特に流動性の高い地域や移動が頻繁な場所(例:巡礼者や労働者が多く移動する地域)で、国境や交通の要所(バス停や鉄道駅)などで、移動中の子どもたちや大人にポリオワクチンを接種する。
- 2009年 — 特にポリオの蔓延が続いていたウッタル・プラデーシュ州(UP)とビハール州をいくつかの「ブロック」に分け、それぞれのブロック内で計画的・集中的にワクチン接種を行うというアプローチ(Block Plan)始まる。インドで741件のポリオ症例報告される(筆者注:世界全体では1,604件)。
- 2012年 — 報告されたポリオの症例数がゼロになる。
- 2014年 — WHOがインドからのポリオ撲滅を宣言する。

43 障害調整生命年(disability-adjusted life years [DALYs])とは、病的状態、障害、早死により失われた年数を意味した疾病負荷を総合的に示すもの。ウィキペディア、『障害調整生命年』参照。

44 Palma Gubert, et.al. (2017), “The ‘Insurmountable’ Frontier: How India Eliminated Polio”, *Child & Adolescent Health*, Volume Ⅵ. Issue1.

45 残念ながら、本書執筆中の2024年8月中旬、激しい戦闘が続くパレスチナのガザ地区で、25年ぶりにポリオの感染が確認された。野生株ポリオウイルスではなく、ワクチン由来のポリオウイルスだが、ポリオはポリオである。WHOやユニセフを含む国連内外のアクターのアドボカシーにより、イスラエルが戦闘の「人道的一時休止」に合意し(12日間で合計9時間)、9月1日から12日までの間に、56万人の子どもが新型の経口ポリオワクチン(nOPV29)の接種を受けた。第2ラウンドは、10月中旬に予定されている。接種活動の成功と、1日も早い戦闘の終結を祈るばかりである。ユニセフ、「ガザで25年ぶりポリオ感染確認 ユニセフなど集団予防接種を計画『実施には人道的停戦が必須』」、2024年8月16日。UN News, *Polio vaccines arrive in Gaza in boost to vaccination campaign: UNICEF*, 25 August 2024. BBC、『ポリオ予防接種のためガザで一時的に戦闘

vaccines: WHO position paper -June 2022", *Weekly epidemiological record.* WHO (2023), *Poliomyelitis: Q and A.* Polio Global Eradication Initiative, *OPV (Oral polio vaccine).*

39 前述したように、野生株によるポリオの症例が少なくなってくると、非常に稀に発生することのあるワクチン由来のポリオを避けるために、経口生ワクチンが不活化ワクチンに変えられるようになった。しかしこれは経口生ワクチンが悪いわけではなく、ポリオ根絶の異なった段階で異なった戦略が必要となるからである。野生株が多かった時期には、まず簡単で全国予防接種日などにも使いやすい経口生ワクチンを使って環境中の野生株の量を急激に減らし、その後少なくなったポリオの症例の中でワクチン由来のポリオの割合が増えてくると、不活化ワクチンを使ってそれを防ごうとするわけである。また2021年からは、従来のmOPV2（単価経口ポリオワクチン2型）に比べて遺伝子的に安定しており、神経毒性を再取得する可能性が低く、ワクチン由来のポリオウイルスによる麻痺のリスクが低い新型の経口ポリオワクチン（novel Oral Polio Vaccine Type 2［nOPV2］）の使用が開始され、これまでのところ良い結果を収めている。Polio Global Eradication Initiative, *Two years since rollout of novel oral polio vaccine type 2 (nOPV2): How's it all working out?*, 30 March 2023.

40 一般的に予防接種に使われるワクチンは熱に弱く、一定の温度（ワクチンごとに違う）以上になると、その効力を不可逆的に失ってしまう。そのため、生産工場から運搬中、国レベルでの保管、地方への配布、そして保健所や村レベルでの予防接種活動に至るまで、あらゆる場所で温度が一定以内に保たれている必要がある。そして、それを保証するのが、冷凍/冷蔵倉庫、冷凍/冷蔵庫やワクチン保冷運搬箱（vaccine carrier）などの体系的集合体であるコールドチェーン（cold chain）である。ちなみにポリオの生ワクチンの場合は、⑴マイナス20℃以下に保存する、⑵融解は使用直前に行い、一度融解したものは直ちに使用しなければならないが、未開栓のものに限り、0℃から10℃の温度で保存する場合は融解後1週間、0℃から4℃ で保存する場合は融解後1カ月まで使用することができる。ワクチンが子どもに有効に投与されるためには、これらを保証する「ハードウェア」（冷凍/冷蔵倉庫、冷凍/冷蔵庫、ワクチン保冷運搬箱）および「ソフトウェア」（ワクチンの受け取り・保管・配布、関係の保健ワーカーのトレーニング、国・地方・町/村レベルでの予防接種計画）の両方が必要になる。そして、それを支援するのもユニセフの仕事の一つである。ポリオの生ワクチンの取り扱いの詳細については、一般財団法人阪大微生物研究会（2014年）、『経口生ポリオワクチン』を参照。また、さまざまなワクチンの保管温度については、日本ワクチン産業協会（2023年）、『ワクチン類の保管温度』を参照。

41 予防接種のマイクロプラニング（micro-planning）は、特定の地域やコミュニティにおける予防接種プログラムの効果的な実施を目的とした詳細な計画作成のプロセスである。これは、⑴対象集団の特定（予防接種を必要とするすべての子どもたちを正確に把握し、特定の地域や年齢層、ハイリスク・グループを明確にする）、⑵サービス提供戦略の策定（保健施設での接種、移動接種チームの利用、キャンペーンの実施等どのようにして予防接種サービスを提供するかを計画する）、⑶リソースの配分（必要な人員、ワクチン、機材、その他のリソースの効率

National Institute of Health, Government of the United States.

34 不活化ポリオワクチン（Inactivated Polio Vaccine［IPV］）と経口ポリオワクチン（Oral Polio Vaccine［OPV］）は、どちらもポリオの予防に使われるワクチンである。IPVはアメリカのジョナス・ソークにより開発され1955年に導入され、OPVはこれもアメリカのアルバート・セービンにより開発され1960年に導入された。これら2種類のワクチンには、それぞれに異なる特徴と利点がある。IPVは不活化された（死んだ）ウイルスを使用し、注射器によって接種される。体内で免疫反応を引き起こし、ポリオウイルスに対する抗体を作り出す。特に血液中の免疫を強化し、ポリオウイルスが脊髄に到達するのを防ぐ効果がある。死んだウイルスを使用しているため、ワクチン自体がポリオを引き起こすことはない。しかし、集団免疫効果は限定的である。これに対しOPVは、弱毒化された生きたウイルスを使った生ワクチンで、接種方法は経口である。OPVは腸内で免疫反応を引き起こし、腸内でのウイルス増殖を防ぐ。これは、ポリオウイルスが環境中に広がるのを防ぐため、集団免疫効果が高いという利点がある。また経口で簡単に投与できるため、さまざまな状況下での集団接種が容易である。同時にOPVは、生きたウイルスを使用しているため、非常にまれにではあるがワクチン由来のポリオ麻痺（vaccine-associated paralytic poliomyelitis［VAPP］）を引き起こすリスクがある。両者のうちのどれを選択するかは、時代やポリオ撲滅に向けての段階によって変わってきた。公衆保健的にポリオの症例がまだ見られる段階（特にかつての開発途上国）では、それを大幅に引き下げるために、安価で大量に製造でき、またより簡単に接種できるOPVが使われる。それに対して、ポリオの症例が通常は存在しない場合には、ワクチン由来のポリオ麻痺のリスクを避けるために、IPVが使用される。しかし、最終的にポリオを世界から根絶するためには、OPVの完全な使用停止とIPVへの移行が必要であり、そのプロセスが国際的に2013年から始められている。2023年現在、143の国と地域が未だにOPVを通常の予防接種スケジュールの中心として使用しているが、このうち40カ国ではこれをIPVによって1回補完し、残りの国々では少なくとも2回補完している。日本では、2012年11月にIPVが定期接種化された。中野貴司（2019年）、「現代におけるポリオの流行と感染対策」、モダンメディア65巻5号。長谷川道弥他（2023年）、『ポリオワクチン（OPV, cIPV, sIPV）接種後の血中抗体持続性：1974～2022年度の感染症流行予測調査より』、国立感染症研究所。WHO (2014), *Polio and the Introduction of IPV*. WHO, *Introduction of IPV (Inactivated polio vaccine)*. UNICEF (2024), *Bivalent Oral Polio Vaccines: Supply and Demand Update*.

35 Center for Disease Control (1996), *Progress Toward Global Eradication of Poliomyelitis, 1995*, 5 July 1996.

36 Center for Disease Control (2011), *Progress Toward Poliomyelitis Eradication – India, January 2010-September 2011*, 4 November 2011.

37 “supplementary immunization activities”（追加予防接種活動）とは、通常の定期予防接種では対象人口をカバーしきれない場合、追加的に、期間を決めて、集中的に予防接種を実施する取り組みを指す。

38 これを「受動的予防接種」（passive immunization）と呼ぶ。WHO (2022), “Polio

発展の度合いとの関係について小論を書いた。穂積智夫（1999年）、「女性の社会参加と開発」、斎藤千宏（編）、『NGOが変える南アジア』。

25 WHO, *Nutrition: Effects of iodine deficiency*, 24 May 2013. Healthline, *10 Signs and Symptoms of Iodine Deficiency*, 13 February 2023.

26 日本ユニセフ協会（2018年）、『ヨード不足が脳の発育に影響 ― 世界の赤ちゃん14%、4分の1は南アジア／ユニセフ、ヨード添加塩の普及を推進』。

27 UNICEF (2018), *Nearly 19 million newborns at risk of brain damage every year due to iodine deficiency*, 1 March 2018. ヨード添加塩の生産は、次のようにして行われる。(1)塩を洗浄・乾燥させ、適切な粒度に砕く。(2)ヨウ化カリウム（KI）あるいはヨウ酸カリウム（KIO_3）を水に溶かしたものを、塩にスプレーして均等になるよう混合する。その後、塩を乾燥させて、適切な湿度に調整する。(3)できたヨード添加塩が必要なレベルのヨードを含んでいるかどうかを確認するため、サンプルを取り、分析を行う。ヨード濃度は、一般的に15 mg/kgから30 mg/kgの範囲である必要がある。(4)品質管理をクリアしたヨード添加塩を湿気や光から守るために、保存方法を書いた適切なパッケージに詰めて出荷する。

28 Tamil Nadu Salt Corporation, *Salt Industry in India* (https://tnsalt.com/Salt_industry).

29 甲状腺腫（goitre）とは、甲状腺が異常に腫れた状態を指す。甲状腺は喉の前部に位置する小さな腺で、体の代謝や成長を調節するホルモンを分泌する。甲状腺が正常に機能するためにはヨードが必要だが、その摂取量が不足すると、甲状腺がホルモンを作り出すために拡大し、腫れが生ずる。

30 C.S. Pandav, et.al. (2018), "High national and sub-national coverage of iodised salt in India: evidence from the first National Iodine and Salt Intake Survey (NISI) 2014–2015", *Public Health Nutrition*, 21 (16), p. 3028.

31 Chandrakant S. Pandav (2013), "Evolution of Iodine Deficiency Disorders Control Program in India - A Journey of 5,000 Years", *Indian Journal of Public Health*, Vol. 57, No. 3, pp. 126-132. Ministry of Health and Family Welfare (2000), *National Family Health Survey (NFHS-2) 1998-99*, Government of India, p. 276. Ministry of Health and Family Welfare (2006), *District Level Household Survey (DLHS-2)*, Government of India, p. 33. Ministry of Health and Family Welfare (2007), *National Family Health Survey (NFHS-3) 2005-06*, Government of India, p. 297. Ministry of Health and Family Welfare (2017), *National Family Health Survey (NFHS-4) 2015-16, Government of India*, p. 324. Ministry of Health and Family Welfare (2022), *National Family Health Survey (NFHS-5) 2019-21*, Government of India, p. 412.

32 Ranjan Khmnar Jha, et.al. (2023), "National and Sub-National Estimates of Household Coverage of Iodized Salt and Urinary Iodine Status among Women of Reproductive Age in India: Insights from the India Iodine Survey, 2018-19", *Journal of Nutrition*, Volume 153 Issue 9. Iodine Global Network (2023), *Status of the Iodine Nutrition and Salt Iodization Program in India: Country Brief*, p. 2.

33 Jonathan Louis Gorstein, et.al. (2020)、*Estimating the Health and Economic Benefits of Universal salt Iodization Programs to Correct Iodine Deficiency Disorders,*

19　その後、長年にわたりブータン政府とネパール政府の間でブータン難民に関する話し合いが何度も持たれたが、結局1人のブータン難民も祖国への帰還を果たせていない。その間UNHCRは、2007年にネパールの難民キャンプに収容されている1万8,000人のブータン難民の大部分を第三国定住させる計画を発表し、それに基づきアメリカ、オーストラリア、カナダ、ノルウェー、オランダ、デンマーク、ニュージーランドなどがブータン難民の受け入れを表明した。最終的に、2017年までに1万8,513人のブータン難民が第三国に定住し、うち85パーセントは米国へ定住した。これらの難民は再定住により新たな生活を始める機会を得たものの、自国とは完全に異なる環境で自立しなければならず、労働市場において大きな困難に直面したと言われる。ウイキペディア「ブータン難民」。

第2章　インド（1992～1997年）

20　2024年現在のインドの人口は14億4,170万人で、29の州と8つの連邦政府政府直轄地がある。

21　後年の数字だが、自分のカウンターパートであったグジャラート州政府の政府職員の総数は、2021年現在51万人である。The Indian Express, *Gujarat government hikes DA to 28%*, 7 September 2021. ちなみに、令和6年度の日本の国家公務員の総数は、59.3万人である。人事院、『国家公務員の数と種類』。

22　Government of India (2017), *Per Capita Income* (https://pib.gov.in/newsite/printrelease.aspx?relid=169546). Government of India (2023), *Economic Survey 2023-24* (https://www.indiabudget.gov.in/economicsurvey/doc/stat/tab814.pdf). World Bank Open Data (https://data.worldbank.org/indicator/SH.DYN.MORT?locations=US).

23　これらの数字は、下記のサイトおよび文書のデータより計算した。World Bank, *Mortality rate, under-5 (per 1,000 live births) – United States* (https://data.worldbank.org/indicator/SH.DYN.MORT?locations=US). World Bank, *GDP per capita, PPP (current international $) – United States* (https://data.worldbank.org/indicator/NY.GDP.PCAP.PP.CD?locations=US). World Bank, *GDP per capita, PPP (current international $) – India* (https://data.worldbank.org/indicator/NY.GDP.PCAP.PP.CD?locations=IN). Government of India (2024), *Economic Survey 2023-24* (https://www.indiabudget.gov.in/economicsurvey/doc/echapter.pdf). Government of India (2024), "Under Five Mortality Rates (per 1000 live births) across states and UTs of India", *Economic Survey 2023-24* (https://www.indiabudget.gov.in/economicsurvey/doc/stat/tab814.pdf). Government of India, "Gross National Income and Net National Income, Economic Survey" (https://www.indiabudget.gov.in/economicsurvey/doc/stat/tab11.pdf). Government of Kerala (2017), *Economic Review 2017* (https://spb.kerala.gov.in/economic-review/ER2017/web_e/ch12.php?id=1&ch=12).

24　Jean Drèze and Amartya Sen (1996), *India: Economic Development and Social Opportunity*, Oxford University Press (1995). Jean Drèze and Amartya Sen (1997), *Indian Development: Selected Regional Perspectives*, Oxford University Press. また、後に筆者も、インドの主要州における女性の地位の違いとその社会

＜注＞

そもそも30年前の納税証明書を保持している確率は高くない。さらに、同じ農業税納税証明書でも1958年のものだけが認められ、それ以前の証明書を持っていても、1958年分を持っていなかった人は非国民（non-national／移民［migrant］あるいは不法定住者［illegal settler］）となった。そのため、100年以上ブータンに住んでいた一家が国籍を失ったようなケースもあった。実際、筆者の知っていたブータン政府の南部ブータン人高官も、そのために国籍を失っている。また、この政策はネパール系ブータン人のみが対象であり、その他の民族には適用されなかった。さらに1990年秋以降、ブータン国内で民主化のデモに参加した人々も、1958年の農業納税証明書を持っているかいないかにかかわらず。非国民とされるようになった。Manfred Ringhofer（2001年）、「ブータン難民の発生の背景」、『現代社会学研究』第14巻。

17 詳細については、次を参照。Amnesty International (1992), *Bhutan: Human rights violations against the Nepali-speaking population in the south.* UNHCR (1995), *The Exodus of Ethnic Nepalis from Southern Bhutan.* Human Rights Watch (2003), *"We Don't Want to Be Refugees Again" - A Human Rights Watch Briefing Paper for the Fourteenth Ministaerial Joint Committee of Bhutan and Nepal,* May 19, 2003. Human Rights Watch (2007), *Last Hope: The Need for Durable Solutions for Bhutanese Refugees in Nepal and India.* これに対して、ブータン政府の公式見解を示す文書としては、Ministry of Home Affairs (1993), *The Southern Bhutan Problem: Threat to A Nation's Survival* を参照。

18 「多面的貧困」とは、これまで貧困の測定のために重視されてきた所得や財産面だけでなく、健康、教育、生活水準など、生活の他の次元でもそれを把握しようとする試み、そしてそれにより測られる貧困である。Multidimensional Poverty Peer Network, *What is A Multidimensional Poverty Index?*「子どもの貧困」とは、経済的・社会的な困難が、子どもの成長・発達に悪影響を及ぼす状態を指す。単に世帯収入が低いことだけでなく、教育・保健・栄養・居住環境・社会的な機会の欠如など、子どもの基本的な権利が保障されていない状況を含む。その定義は、用いられる貧困の定義によって変わってくる。一つは、絶対的貧困、すなわち必要最低限の生活水準が満たされておらず、心身の維持が困難である状況にある家庭の子どもである。二つ目は、相対的貧困、すなわち子ども全体に占める、貧困線（等価可処分所得［世帯の可処分所得を世帯人員の平方根で割って調整した所得］の中央値の50パーセント）以下の所得で暮らす家庭の子どもである。これにより測られる貧困は、人がある社会のなかで生活するために、その社会のほとんどの人々が享受している「あたりまえ＝普通」の習慣や行為を行うことができない状態である。さらに、「多面的貧困」の考え方を子どもの貧困に応用し、栄養、水、衛生、衣服、住宅、教育、保健、情報、遊びなど、子どもの成長にとって不可欠な物的リソースを利用できない子どもたちの数/割合を測る非金銭的アプローチもある。詳細は以下を参照。ウィキペディア、「子どもの貧困」。厚生労働省、「国民生活基礎調査（貧困率）— よくあるご質問」。UNICEF (2023), *Child Poverty in the Midst of Wealth - Innocenti Report Card 18.* UNICEF (2021), *A review of the use of multidimensional poverty measures - Informing advocacy, policy and accountability to address child poverty: Executive Summary.*

Equality and Development.

13 1990年のブータンの1人当たりの国民総所得(Gross National Income [GNI])は530ドル、成人識字率は37パーセント、5歳以下の乳幼児死亡率は出生1,000件中127人と、典型的な後発開発途上国の数字であった。それが直近では、それぞれ3,290ドル(2021年)、98パーセント(2022年)、出生1,000件中27人(2021年)と大幅に改善した。World Bank, *GNI per capita, Atlas method (current US$) - Bhutan* (https://data.worldbank.org/indicator/NY.GNP.PCAP.CD?locations=BT). World Bank, *Literacy rate, youth total (% of people ages 15-24) – Bhutan* (https://data.worldbank.org/indicator/SE.ADT.1524.LT.ZS?locations=BT). World Bank, *Mortality rate, under-5 (per 1,000 live births) - Bhutan* (https://data.worldbank.org/indicator/SH.DYN.MORT?locations=BT). Harvard Business School, *Literacy Rates - Bhutan* (https://www.hbs.edu/businesshistory/Documents/historical-data/literacy.xls). ブータンは、2015年に低所得国から低中所得国になり、2023年に後発開発途上国のステータスを卒業した。これらのカテゴリーの詳細については、第5章を参照。

14 1985年の市民権法の主たる特徴は、(1)出生による市民権は、両親がともにブータン市民である者にのみ認められる、(2)片方の親のみがブータン市民である場合は、帰化申請が必要である、(3)帰化申請者はゾンカ語の読み書きおよび会話能力を証明することが求められ、また、ブータンの文化(ドゥルク文化)、習慣、伝統、歴史についての深い知識が必要である、(4)ブータン国内外での犯罪で投獄された者、または王国、国家、国民に対して反対する発言や行動を取った者は、市民権を申請する資格がない、そして(5)1958年12月31日以前からの居住を証明できる者にのみ市民権が認められる、というものである。特に議論を呼んだのは(5)で、1958年を市民権を判断する基準年として遡及的に設定している点で、これはネパール系住民に大きな影響を与えた。UNHCR (1995), *The Exodus of Ethnic Nepalis from Southern Bhutan.*

15 ブータンにおける人口は、「センシティブ」なトピックである。ブータンには、2005年以前には近代的な国勢調査が存在しなかったが、1971年の国連加盟にあたって、人口を報告しなければならなかった。その際にかなり多く見積もった人口が報告され、その後それに年人口増加率が加えられていった。筆者がブータンに赴任した1990年には、人口はおよそ120万人と言われていたが、2005年に行われたブータン初の近代的国勢調査後は、それが63万人に修正された(2023年現在78万人)。民族構成については、ブータン政府は公式にはそれを発表していない。CIAは、2005年の段階で、ドゥクパ50パーセント、ローツァンパ35パーセント、その他の民族15パーセントと推定している(https://www.britannica.com/place/Bhutan/Climate:原典は*CIA World Fact Book*)。しかし、これも諸説あり、それによってネパール系住民の占める割合は、15パーセントから50パーセントまで大きな幅がある。Manfred Ringhofer (2001),「ブータン難民の発生の背景」、『現代社会学研究』第14巻およびGROWup (Geographical Research On War, Unified Platform), *Ethnicity in Bhutan* を参照。

16 その際に使ったとされる基準は、1958年12月以前の農業税納税証明書であった。1958年といえばブータン国民の大半が文字が読めなかった時代であり、また

しい職場、産休、育児休業、青少年への技能訓練）などがある。UNICEF (2019), *UNICEF's Global Social Protection Programme Framework.*

8 「世界子どもサミット」(World Summit for Children）は、1990年9月29日にニューヨークの国連本部で開催され、71カ国の国家元首や政府首脳を含む多数のグローバル・リーダーが参加した。2000年までの目標としては、下記の七つの主要目標と、その達成を助けるための26の補助目標が設定された。全33の目標のうち、27には数値目標が設定されている。

- 主要ゴール ― (1)乳幼児および5歳以下の子どもの死亡率の1/3削減、(2)妊産婦死亡率の半減、(3)5歳以下の子どもの重度および中度の栄養不良の半減、(4)すべての人々の安全な飲料水と衛生的な排泄処理手段へのアクセス、(5)すべての人々の基礎教育へのアクセスおよび小学校年齢の子どものうち最低80パーセントの初等教育修了、(6)成人の非識字率の半減、および(7)特に困難な状況にある子どもの保護の強化。
- 補助ゴール ― 女性の健康と教育（4目標)、栄養（8目標)、子どもの健康（6目標)、水と衛生（3目標)、基礎教育（4目標)、および特に困難な状況下にある子ども（1目標)。

このサミットは、世界中の子どもたちの生活を改善するための具体的な目標を設定した最初の首脳レベル会議であり、その後の国際的な子ども関連の政策や活動に大きな影響を与えた。サミットの宣言、行動計画および2000年までに達成されるべき目標の詳細については、UNICEF (1990), *First Call for Children: World Declaration and Plan of Action from the World Summit for Children* を参照。

9 「黒柳徹子さんスペシャルインタビュー ―『平和のために私たちができることって何ですか？』浜島直子さんが聞く」、LEE、2022年8月14日。

10 『黒柳徹子という、素直に、飽きずに、子どもの目で世界を見る人』、Vogue Japan、2017年1月11日。『手作りの服を私に ― 再会の少女7年前の“約束”が生きる力』、しんぶん赤旗日曜版、2016年6月5日。

第1章　ブータン（1990～1991年）

11 WIDの詳細については、Wikipedia, *Women in development* を参照。その後WIDは、問題の本質は社会における男女間の根源的な不平等であり、WIDの考え方や枠組みはそれに十分に対応していないという批判から、ジェンダー（Gender in Development）に代わられ、現在に至っている。

12 この点については、現在に至るまで数々の研究がある。例えば、次を参照。Duncan Thomas (1990), "Intra-Household Resource Allocation - An Inferential Approach", *The Journal pf Human Resources*, Vol.25, No.4. Duncan Thomas (1993), "The Distribution of Income and Expenditure within the Household", *Annaes d'Economie et de Statistique*, No.29. Lawrence Haddad (1997), et.al., *Intrahousehold Resource Allocation in Developing Countries: Models, Methods, and Policy*, John's Hopkins University Press. World Bank (2012), *Gender Equality and Development - World Development Report 2012.* ただ、その後の研究では、家族における女性のリソース・コントロールの増加と子どもの福祉の増進については、より複雑な側面があることも指摘されている。Esther Duflo (2012), *Gender*

＜注＞

＊　言及した文書の大半は、文書名をインターネット上で検索することでアクセスできる。しかし紙幅の都合上、URLの言及は、数値データ関連など最小限にとどめた。

はじめに

1　その後1995年に、自分の妻およびその他の人々と一緒に、彼の代表的な著作の一つである次の本を訳出させていただくことができたのは幸甚であった。ロバート・チェンバース（著）／穂積智夫・甲斐田万智子（監訳）（1995年）、『第三世界の農村開発　貧困の解決 ― 私たちにできること』、明石書店（原著1982年）。

2　Amartya Sen (1989), "Development as Capability Expansion", *Journal of Development Planning*, No. 19, pp. 41-58.

3　Giovanni Andrea Cornia, Richard Jolly and Frances Stewart (1987), *Adjustment with a Human Face*, Oxford, Clarendon Press.

4　Jan Vandemoortele (2012), *Equity Begins with Children*, UNICEF, pp. 4-5.

5　浦元さんは、本書もその一部である上智大学国際協力人材育成センター監修国際協力・国際機関人材育成シリーズの第4巻『格差と夢 ― 恐怖、欠乏からの解放、尊厳を持って生きる自由、国連の現場で体験したこと』の著者でもある。

6　子どもの権利条約は1989年11月20日に国連総会で採択され、1990年9月2日に発効した国際条約である。18歳未満のすべての子どもに対する権利を定めており、歴史上もっとも広く批准された人権条約（2024年現在で196カ国が批准）となっている。その最も重要な特徴は、子どもを単なる親の付属物としてではなく、独立した権利を持つ個人として認識している点である。条約を批准した国には、その原則を国内の法律や政策に取り入れる義務がある。また、国連の子どもの権利委員会に対し、定期的に条約の実施状況を報告することが求められている。子どもの権利条約の原文、邦訳および「子どもにやさしい」バージョンについては、それぞれ次を参照。United Nations Office of the High Commission for Human Rights, *Convention on the Rights of the Child.* 日本ユニセフ協会、『子どもの権利条約（児童の権利に関する条約）全文（政府訳）』および『わたしの権利　みんなの権利 ― 子どもの権利を考えよう』。

7　社会的保護（Social Protection）とは、人が生涯を通じて直面する貧困や脆弱性を予防・削減することを目的とした、一連の政策と制度である。社会的保護には、子ども、家族、母親、失業、業務災害、疾病、老齢、障害、遺族などに対する給付や医療保障などがある。 社会的保護制度は、このような政策分野において、拠出型給付（社会保険）と税金で賄われる非拠出型の給付（社会扶助）などとを組み合わせて対処する。社会保障（social security）と同義に使われている場合もあるが、社会保障が脆弱性が現実のものとなった後の「事後対策」的な性格を持つのに対し、社会的保護は保護と予防という二重の目的を有し、「事前対策」的な機能も持つ。ユニセフが組織として取り組む主な社会的保護プログラムには、子どもに特に関わる社会的移転（social transfer / 児童手当などの現金給付、税額控除、現物支給）、社会保険（social insurance / 医療保険、老齢年金、失業保険、災害に関するもの）、労働と仕事に関するもの（子どものケアサービス、家族に優

穂積智夫（ほづみ・ともお）

1985年上智大学法学部法律学科卒業。1987年東京大学大学院総合文化研究科修士課程修了（国際関係論専攻）。1989年サセックス大学開発問題研究所 MPhil. 課程修了（開発学専攻）。1990年ジュニア・プロフェッショナル・オフィサー（JPO）として国連児童基金（ユニセフ）ブータン事務所に入所。以来、インド、東京、カンボジアでプログラム管理および資金調達に従事。その後、ユニセフのタイ事務所、フィリピン事務所、ネパール事務所、バングラデシュ事務所で国事務所代表として勤務。2021年末に国際開発における32年間（うちユニセフ30年間）のキャリアを終えて退職。

上智大学国際協力人材育成センター監修

国際協力・国際機関人材育成シリーズ 8

子どもと開発をめぐる旅

―ユニセフ職員30年記―

発 行 日：2025年3月20日　初版第1刷発行
著 者：穂積 智夫
発 行 者：石本 潤
発 行 所：株式会社 国際開発ジャーナル社
〒113-0034
東京都文京区湯島2-2-6　フジヤミウラビル8F
TEL　03-5615-9670　　FAX　03-5615-9671
URL　https://www.idj.co.jp/　　E-mail　mail@idj.co.jp
発 売 所：丸善出版株式会社
〒101-0051
東京都千代田区神保町2-17　神田神保町ビル6F
TEL　03-3512-3256　　FAX　03-3512-3270
URL　https://www.maruzen-publishing.co.jp/
デザイン・制作：高山印刷株式会社
表 紙 写 真：バングラデシュ・ロヒンギャ難民キャンプの学習センター前にそろえられた子どもたちと教師のサンダル。2019年5月30日撮影（本文第8章参照）

ISBN 978-4-87539-821-9 C0030